高等院校品牌管理系列

品牌战略管理

Brand Strategy Management

（第二版）

张世贤　李易洲◎主编

经济管理出版社
ECONOMY & MANAGEMENT PUBLISHING HOUSE

图书在版编目（CIP）数据

品牌战略管理/张世贤，李易洲主编. —2 版. —北京：经济管理出版社，2017.1
ISBN 978-7-5096-4877-3

Ⅰ. ①品… Ⅱ. ①张… ②李… Ⅲ. ①品牌战略—战略管理—高等学校—自学考试—教材
Ⅳ. ①F272.3

中国版本图书馆 CIP 数据核字（2016）第 324604 号

组稿编辑：勇　生
责任编辑：杨国强
责任印制：黄章平
责任校对：陈　颖

出版发行：经济管理出版社
（北京市海淀区北蜂窝 8 号中雅大厦 A 座 11 层　100038）
网　　址：www. E-mp. com. cn
电　　话：（010）51915602
印　　刷：玉田县昊达印刷有限公司
经　　销：新华书店
开　　本：720mm×1000mm/16
印　　张：20.25
字　　数：375 千字
版　　次：2017 年 4 月第 2 版　2017 年 4 月第 1 次印刷
书　　号：ISBN 978-7-5096-4877-3
定　　价：38.00 元

专家指导委员会

品牌战略管理

前 言

随着经济增速的逐步下滑，中国经济进入了新常态！结构调整和产业升级成为供给侧结构性改革的主要方向。从宏观层面看，产业升级需要品牌战略的引领；从微观层面看，自主品牌成为企业获得市场竞争优势的必然选择。面对日益激烈的国内外市场竞争格局，中国企业是否拥有自主品牌已经关系到企业的生存和可持续发展。品牌越来越成为企业竞争力的集中表现。但是，目前的中国企业，绝大多数面临着有产品（服务）、没品牌，有品牌、没品牌战略，有品牌战略、没品牌管理的尴尬局面。其根源在于专业人才的匮乏！中国企业普遍存在品牌管理专业人员的巨大需求和人才匮乏的突出矛盾。从供给侧结构性改革的现实需求出发，我国急需培育出大批既懂得品牌内涵，又擅长品牌管理的专业人才，才能满足企业品牌管理和市场竞争的高端需求。

为解决这一现实中的突出矛盾，多层次、多渠道、全方位加快培养复合型品牌管理人才，促进企业健康可持续发展，中国企业管理研究会品牌专业委员会专门组织国内一流品牌专家和学者编写了这一套既符合国际品牌管理通则，又有国内特殊案例特征的大型系列教材。

本套教材不仅涵盖了品牌管理所需要的全部系统知识和理论基础，也包括了品牌管理的实际操作技能训练。其中，《品牌管理学》属于基础性通识教材；《品牌质量管理》、《品牌营销管理》、《品牌服务管理》、《品牌传播管理》属于专业性基础教材；《品牌形象与设计》、《品牌价值管理》、《品牌公共关系与法律实务》属于中高级管理人员必读教材；《品牌战略管理》、《品牌国际化管理》、《品牌危机管理》属于高级管理人员必修教材；《品牌案例实务》属于辅助教材。真正有志于品牌管理的各类人员，都应该全面学习、深入理解这些系统教材所包含的知识、理论，并掌握品牌发展的内在规律，运用相关知识和理论在实际的管理实践中不断提升自己的专业技能，使自己成为企业不可替代的品牌专家和高级管理人才。

本套教材的编写者虽然大都是在高校从事品牌教学与研究的学者，或是有着丰富实战经验的企业品牌管理与咨询专家，但是由于时间仓促，难免会有诸多不妥之处，敬请读者批评指正！

杨世伟

中国企业管理研究会品牌专业委员会主任

目 录

第一章 品牌战略管理概论

学习目标

知识要求 通过本章学习，掌握：

- 品牌战略的概念
- 我国战略管理存在的盲点
- 战略成功的要诀
- 实施品牌战略的意义
- 中国品牌面临的问题

技能要求 通过本章学习，能够：

- 进行品牌战略管理
- 制定切合实际的战略目标
- 创建品牌
- 用着眼全局的复合竞争打造强势品牌

学习指导

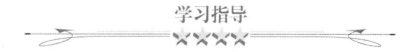

1. 本章的主要内容包括战略的概念、战略管理的概念、企业战略的概念、品牌战略的概念、品牌竞争的概念、我国战略管理存在的盲点、战略成功的要诀、实施品牌战略的意义、中国品牌面临的问题、如何进行品牌战略管理、能够制定切合实际的战略目标、创建品牌、用着眼于全局的复合竞争打造强势品牌等。

2. 学习方法：掌握最基本的理论，结合案例理解概念，并进行知识延伸，进行讨论活动等。

3. 建议学时：8 学时。

第一节 战略与战略管理

引导案例

日本IT的两次决策失误

20 世纪 80 年代，日本制造是世界的旗帜，索尼、松下、丰田等企业成为世界级品牌，美国制造则节节败退。就在这个时候，美国以 IBM 为首的公司开始生产个人计算机及各种配件。美国公司首先找到日本人，问是否愿意给美国代工，日本的企业集体反对，只有 NEC 做了规模不大的投入。于是美国又去韩国和中国台湾寻找，把辅助产品交给他们代工。结果，韩国的三星、LG 得以迅速崛起；中国台湾新竹工业园也大规模地生产电脑配件，成为世界最大的代工基地。日本的企业很后悔，在笔记本市场奋起直追，最后在整个电脑硬件领域有一席之地。

20 世纪 90 年代，美国开始了互联网的建设，美国企业再次找到了日本人，日本人觉得互联网只适合于军事应用，再次集体选择了放弃。在如今的互联网世界里，韩国和中国远远走在了日本的前面。

日本曾经是全球领先的游戏产业大国，但是，曾独领风骚出品了无数款风靡全球游戏的日本游戏业，在网络游戏时代来临时却反应迟钝，坚守在以掌机、家用机为主的电子游戏市场。韩国近些年抓住机遇，在网游市场中独树一帜，不仅独霸本国市场，还在亚洲各国不断拓展市场。

中国网络游戏厂商们也凭借着多年来艰苦卓绝的努力获得了立足之地。在人才储备、游戏策划、程序开发等方面有着强大实力的日本游戏厂商则逐步落伍，虽然后来为进军网络游戏做出过诸多的努力，无奈最后皆以失败告终。

两次战略决策失误使得日本在全球的 IT 潮流中远远落后。现在日本的优势仍在工业制造，与处在知识经济时代的美国相比，它已经落后了一个层次。

资料来源：梁素娟. 创业的革命大全集 [M]. 北京：华文出版社，2011.

思考题：

1. 日本企业为什么会两次失去机遇？

2. 为什么战略错误影响会那么大?

3. 检验企业发展战略是否出现偏颇的角度有哪些?

一、战略的概念

问题1: 什么是战略?

战略(strategy)一词最早是军事方面的概念,特征是发现智谋的纲领。在西方,"strategy"一词源于希腊语"strategos",意为军事将领、地方行政长官。后来演变成军事术语,指军事将领指挥军队作战的谋略。在中国,战略一词历史久远,"战"指战争,"略"指谋略。春秋时期孙武的《孙子兵法》被认为是中国最早对战略进行全局筹划的著作。在现代,"战略"一词被引申至政治和经济领域,其含义演变为泛指统领性的、全局性的、左右胜败的谋略、方案和对策。

从企业未来发展的角度来看,战略表现为一种计划(Plan),而从企业过去发展历程的角度来看,战略则表现为一种模式(Pattern)。如果从产业层次来看,战略表现为一种定位(Position),而从企业层次来看,战略则表现为一种观念(Perspective)。此外,战略也表现为企业在竞争中采用的一种计谋(Ploy)。这是关于企业战略比较全面的看法,即著名的5P模型(Mintzberg等,1998)。战略管理是指对企业战略的管理,包括战略制定/形成(Strategy Formulation/formation)与战略实施(Strategy Implementation)两个部分。

关键术语

战略

战略是对企业发展方向的安排,好的企业战略是通过系统地研究企业所处的市场环境、经营的政策法律环境、产业趋势、竞争对手,结合企业自身的情况而制定的。企业战略解决的是企业应该在什么地方竞争,如何去竞争及何时去竞争的问题。

商战中的三大战略原则包括:

(一)集中兵力原则

军人企业家中,除了张瑞敏之外,似乎每个人都十分看重集中兵力的原则。在王石表现为其"只做减法,不做加法",在华为表现为其写入"华为基本法"的"永不进入"原则:"为了使华为成为世界一流的设备供应商,我们将永不进入信息服务业。"广汇的孙广信,也似乎有同样的信条。

（二）目标明确原则

通常一个企业家在创业的第一阶段目标极为明确，可能就是简单的生存目标，而到了胜利特别是大胜之后反倒不知道该怎么办了。虽然一些人有一些虚空的目标，如进入世界500强，可他们实际上自己都不知道下一场仗要在哪里打，要达到什么目的。所以，这个时候明确目标是非常重要的事情。

（三）计划与计算原则

德国元帅老毛奇曾打过一个比喻，他认为战争类似商业：兵力是投资，胜利是利润，一切都具有精密合理的计算。实际上，他打的每一场战役都花了许多年时间做计划、做准备，而他的对手都没有（也没有时间）做充分的准备。

综观不少企业，我们可以观察到：许多的企业家一方面拥有大得不着边际的目标；另一方面却不愿拿出起码的资源来实现其目标。不遵守计划与计算的原则，我们的企业怎么能在激烈的竞争中脱颖而出呢？

二、战略管理的概念

问题2：什么是战略管理？

战略管理是指企业确定其使命，根据组织外部环境和内部条件设定企业的战略目标，为保证目标的正确落实和实现进度谋划，并依靠企业内部能力将这种谋划和决策付诸实施，以及在实施过程中进行控制的一个动态管理过程。战略管理涉及企业发展的全局性、长远性等重大问题。诸如企业的经营方向、市场开拓、产品开发、科技发展、机制改革、组织机构改组、重大技术改造、筹资融资，等等。战略管理的决定权通常由总经理、厂长直接掌握。

1976年安索夫在他的《从战略规划到战略管理》一书中首次提出了“企业战略管理”的理念。战略管理大师迈克尔·波特认为，一项有效的战略管理必须具备五项关键点：独特的价值取向；为客户精心设计的价值链；清晰的取舍；互动性；持久性。

（一）战略管理遵循的原则

企业战略管理有助于企业走向成功之路，但是不正确的战略管理有时会适得其反。因此，战略管理要遵循科学的原则。

1. 适应环境原则

战略的制定一定要注重企业与其所处的外部环境的互动性。

2. 全程管理原则

战略管理包括战略的制定、实施、控制与评价。在这个过程中，各个阶段互为支持、互为补充，忽略其中任何一个阶段，企业战略管理都不可能成功。

3. 整体最优原则

战略管理要将企业视为一个整体来处理，要强调整体最优，而不是局部最优。要通过制定企业的宗旨、目标来协调各单位、各部门的活动，使他们形成合力。

4. 全员参与原则

由于战略管理是全局性的，所以战略管理不仅仅是企业战略管理者的事情，也是全体员工都要参与的事情。

5. 反馈修正原则

在战略实施过程中，环境因素可能会发生变化。此时，企业只有不断地跟踪反馈，方能保证战略的适应性。

6. 从外往里原则

卓越的战略制定是从外往里的，而不是从里往外的。

（二）企业战略管理的过程

企业战略管理的具体过程包括三个：

1. 战略制定

战略制定的依据：

①外部环境分析。要及时收集和准确把握企业的各种各样的外部环境信息，比如国家经济发展战略、国民经济和社会发展的长远规划和年度计划、产业发展与调整政策、国家科技发展政策、宏观调控政策、本部门本行业和本地区的经济发展战略、顾客的情况、竞争对手的情况、供应厂家的情况、协作单位的情况、潜在的竞争者的情况等。②内部条件分析。分析本企业的人员素质、技术素质和管理素质，产、供、销、人、财、物的现状以及在同行业中的地位等。

战略制定的程序：明确战略思想；分析外部环境和内部条件；确定战略宗旨；制定战略目标；弄清战略重点；制定战略对策；进行综合平衡；方案比较及战略评价。

2. 战略执行

为了有效执行企业制定的战略，要依靠各个层次的组织机构及工作人员的共同配合和积极工作，也要通过企业的生产经营综合计划、各种专业计划、预算、具体作业计划等去具体实施战略目标。

3. 战略控制

战略控制是将战略执行过程中实际达到目标所取得的成果与预期的战略目标进行比较，评价达标程度，分析其原因；及时采取有力措施纠正偏差，以保证战略目标的实现。实践表明，推行目标管理是实施战略执行和战略控制的有效方法。应根据市场变化，适时进行战略调整。应建立跟踪监视市场变化的预警系统，对企业发展领域和方向，专业化和多元化选择，产品结构，资本结构和资金筹措方式，规模和效益的优先次序等进行不断的调研和战略重组，使企业的发展始终能够适应市场要求，达到驾驭市场的目的。

三、我国品牌战略管理存在的盲点

问题 3：我国战略管理存在着哪些盲点？

盲点，按《辞海》的解释是指眼球后部视网膜上视神经进入眼球处的一个凹陷点。由于此处无视觉细胞，不能感受光的刺激，物体的影像落在此点上不能引起视觉，故称“盲点”。管理工作中的盲点则是指那些难以进入管理者视线，或虽在视线内，却“不能引起视觉”，因而被忽视的地方或因素。

对于盲点的失察，常是导致管理出现问题的重要原因。盲点的可怕之处就在于隐患可能早已存在，而管理者却茫然不见、全然不知，待问题发生时才大吃一惊、恍然大悟。我国的战略管理存在五个盲点：

（一）用经营思维替代战略思维

综观各业界的竞争，从产业始发期的先入为主到乱“市”出英雄，直至产业优化后的各行其道、一统天下，企业家能随势而上的关键要素不仅是业务能力，还包括在业界内外资源和能力整合的战略手段。目标决定作为，沉迷于企业经营的企业家往往只能在业务层面奋战，而在产业变革和企业创新时，缺乏战略思维的企业家会处处被动，隐入迷茫和恐惧。

所以，所有的企业家不管处于任何进程阶段，他时刻要思考的思维点一定会围绕四个要素：钱从哪里来（资本的流向质量和速度）；货到哪里去（市场的走势与顺应）；人才怎么用（人力资源的合理配置）；利益怎么分（成果分享的价值）。

（二）关注市场重于关注管理

创业的初期是打市场，创业的中期是管理企业，创业的后期是管理企业文化。当企业解决了市场生存能力后不回头重新梳理自己企业的管理内控流程，那么这个企业的运作必将因内部失衡而走向崩盘。

企业没有人才就谈不上企业的未来。大多中小型企业均是精明老板带一群常被他号称为“像驴”的下属，强将手下是弱兵。这种“马驴文化”特质的企业很难走远，因为老板缺乏选才标准，没有留人方法更不会有人才规划意识。优秀的企业家会让庸才变人才，劣等的企业家会让人才变庸才。机制比人才重要！没有一套管理人力资源的机制，孔明也不可能为刘备这个老板鞠躬尽瘁、死而后已。

（三）只注重战略而忽视策略

歪嘴和尚念错经，用人不当终身流浪，三个臭皮匠搞死一个诸葛亮。战略决策是以投资为核心思维的一种艺术，因为企业是以赢利为导向的，而策略则是用最佳方法、手段去实现战略目标，讲究的是技术。当企业高管还没有做到可以让企业家高枕无忧地睡觉或打高尔夫时，企业家对策略的关注是一个理智的工作重心。

（四）只能看到曾经经历过的东西

对于我们没有关注过的东西，我们常常会因为没有把它与自己的行为联系在一起，转化为时间路径，而被我们有意无意地过滤掉。企业战略是涉及企业全局性、长远性的问题，影响因素十分繁杂。当我们没有将那些实际上对企业战略管理有影响的因素与企业战略管理相联系，并在大脑中形成时间路径，会可能只看到过某些因素之间的联系，而没有认识另一些因素的影响，就会将它们过滤掉，造成企业的严重隐患。

（五）只能看到符合我们对未来看法的东西

只能看到符合我们对未来看法的东西。一方面决策者没有认识到相关因素的影响；另一方面他们对自己的时间路径过于自信，从而对与自己看法不同的事物和意见进行了过滤。企业战略决策是涉及企业内外部多方面因素的全局性、整体性的总体安排，对企业经营成败起着决定性作用，而人的认知方法又不可避免地会给我们带来盲点。因此，企业决策者以积极审慎的态度去尽可能减少盲点是一项永恒的任务。

四、制定切合实际的战略目标

问题 4：为什么要制定切合实际的战略目标?

企业的战略规划，不是根据战略理论所描述的美好前景去生搬硬套，而是要根据自身的情况来制定。企业的发展就好比建筑楼阁，需要在坚固的地基上一层层、严谨有序地进行，每个步骤都应该认真对待，这样才能保证不会出现“豆腐渣”工程。

战略目标不是冒进的宣言书，不是空泛的口号，要切合企业发展的实际。海尔公司的经营战略的脉络：首先坚持七年的冰箱专业经营，在管理、品牌、销售服务等方面形成自己的核心竞争力，在行业占据领头羊位置。1992 年开始，根据产品相关程度逐步从高度相关行业开始进入，然后向中度相关、无关行业展开。首先进入核心技术（制冷技术）同一、市场销售渠道同一、用户类型同一的冰柜和空调行业，然后逐步向黑色家电与知识产业拓展。这种符合企业现实情况的战略规划，保证了海尔品牌战略的基业长青。

企业管理者不能把“战略规划”当成流行新装，因为企业只有一步一个脚印地发展才能建成参天大厦。否则，假如企业设定了不切合实际的发展目标，必将付出沉重的代价，甚至被市场淘汰。企业的战略目标不应是空洞的策划、规划，而应该是符合企业发展规律和满足企业利益相关者的科学决策。战略规划应该根据企业的实际情况来进行。假如我们仅凭着战略的理论和所谓案例去发展企业，那一切就只能是纸上谈兵，最终落得一败涂地。

另外，企业管理者在制定企业发展战略时，一定要考虑利益相关者的利益。利益相关者是指任何一个影响公司战略制定或执行的相关团体或个人，包括雇员、顾客、供应商、股东、银行、政府，以及能够帮助或损害公司利益的其他团体。当今已经是信息高度透明的时代，企业发展对外部环境的要求在增强，正确处理和协调公司内部各利益团体之间，以及公司与外部各利益团体之间的关系的问题日益突出。管理者不应该仅仅将企业利润最大化作为制定战略的唯一目标，而应该像关注利润一样关注企业在未来发展过程中与其他利益团体的协同问题。企业管理者一定要学会在与利益相关者打交道的过程中趋利避害，从而实现“双赢”或“共赢”的目标。

五、战略成功的要诀

问题 5：战略成功的要诀是什么？

企业要想获得成功，就必须突破战略的盲点，把握住以下七点成功的要诀：

（一）认清形势

战略制定者要对自身的实力、行业的形势、社会的形势有一个全面、清晰的认识：企业有哪些优点；有哪些缺陷；行业是怎样的竞争态势；社会为企业提供了哪些有利的条件；存在哪些障碍；企业要想生存、发展需要具备怎样的基本条件。对于这些问题，企业家一定要做到胸中有数。

（二）顺应趋势

很多企业没有发展起来，甚至走向失败，一个重要的因素就是因为没有很好地把握行业发展的趋势，顺应行业发展的趋势。势比人强。对于企业而言，最重要的“势”是行业发展的趋势。明确趋势需要善于学习新知识、新事物；善于观察客户、技术、行业、社会的新变化；善于思考变化背后的原因和变化的发展趋势；善于洞察那些蛛丝马迹式的微小变化。能够做到这一点，取决于企业家的学习能力和悟性，更取决于企业家能否全身心地投入到事业中。

（三）组建最佳团队

企业在挑选人员组建最佳战略计划团队时，应考虑三大因素。

（1）采用可靠的人才管理和任职流程。

（2）企业在任用高管时必须确信他对计划的成功实施具有浓厚的兴趣，且具备跨部门管理的经验。

（3）企业在指定战略计划执行团队的成员时，必须确保他们明白哪些工作是他们从此以后都不用再做的。

（四）积累实力

没有一定的实力，企业很难在市场上立足。积累企业实力既是制定战略的基本目标，也是战略执行成功的重要保证。对于企业而言，有钱不等于有实力。企业实力是一个整体概念。资金储备对企业发展固然重要，但人才素质、技术水平、知识储备、管理能力、品牌影响等这些软实力对企业战略的执行、企业未来发展更关键。而这些软实力的积累需要企业进行长期的努力、时时的努力、用心的努力。

（五）战略要分阶段执行

大型战略计划的完成不是两三天的事，花上两三年的时间都很正常。许多只会重复从前路子的企业往往能够轻而易举地实现各种短期目标，对于长期目标却摸不着头脑。我们可以按照下面的技巧来做：

（1）将计划实施工作分阶段展开，如以 3 个月或是 6 个月为一个阶段。不断根据自己的学习所得来确保最终目标的逐步实现。

（2）提前获取重要信息。如果此路不通，最好应尽快找到合适的途径，并放弃或修改计划。

（3）确信各个执行阶段都能够取得应有成效，例如实现客户利益和公司成本的“双赢”效果。

（4）集思广益。只决定目前需要决定的东西，然后静观其变，并在适当的时机根据更多信息作出更好的决策。

（六）把握时机

企业战略的制定需要系统、严谨、细致，但是战略的执行却不能僵化，也不可能完全做到按照事先的计划来行动。同样的行动，相同的投入，会因为行动时机的不同产生截然不同的结果。战略的执行需要把握好时机。所谓时机，就是那些能够事半功倍的机会。

机不可失，时不再来。但是对企业而言，真正有价值的时机往往不是等来的，是创造出来的，是经过系统谋划、精心准备的结果。

（七）发动企业全员参与

从一开始，企业就必须确保让可能会受到战略计划影响的不同部门的人员各就各位，将他们纳入执行团队是一个不错的选择。同时，还必须及时向他们寻求反馈，以便确保他们能更有效地借助现有成果开展业务。

活动 1：组织同学讨论什么是战略以及如何进行战略管理。

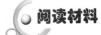

阅读材料

伟大公司为何重复同一个错误

2007 年，星巴克的危机凸显出来，其创始人霍华德·舒尔茨不得不重返 CEO 岗位启动变革，以拯救他一手创建的公司。

星巴克作为一个被视为伟大的公司，是如何滑向危机的，危机的成因是什么？答案并无特殊之处，危机源于过于追求增长、扩张规模，而偏离了星巴克核心价值与成功之道。

舒尔茨在名为“星巴克体验的平民化”的备忘录中，清楚地体现了这一点。比如：

“我们引进自动浓缩咖啡机的确解决了服务速度和服务效率的主要问题。但同时，我们也忽略了一个事实：这将使咖啡厅大部分的浪漫氛围与亲身感受大打折扣……”

“我们的确得到了新鲜烘焙的袋装咖啡，但付出了什么代价？香味的丧失——也许这是我们门店曾拥有的最有力的非语言标志；也失去了星巴克人现场为顾客展示咖啡从新鲜原豆被研磨成粉的过程，我们的门店与星巴克秉承的传统再一次被割裂开来。”

“显而易见，我们为提高扩张效率过于精简了店内设计……（但）其中一个后果就是，我们失去了星巴克门店昔日的灵魂……”

界定了这次危机的成因，解决方案也就出来了。拯救就是回归，舒尔茨也正是这样做的，而且获得了成功。“我们迫切需要……回归核心，秉承传统，重新唤起热情，要为让顾客再次光顾星巴克作出必要的改变”、“重新将关注点放在顾问身上而不是公司的过快增长上面”。舒尔茨在变革之初如是说。

偏离与回归，一个发生在伟大公司中司空见惯的危机故事，几乎成为这些公司的魔咒。正因为它是一个被伟大公司重复犯的错误，就更加值得研究。

资料来源：刘永炬. 星巴克救赎启示录：伟大公司为何重复同一个错误. 价值中国网，2011-04-29.

考试链接

1. 战略的概念。
2. 战略管理的概念。
3. 我国战略管理存在的盲点。
4. 制定切合实际的战略目标。
5. 战略成功的要诀。

第二节 企业战略与品牌战略

引导案例

奥康集团的品牌战略之路

当初，奥康集团的老总王振滔在各地推销皮鞋时，所有大商场都只认“上海货”，因为顾客认可“上海货”。有些精明的温州皮鞋企业与上海“联营”，同样的皮鞋，贴上上海厂家的商标，就畅通无阻。因此，王振滔对“牌子”这一市场的通行证有了新的认识，也产生了创自己“牌子”的念头。

后来，他又见到不少报道，中国的产品出口到国外，明明质量与世界名牌差不多，可只能卖到人家价格的1/10。而消费者宁可出高价买名牌，也不图便宜买无名之牌。名牌的魅力是多么神奇，多么不可思议啊！

王振滔对品牌产生了浓厚的兴趣，不断搜集品牌方面的信息，吸取一些企业在品牌运作上的经验，开始了自己的品牌战略。

首先是从生产方式上，彻底改变家庭作坊的粗放生产初级模式，走规模化、集约化、现代化企业的发展之路。想法是正确的，实现却是困难的。盖厂房、进设备、引人才，样样都需要钱，钱从哪里来呢？他想到了搞股份合作制。1991年，他以个人的信誉和企业发展的前景，说服了一些亲属及小企业主，以股份合作的形式，开始了第一次上规模、上档次的生产扩建。当年产值就突破了100万元。1992年，又进行了建新厂房的第二次扩建，并在招收员工上，以招有文化的年轻人为主，这次又招股200万元，完成了新厂房扩建和老厂房改建。

1993年，“奥康”跨上了一个新台阶，与外商合资建立了中外合资奥康鞋业有限公司，厂房、设备、人员已初具现代化企业规模。当年，被评为“浙江省工业企业最佳经济效益”第一名。王振滔的作为，也引起了社会各界的广泛关注，他被评为温州市劳动模范。

1995 年，雄心勃勃的王振滔又联合十多家中小企业，组成了集团公司，成了名副其实的国内皮鞋领军人物之一。1997 年，该集团产值高达 18 亿元，企业拥有 2000 多名员工，下属分支机构 20 多家，并荣膺国家级无区域性大型集团公司。

借着企业进步发展的良好势头，王振滔专程赴意大利考察取经，世界著名鞋业王国的先进技术和先进管理手段更坚定了王振滔开拓进取的信心。正是由于这种信心的作用力，1999 年底，一座占地 4 万平方米、建筑面积达 45 万平方米的具有现代化整套制鞋先进设备的厂房投入使用。“奥康鞋业”至此已经在国内、国际上形成了一个真正的品牌。

回顾自己追求产品质量、打造品牌的艰苦努力，王振滔感触良多。这一回顾自然使他想到了早在 1990 年，趁着全国围剿“温州鞋”的风头，逆风而动，推出“奥康”品牌，从而一炮打响的战略。

那时，全国围剿“温州鞋”的余波未息，他便注册商标“奥康”，重新杀回武汉等地，并挑战性地标明产地“温州”。他这一举措，并非盲动、斗气，而是经过深思熟虑后的斗勇、斗智。当时，一些粗制滥造的厂家，慑于形势，已退出市场。这正是难得的商机。他自信自己皮鞋的质量和款式，会得到消费者的认可。“真金不怕火炼”，在这种形势下，正是打出品牌的好时机。果然，他这一奇招，在武汉大获全胜。消费者从试买到竞相选购，“奥康”之名不胫而走……

资料来源：龙明. 温州人为什么能赚钱［M］. 北京：长安出版社，2005.

思考题：

1. 为什么王振滔要施行品牌战略？
2. 王振滔是怎么施行品牌战略的？

一、企业战略的概念

问题 6：什么是企业战略？

企业战略是指企业根据环境的变化，本身的资源和实力选择适合的经营领域和产品，形成自己的核心竞争力，并通过差异化在竞争中取胜。随着世界经济全球化和一体化进程的加快以及随之而来的国际竞争的加剧，对企业战略的要求越来越高。

企业的战略形态有以下两种：

（一）拓展型战略

拓展型战略是指采用积极进攻态度的战略形态，主要适合行业龙头企业、有发展后劲的企业及新兴行业中的企业。具体的战略形式包括三种：

1. 市场渗透战略

此战略即实现市场逐步扩张的拓展战略，该战略可以通过扩大生产规模、提高生产能力、增加产品功能、改进产品用途、拓宽销售渠道、开发新市场、降低产品成本、集中资源优势等单一策略或组合策略来开展。其战略核心体现在两个方面：利用现有产品开辟新市场实现渗透；向现有市场提供新产品实现渗透。市场渗透主要包括：

（1）成本领先战略。通过加强成本控制，使企业总体经营成本处于行业最低水平。

（2）差异化战略。企业从产品、品牌、服务方式、发展策略等方面采取的有别于竞争对手的经营策略。

（3）集中化战略。企业通过集中资源形成专业化优势。

2. 多元化经营战略

指一个企业同时经营两个或两个以上行业的拓展战略，又可称“多行业经营”。多元化经营战略适合大中型企业，该战略能充分利用企业的经营资源，提高闲置资产的利用率，通过扩大经营范围，缓解竞争压力，降低经营成本，分散经营风险，增强综合竞争优势，加快集团化进程。但实施多元化战略应考虑选择行业的关联性、企业控制力及跨行业投资风险。多元化经营战略主要包括三种形式：

（1）同心多元化。利用原有技术及优势资源，面对新市场、新顾客增加新业务而实现的多元化经营。

（2）水平多元化。针对现有市场和顾客，采用新技术增加新业务而实现的多元化经营。

（3）综合多元化。直接利用新技术等手段进入新市场而实现的多元化经营。

3. 联合经营战略

即两个或两个以上独立的经营实体横向联合成立一个经营实体或企业集团的拓展战略。西方国家，联合经营主要是采取控股的形式组建成立企业集团，以母公司的资本为纽带建立对子公司的控制关系，集团成员之间采用相互持股和单向持股两种方式，分为以大银行为核心对集团进行互控和以大生产企业为核心对子公司进行垂直控制两种控制方式。

在我国，联合经营主要是采用兼并、合并、控股、参股等形式，通过横向联合组建成立企业联盟体，其联合经营战略可以分为：

(1) 企业合并战略，即参与企业通过所有权与经营权同时有偿转移，实现资产、公共关系、经营活动的统一，共同建立一个新法人资格的联合形式。这种战略能优化资源结构，实现优势互补，扩大经营规模，但同时也容易吸纳不良资产，增加合并风险。

(2) 企业兼并战略，即企业通过现金购买或股票调换等方式获得另一个企业全部资产或控制权的联合形式。被兼并企业放弃法人资格并转让产权，但保留原企业名称成为存续企业。兼并企业获得产权，并承担被兼并企业债权、债务的责任和义务。通过兼并可以整合社会资源，扩大生产规模，快速提高企业产量，但也容易分散企业资源，导致管理失控。

(二) 稳健型战略

稳健型战略是采取稳定发展态度的战略形态，强调保存实力，能有效控制经营风险，但发展速度缓慢，竞争力量弱小。主要适合中等及以下规模的企业或经营不景气的大型企业，可分为：

(1) 无增长战略。维持产量、品牌、形象、地位等水平不变。

(2) 微增长战略。竞争水平在原基础上略有增长。

(3) 收缩型战略。收缩型战略是采取保守经营态度的战略形态，主要适合处于市场疲软、通货膨胀、产品进入衰退期、管理失控、经营亏损、资金不足、资源匮乏、发展方向模糊的危机企业。收缩型战略的优点是通过整合有效资源，优化产业结构，保存有生力量，减少企业亏损，延续企业生命，并能通过集中资源优势，加强内部改制，以图新的发展。缺点是容易荒废企业部分有效资源，影响企业声誉，导致士气低落，造成人才流失，威胁企业生存。调整经营思路、推行系统管理、精简组织机构、优化产业结构、盘活积压资金、压缩不必要开支是该战略需要把握的重点。

收缩型战略可分为：①转移战略，通过改变经营计划、调整经营部署，转移市场区域（主要是从大市场转移到小市场）或行业领域（从高技术含量向低技术含量的领域转移）的战略；②撤退战略，通过削减支出、降低产量，退出或放弃部分地域或市场渠道的战略；③清算战略，通过出售或转让企业部分或全部资产以偿还债务或停止经营活动的战略。

关键术语

企业战略

企业战略是对企业各种战略的统称，其中既包括竞争战略，也包括营销战略、发展战略、品牌战略、融资战略、技术开发战略、人才开发战略、资源开发战略等。

二、品牌战略的概念

问题 7：什么是品牌战略？

品牌是目标消费者及公众对于某一特定事物心理的、生理的、综合性的肯定性感受和评价的结晶物。人物或者景观、企业，产品和服务等，都可以发展成为品牌对应物。品牌战略就是公司将品牌作为核心竞争力，以获取差别利润及价值的企业经营战略。品牌战略的本质是塑造出企业的核心专长。品牌战略包括：

（一）品牌化决策

是选择制造商品牌还是经销商品牌、是自创品牌还是加盟品牌，在品牌创立之前就要解决好这个问题。不同的品牌经营策略，预示着企业不同的道路与命运，如选择“宜家”是产供销一体化，“麦当劳”是特许加盟。

（二）品牌模式选择

这是品牌的结构问题。可以选择综合性的单一品牌，也可以选择多元化的多种品牌；可以选择联合品牌，也可以选择主副品牌。品牌模式无好坏之分，但是非常讲究行业的实用性和时间性。比如日本丰田汽车在进入美国高档车市场的时候，并没有继续使用“TOYOTA”，而是用了另外一个完全崭新的独立品牌“雷克萨斯（Ⓛ）”，避免了“TOYOTA”会给“雷克萨斯（Ⓛ）”带来低档次印象，而使其成为可以与“宝马”、“奔驰”相媲美的高档轿车品牌。

（三）品牌识别界定

品牌识别界定即确立品牌的内涵，也就是企业希望消费者认同的品牌形象。它从品牌的理念识别、行为识别与符号识别三个方面规范了品牌的思想、行为、外表等内外含义，其中包括以品牌的核心价值为中心的核心识别和以品牌承诺、品牌个性等元素组成的基本识别。

（四）品牌延伸规划

明确未来品牌适合在哪些领域、行业发展与延伸，在降低延伸风险、规避品牌稀释的前提下，以谋求品牌价值的最大化。

（五）品牌管理规划

品牌管理规划是从组织机构与管理机制上为品牌建设保驾护航，在此基础上为品牌的发展设立愿景，并明确品牌发展各阶段的目标与衡量指标。企业做大做强靠战略，“人无远虑，必有近忧”，解决好战略问题是品牌发展的基本条件。

三、创建品牌

问题 8：如何创建品牌？

中国营销界曾经有一种观点甚嚣尘上，“销量上来了，品牌自然就做出来了”、“做销量，不做品牌”、“终端为王、渠道制胜”。其实这种观点是非常荒谬的，没有品牌战略的指导与统率，常规营销传播只能短暂提升销售。

一流企业卖品牌，三流企业卖产品。在当今时代，品牌是一种无形资产，是一种产品乃至一个企业区别于其他产品和企业的标志。它代表了潜在的竞争力与获利能力。因此，企业要想在激烈的市场竞争中拥有一席之地，就必须创建自己的品牌。那么，我们该如何去创建品牌呢？

（一）从大格局入手建立品牌

战略的核心是竞争，竞争不是由内而外，而应该是市场大环境反作用于企业本身，包括企业内部管理、产品研发、组织架构等。因此，由内而外的企业战略思路，不可能建立品牌。只有看清市场环境，然后根据大环境来调整企业内部经营的思维才能建立品牌。

对于一家尚未被消费者认知的产品或服务来说，无为而治就是对未来品牌建设的最好保护。如果一旦启动宣传推广工作，首先要考虑的就是以什么样的面貌入市，及“我是谁”、“有哪些特征”、“我的发展方向”等问题，具体涵盖品牌名称、标识及组合、品牌主张、市场定位等。比如诺基亚，无论广告、平面海报做的是什么创意，但“科技以人为本”的品牌主张永远都是每次主题的诉求点。因此企业在入市之前，先考虑清楚你的品牌主张是什么，接下来才是具体的推广宣传。

（二）明确品牌形象

一个清晰、有效的品牌形象必须与企业的发展理念及企业的文化和价值观联系起来，且企业上下对这个品牌形象都应该有恰当的理解和认可。它应当能提供这样的指示，即哪些活动和宣传可以支持和强化这一品牌，哪些将削弱和混淆这一品牌。最关键的是要知道什么时候说“不”，因为，如果一个品牌形象模糊、毫无特点，以至于对消费者的任何宣传都会被认为可行的话，这样的品牌形象毫无益处。

因此无论是追求用替代方式还是采取多种传媒手段来创建品牌，或者两者同时利用，公司必须有一个深入的、结构清晰的品牌形象，以使那些设计并执行宣传计划的人不会错误地向消费者传递自相矛盾、令人迷惑的信息。

（三）让消费者参与品牌创建过程

让消费者参与品牌的创建对消费者造成的影响，是其他方式所无法比拟的。想想这些事实：哈根达斯冰激凌的品尝活动；消费者在斯沃琪活动中的参与；消费者在 Hugo Boss 公司活动中的参与；美体小屋的消费者对社会公益事业的涉入。这种经历所创造的品牌与消费者之间的关系，远远超出了消费者对品牌的价值进行客观评价后所产生的品牌忠诚度。吉百利公司在英格兰地区布尔纳维尔的主题公园，以及雀巢公司的 Buitoni 俱乐部活动都是进一步的证明。

（四）有效标识出不同档次的产品，避免锦衣夜行

一般情况下，我们可以用品种名称、包装与工业设计来区别出高中低档。像手机，用型号、外观就能较好地区分出高中低档产品。因为手机的高中低档产品在外观上有显著差异，消费者容易识别。但彩电、冰箱等电器往往在工业设计上差异不显著，区分不明显，这时最好采用副品牌加以区分。

如果外包装、品种名、副品牌不足以区分出高中低档，就应该发展多品牌或者绝不能把低价产品混入溢价品牌中，身份象征性产品尤其如此。比如，不少香烟品牌有 30 元以上、20 元以上、10~20 元、10 元以下等多个品种，主要用颜色、金装、镶边等外包装的变化来加以区别。由于用类似策略的品牌很多，有的品牌红色是高档、有的品牌红色是低档，消费者往往分不清哪种颜色是高档的，即使买了高价烟，别人也不知道高价与否，等于“锦衣夜行”，所以很多人就不选这些品牌。而中华烟最低价是 40 元，所以几乎谁都知道中华为高档烟，这是中华烟屹立在主流高档烟市场岿然不动的原因之一。明白了这一道理，不少香烟品牌还是可以挑战中华烟的高档烟地位的，比如江苏的苏烟、甘肃的兰州烟就按照这一战略思维，在局部地区形成了对中华烟强有力的挑战，关键在于是否有定力去长期坚持高价。

（五）进行品牌传播推广

品牌战略一旦确定，就应该进行全方位、多角度的品牌传播与推广，使品牌深入人心。品牌传播与推广应把握以下原则：

（1）合理布局，运用广告、公关赞助、新闻炒作、市场生动化、关系营销、销售促进等多种手段。例如，可口可乐在中国捐建了 50 多所希望小学和 100 多个希望书库，使 6 万多名儿童重返校园。单一的广告往往只能提高品牌知名度，难以形成品牌美誉度，更难积淀成品牌文化。

（2）根据目标消费群的触媒习惯选择合适的媒体，确定媒体沟通策略。

（3）品牌传播要遵守聚焦原则。千万不可将有限的资源“撒胡椒面”似的盲目乱投，而应进行合理规划与聚焦，在某一区域市场“集中兵力打歼灭战”。

（4）品牌传播要长久、持续。品牌的提升是一项系统工程，需要长久的投

入与坚持，“老鼠啃仓”的结果只能是前功尽弃、半途而废。

（六）赋予品牌高档感、高价值感

要让品牌有高档感和高价值感，功能型利益为主的品牌应持续一致地不断提高技术与产品使用价值，如奥迪汽车。如果一个品牌的几款电器技术领先、功能人性化、外观精美，只能有限度地提高这几款电器本身的售价。如果，企业不断地推出这么好的电器，久而久之品牌就具有了高档感与价值感；品牌的溢价能力就能涵盖所有产品。

情感型、自我表达型利益为主要价值的品牌，品质、技术是基础，主要通过广告塑造品牌豪华、成功、时尚等内涵，同时在工业设计与做工上精益求精，并在豪华高档场所设零售终端。

很多产品同质化严重，就应该赋予品牌的核心价值、独特的情感与自我表现型利益。比如“品舍得酒，感悟智慧人生”、浪琴表“优雅人生”是这种独特而又让目标消费者怦然心动的核心价值强有力地支撑起品牌的溢价能力。

（七）理性品牌延伸

在竞争日趋激烈的市场上，要完全打造一个新品牌将耗费巨大的人力、物力、财力。据统计，新品牌的失败率高达80%。在美国开发一个新品牌需要3500万~5000万美元，而品牌延伸只需50万美元，不失为一条快速占领市场的“绿色通道”。雀巢经过品牌延伸后，产品拓展到咖啡、婴儿奶粉、炼乳、冰激凌、柠檬茶等，结果每种产品都卖得不错，乐百氏品牌延伸前销售额只有4亿多元，延伸后不到3年就达到近20亿元。

不过品牌延伸需要谨慎决策，应遵循一定的原则：

（1）延伸的新产品应与原产品符合同一品牌核心价值。例如，金利来品牌核心价值是“男人的世界”，但曾一度推出女装皮具，结果收效甚微。

（2）新老产品的产品属性应具有相关性。例如，三九胃泰曾延伸出三九啤酒，结果惨败而归。

（3）延伸的新产品必须具有较好的市场前景。例如，海尔公司遵循的原则是延伸产品发展到一定规模后，必须能在同类产品中位居前三名。

四、打造强势品牌

问题9：如何用着眼全局的复合竞争打造强势品牌？

在现代市场经济条件下的市场选择与买卖的商品，就其构成而言，不仅包括产品本身固有的实体，还包括一系列有形和无形的基本属性。因而，现代产品是具有层次性和综合性的复合体，所以市场竞争也是一种复合竞争，一种着眼于全局的竞争。

1980 年，古兹维塔担任了可口可乐的 CEO，当时他面对的是与百事可乐的激烈竞争，可口可乐的市场占有率正在被它逐渐地蚕食，可口可乐的管理者为此很是着急。

古兹维塔手下的管理者都把竞争的焦点全部灌注在百事可乐身上，只是想着如何让可口可乐一次增长 0.1%的市场占有率。而古兹维塔经过思考，毅然决定停止与百事可乐的这种正面竞争，而改为与 0.1%的增长相当的另类市场的角逐。

他派人进行市场调查，然后把调查的结果展示给手下的管理者：

美国人一天的平均液态食品消耗量为多少？答案是 400 克。可口可乐在其中有多少？答案是 57 克。

“你们看出什么了吗？”古兹维塔说，“可口可乐需要在哪块市场提高占有率。我们的竞争对象不是百事可乐，而是要占掉市场剩余 349 克的水、茶、咖啡、牛奶及果汁等。当大家想要喝一点什么时，应该是去找可口可乐。”

为了达到这个目的，可口可乐在每一个街头摆上自动售货机，销售量也因此节节攀升，彻底占领了液态食品市场。通过这种做法，可口可乐很自然地就把百事可乐远远抛到了身后。

着眼于全局，在充分研究消费者心理及市场走向的前提下，可以走商家品牌之路，闯出新的竞争天地。商家品牌具有四个方面的优势：

（一）满足消费者需求，动态地创造出自己的产品

在市场经济条件下，一切工作的出发点都是围绕市场而展开的，拥有了市场也就拥有了发展的机缘。在经营厂家品牌产品的环境下，厂家生产与商家经营在对消费需求的把握上或多或少地存在着消费行为、心理等方面的差异，这些脱节正是商家品牌可以弥补和规避的。

（二）单一品牌与多品牌的较量

经营多种品牌产品，是现在商家经营的共性，面对同一产品的品牌，除外形、价格可直观其差异外，其他的产品属性是不易区分的。如此，容易使消费者产生不知如何挑选，也不知在哪个商家购买为好的心理，购买决策更多地依赖同事亲朋的推荐及厂家的广告效应。而单一品牌产品如同专卖店一样，商家经营的都是自己的品牌产品，在进货渠道上无假货可言，因而消费者更有安全感。

（三）经营商家品牌产品，激发员工维护企业及产品形象

随着企业文化的发展，企业形象设计的作用日益显现。经营商家品牌产品使员工更有直观感，并通过对产品功能、使用等方面的深入了解给顾客更多的

购买指导。同时，每个员工的言行也维系着自己独特品牌的商业形象，因而从管理上将更加精细，服务顾客的理念贯穿于企业的每一个行为。

（四）节省广告费用，推动技术进步

广告作为经济发展的产物，在促进产品销售、扩大产品知名度、指导用户消费等方面起到了一定的作用。但广告费用的大量投入，必将导致企业利润萎缩或提高售价，它不能创造社会财富，是一种变相的资源浪费。而经营独特的品牌商家，其经营方式本身即具有广告效应，且产品货真价实、物有所值。另外，还可以通过 POP 广告来宣传商家品牌。如此，可以节约大笔的广告费用，这笔经费正好可以补偿在技术服务和聘用众多技术人员方面投入的大量资金。

活动 2：和同学们一起讨论：假设你大学毕业做了一名企业高管，你会如何进行品牌战略管理？

活动 3：和同学们一起讨论：假设你创业了，你会如何创建你的企业品牌？

考试链接

1. 企业战略的概念。
2. 品牌战略的概念。
3. 创建品牌。
4. 打造强势品牌。

第三节 实施品牌战略的意义

引导案例

王老吉的品牌战略

近年来，饮料行业的一匹黑马——罐装饮料王老吉脱颖而出，“怕上火，喝王老吉”的广告语早已一鸣惊人、深入人心。透过下面一组数据，我们不难看到王老吉的增长速度：2002 年王老吉销量 1.8 亿元，2003 年销量 6 亿元，2004 年销量 15 亿元，2005 年销量超过 25 亿元，2006 年销量更是超过了 35 亿元。是什么原因使王老吉迅速飙红，引爆凉茶市场的呢？就在于它实施了精准的品牌战略。

很多人不知道，早在2002年以前，王老吉已经不好不坏地经营了7年多，虽说小日子过得也还算小康，但却一直默默无闻，固守一方。2002年，在专业品牌公司为其做品牌诊断时发现，王老吉没有红起来的最根本的原因在于品牌定位而不在于市场推广。王老吉虽然经营多年，但它的品牌缺乏一个清晰明确的定位，原来的广告语“健康永恒，永远相伴”其实是一个较模糊的概念，企业无法回答“王老吉”是什么，消费者更不会理解。

经过细致的市场调查，专业品牌公司发现，消费者在享受煎炸、烧烤、香辣美食时，特别希望能够预防上火，但是目前市场上的茶饮料、可乐、果汁、矿泉水等显然不具备“预防上火”的功能，而王老吉的中草药配方、125年历史、“凉茶始祖”的身份等要素为其成功打造“预防上火”形象提供了有力的支撑。最终王老吉明确了自己品牌定位——“预防上火”，这一关键性的定位改变了王老吉的命运。王老吉的销售量随着“怕上火，喝王老吉”的系列广告等品牌推广活动的展开而直线上升。

资料来源：邓德隆. 2小时品牌素养［M］. 北京：机械工业出版社，2009.

思考题：

1. 王老吉后来为什么获得了成功？
2. 怎样打造强势品牌？

一、品牌的唯一老师就是消费者

问题10：为什么说品牌唯一的老师就是消费者？

品牌不仅仅是一个名称、一个商标，更是一个含有深刻内涵的内容集合，它具有丰富的内容和含义。只有使消费者形成高度认同感的品牌才是成功的品牌。但怎么才能抓住消费者？为这个问题绞尽脑汁的企业家数不胜数，但恐怕极少有人能像史玉柱那样，每做一行都先把自己置于消费者的地位来考虑每个细节：消费者究竟需要什么？

“谁消费我的产品，我就要把他研究透。一天不研究透，我就痛苦一天。”史玉柱说：“营销是没有专家的，唯一的专家是消费者。你要搞好的策划方案，你就要去了解消费者。”无论什么样的品牌，以及什么样的品牌内涵，只有获得消费者的认可才具有市场价值。可以说，品牌的唯一老师就是消费者。

（一）品牌应该深入人心

在市场竞争中产生的具有杰出表现的、得到顾客忠诚与认可的、能产生持久的巨大效应的品牌才能深入人心、立于不败之地。

1886年，和美国的自由女神像一样，由潘博顿调制成的可口可乐已经成为美国的象征。可口可乐公司非常清楚地认识到了这一点。有位可口可乐的官员曾说过：“如果公司在天灾中损失了所有的产品和资产，公司将易如反掌地筹集到足够的资金来重建工厂。相反，如果所有的消费者突然丧失记忆，忘记和可口可乐有关的一切东西，那么公司就要停业。”可见，品牌内涵如果能够深深植根于消费者的心目中，那么它毫无疑问地增加了商品的含金量。

比如提到迪斯尼，人们会想到欢乐、刺激；提到海尔，消费者心目中的形象是人性化、亲和力；提到兰蔻的品牌，人们会感觉到奢华、高贵；Lux则一直坚持用国际影星作形象代言人，其“美丽承诺”达80年之久；可口可乐用过的上百条口号，都是围绕“美味的、欢乐的”的品牌内涵不变。产品的品牌内涵是品牌形象之源，是品牌精神的孕育之地，是保持品牌活力的原动力。

当一个品牌的内涵，或者说核心理念被人们接受和认同的时候，品牌也就真正深入人心了。

（二）品牌与消费者的互动

品牌与消费者之间是一个互动过程：企业通过宣传手段，使消费者了解品牌内涵；消费者通过自己的理解，从而建立对品牌的形象感知，在消费者的心里，他认为品牌是什么就是什么。从实质来说，消费者的品牌消费就是一种文化消费。文化消费就是文化生活，它是指人们为了满足精神生活的需要，采取不同的方式消耗劳务和文化的过程。通过赋予品牌附加的、心理的、社会的或更高层次的需求内涵，从而使这种内涵满足消费者高层次的需求，那么品牌就具有了更高的价值。

“品牌的唯一老师就是消费者”这是史玉柱的又一名言。说名言，这其实也是大实话。品牌是什么呢？是顾客的印象和感觉，当然消费者最有发言权了。

你的品牌好不好，不是你的广告好不好，你广告做得再响，经不得使用者的一试，消费者用了好，嗯，果然不错；反之，顾客会说，宣传得那么好，其实是“金玉其外，败絮其中”，这时，你的宣传会带来反作用。你的品牌好不好，还是消费者说了算。

这就要求产品一切要为顾客、为消费者着想，越周到、越方便他们越好。所以产品的设计人员一定要从顾客的角度去思考，不要只从自己的角度或只从美观的角度去思考，而忘了实用的价值。

有些知名企业，为了使自己的产品上市后就很畅销，就让消费者指导设计人员按照他们自己的需求进行设计，产品出来后，又先让消费者使用，再提改进意见，直到消费者很满意为止。

同时，品牌也会带来无形的价值，或品质，或品位，或服务，或特殊性能，品牌总会让你觉得超出你的价值，也就是物超所值，所以现在消费者的购买也越越来越个性化了，不再是使用的价值，而是一个享受的精神价值了。所以，企业要创一个品牌，并成为一个知名品牌、老品牌，就越来越难了。要真正地做到客户第一，敢于承诺，并能勇于兑现对消费者的承诺，做到内圣外王。

关键术语

品牌竞争

品牌竞争，是在满足消费者某种愿望的同种产品中不同品牌之间的竞争。或许消费者对巧克力感兴趣，并特别偏爱该品牌，于是，该品牌的产品在竞争中赢得了最后的胜利。

二、中国品牌面临的问题

问题 11：中国品牌面临的问题是什么？

品牌是用以和其他产品或劳务相区别的名称、术语、象征、记号或者设计及其组合，是能够给拥有者带来溢价、产生增值的一种无形资产，是当代我国企业界人所共知的。三十多年的改革开放实践让中国企业界明白并更加重视企业品牌的价值，国内有一定规模的企业也在为塑造国内和国际知名品牌做着不懈的努力。然而，三十多年过去了，这种努力没有带来预期的效果，国内大大小小的众多品牌没有得到国人的认同，更没有在国际市场上令人敬仰。那么中国品牌到底面临着哪些问题呢？

（一）在国内很多行业市场中，国外品牌产品占有了大量份额

面对国外品牌的强势，中国本土品牌的发展受到了很大的冲击。很多中国品牌也陆陆续续地消失了或者是落入了外国企业的口袋。而国外企业通过吞噬本地品牌的方式，轻易地打入了本地市场。

（二）不清楚创造品牌的相关条件

很多企业不知道创造品牌的基础条件是产品，以为品牌就是广告，而不考虑企业自身的资源与条件。其实，一个企业在创品牌之前至少要考虑以下六个基础条件：①产品；②需求潜量；③相关产品的延伸拓展能力；④产品的生命周期；⑤消费者的需求心理；⑥该产品的特性。如果对这六个问题不清楚，品牌管理极易走入误区。

(三) 基于企业文化的内生公司品牌，外界无法感知和知晓

中国是一个文化力极强的国度，尤其是本土企业格外重视企业文化的建设。很多企业依靠内部的有感召力和强势的企业文化获得了员工极大的认同，从而实现了公司规模和业绩的大幅提升。但成长的烦恼在于，当依靠企业文化的力量获得成长后，依然无法解决基于外部视角的公司品牌识别问题。对于公司品牌最重要的外部客户、利益相关群体等无法迅速通过企业内生的文化力量去感知企业，尤其是不能快速产生对公司的品牌认同，公司品牌的知名度和美誉度仅限于内部范畴，无法转化并形成外部驱动力。这类公司面临的最大困惑是内部文化视角的品牌知名度与美誉度无法迅速与外界接口，不能形成外部受众对公司品牌的认知。

(四) 品牌规划和结构混乱

目前，品牌收购已经成为一股热潮。华润在啤酒、超市、地产等领域的全线出击，随之而来的是企业在原品牌和众多新品牌之间的关系管理的诸多问题。品牌结构没有精心规划，没有小心处理各个品牌之间的关系，造成了品牌经营管理之间的各自困扰。比如五粮液在短短的几年时间里，通过品牌买断经营，炮制出了火爆酒、老作坊、国玉春、送福液、六百岁、五粮春、五粮醇、五福液、金六福、六和醇、铁哥们、干一杯、四海春、京酒、浏阳河等百余个品牌，这些品牌定位重复，卖点五花八门，品牌形象混乱不堪，多为中低档的牌子。这些产品与五粮液中国白酒旗舰的品牌形象格格不入，破坏了五粮液长期积淀的品牌资产。

(五) 企业品牌与产品品牌常混为一谈

我们经常看到：有的企业在做产品广告时都加上企业品牌；在做企业广告时又加上企业产品；有些耐用品企业的广告模仿消费品企业的广告。这些都是对企业品牌与产品品牌混乱的表现。

(六) 品牌空心化现象严重

品牌空心化的主要表现是品牌单纯的符号化，喜欢空洞的概念炒作，只有广泛的知名度而没有差异化的忠诚度，品牌没有个性化的实际内涵，对消费者的购买决策的影响力非常有限。这类现象在中国家电行业尤其突出，由于没有核心技术，消费者对于各类产品的差异化感知不多，停留在广告表面的宣传差异没有给消费者注入品牌的核心价值。还有一些白酒，酒质量一般，硬是通过所谓文化造势卖高价，使品牌缺乏实质内涵，所以“白酒一年喝倒一个牌子”，最终被消费者放弃！

(七) 并购国外品牌，但并没有买到核心技术

很多中国企业将跨国并购作为捷径，以求能通过收购国外品牌更快地加入

海外市场。然而很多中国企业急于求成，欠缺考虑以及缺少对购买目标的分析，买来的是更多的麻烦。大多数收购的都是西方大公司急于卖掉的“非核心”业务。

中国企业在进行海外并购的时候面临的最大挑战是很容易被其想收购的企业过去的辉煌和光环所欺骗，只看到它们曾经的光荣，看不清它们目前存在的巨大问题。总以为有一个好品牌，就可以永续发展，就可以收购过来变革一下发大财，小看了外国经营者和出售者的智商，过高地估计了自己的能力。所以在并购的时候一定要知道什么叫“取长补短”，其次是要明白我们收购的不仅是一个牌子，我们收购的更重要的是它的“品”，如果在今后的整合发展中我们慢慢地把人家的“品”做丢了，我们离失败就不远了。

（八）缺少品牌管理组织、缺乏品牌管理能力

品牌管理作为专业科学技术，要求企业有专门的品牌管理人才和相关的品牌管理组织，能在企业内部建立一套系统科学的品牌运作机制。中国企业的普遍现状是品牌战略管理通常放到营销部门。但是绝大多数的营销部都是以销量、业绩为中心以阶段性的促销方案策划为重点，无法担负品牌长期规划和管理的重任。由于没有建立起公司内部专门的品牌管理组织，缺乏品牌战略管理的专业人员，导致品牌战略和品牌管理力不从心，无法驱动。

（九）盲目延伸，造成品牌个性淡化

不少已经在市场上确立了自身品牌的中小企业，由于其对企业规模扩大的盲目追求，研发了低端市场的品牌，使得原本产品属于中高端品牌的优势迅速被减弱。更有甚者，其品牌在延伸过程中没有很好地把握消费者的需求以及市场的接纳能力，这不仅损害了该品牌之前所确立的一定的市场地位，更使得原来富有个性的品牌瞬间淡化，逐步被市场淘汰。

三、战略代表着未来商业的重点

问题 12：为什么说战略代表着未来商业的重点？

制定战略的过程就是为企业未来发展进行选择和定位的过程。战略确定企业何所为，何所不为。战略代表着未来商业的重点，是企业根据自身资源结合外部环境而选择的一个可获得持续竞争优势的空间。在这一空间中，企业具有对手所不具备的能力，并通过努力经营不断强化这一优势，成为核心竞争力。

但是，市场是充满各种诱惑的，各种诱惑促使企业一步步走进自己不擅长或没有任何竞争优势的空间，其结果往往会付出沉痛的代价，甚至是全军覆没。无论在企业的任何发展阶段，企业一定要清楚自己的发展重心。国外成功的企业，大多数只投资一个行业，如同重拳出击一样，在这个行业里夯实自己的根基，然后再图谋扩张。

不管企业实施何种形式的战略，其目的都是在确定企业的未来发展重点。企业应该把发展重点放在具有竞争优势的业务上，即稳定而具有相当竞争优势的主营业务，这是企业利润的主要源泉和生存基础。企业应该通过保持和扩大自己熟悉与擅长的主营业务，尽力扩展市场占有率以求规模经济效益，把增强企业的核心竞争力作为第一目标。成功的企业在经营领域的选择上，都是首先确定自己的主营业务，积极培养核心竞争力，再以此为基础考虑下一步的发展方向。

四、实施品牌战略的意义

问题 13：实施品牌战略的意义是什么？

实施品牌战略的意义表现在以下方面：

（一）有利于促进企业的存活

20 世纪 80 年代以来，中国很多行业大致经历了广告战、价格战两个阶段。在“过剩经济”时代，残酷竞争打压着企业的生存空间，众多同质化产品为了争夺出海口，彼此你拥我挤、各施手段、各展奇招，有的竭尽全力、有的赴汤蹈火，“企业向何处去”、“品牌到底能打多久”、“为什么以往屡试不爽的招数不灵了”，等等，所有这一切困惑、迷惘产生了宏观战略层面上在解决了企业生存后，战略战术角度如何表现出的创新本质和突破决心的问题。说到底，企业品牌战略所要回答的核心问题就是企业存在的理由是什么，即企业为什么能够从外部得到回报并生存下去。也就是说，企业存在的理由是企业战略的核心问题。

（二）有利于促进产品销售

品牌是产品的核心内容，品牌效应是其他营销手段所不及的。在发达国家市场，品牌识别业已取代产品识别，成了市场选择的唯一要素。

（三）有利于营销沟通

品牌有助于建立人们对企业的印象，企业在营销沟通中宣传企业名称和产品技术更为方便。在实际经济生活中，人们可能不知道某个产品的生产厂家，但却知道其品牌名称和品牌标志。

（四）有利于提高产品质量和企业形象

品牌是商品质量内涵和市场价值的评估系数和识别徽记，是企业参与竞争的无形资本。企业为了在竞争中取胜，必然要精心维护品牌的商誉，对产品质量不敢掉以轻心，害怕砸自己的牌子。创名牌的过程必然是产品质量不断提高和树立良好企业形象的过程。

（五）有利于指导企业新产品开发和现有产品维护

对品牌战略而言，产品开发不再是品牌以外的事情，它只是品牌维护和提升的具体行为而已。一个良好的品牌战略会指导企业新产品开发方向和具体产品特征设计，并对现有产品的精进和提升起到引导作用。

（六）有利于我国企业制造优势升级

在我国，很多企业存在“重制造、轻品牌”的思想，认为制造是实的，品牌是虚的，看不到的，没有必要性，或者基于国情和经济基础，甘于做跨国企业的全球加工制造基地，为跨国企业贴牌生产产品。

在品牌日益全球化的条件下，制造和品牌关系的核心是整合全球资源主导权的问题。谁拥有品牌，谁就有整合全球资源的主导性，做品牌就可以整合别人资源，做制造就会被别人整合。每个国家都利用整合全球资源使本国利益最大化，而争取利益的方法万千条，归纳起来就一条，就是拿到整合的主动权，避免被整合，因此，从制造优势迈向品牌优势成为国际竞争的方向。

（七）能形成规模经济效益

品牌成长带动了企业产品价格上扬，产品需求增加，有利于企业扩大再生产，增加了规模经济收益。

（八）有利于打造企业核心竞争力

品牌是知识创新和知识产权商业化的重要载体，也是企业无形资产的构成要素之一。品牌的作用不仅仅局限于识别性，它已经成为产品、服务质量和企业形象的载体，是企业经营状况、市场信誉和消费者认可程度的体现。当市场竞争由产品竞争逐渐转向品牌竞争时，品牌战略就成为提升企业的核心竞争力的重要一环。

跨国公司几乎都拥有自己的知名商标，在培育自主品牌时往往不遗余力，投入了巨额资金和大量智力成果，凝结着企业的全部智慧结晶。在经营策略上，跨国公司通过商标战略来占领市场的制高点，扩大自己的行业领先优势。他们通过在全球市场的激烈竞争，已经形成了从品牌设计、品牌选择、品牌注册，到品牌经营、品牌管理和品牌保护等一整套成熟的品牌战略运营体系。而我国外贸企业，则因为自有品牌的缺乏，经常陷入知识产权的国际贸易纠纷，处于不利的地位。

适时提出品牌战略具有相当的针对性，这是缩短与发达国家差距，提升知识产权核心竞争力的必然选择。

（九）能最大限度地整合传播资源

企业资金浪费最大的两个环节是原材料采购和广告媒介投放。在广告媒介投放方面，品牌战略就能够起到指导作用，对选用什么样的创意、拍摄什么样的广告、投放什么样的媒体等很多问题都能够得到准确的答案。最重要的是通过品牌能够最大限度地遏制传播资源的浪费。

（十）保证企业竞争优势和持续发展

许多跨国公司认为成功品牌的价值不仅在于它们能够保证将来的收入，增加顾客对公司产品的需求，更在于企业出现危机时能给他们予以支持，确保企业可持续发展。品牌战略的最大特征是“有备而来”。这与“东敲西打”的战术相比具有很强的系统性和科学性。因此，在其他竞争对手晕头转向地搞促销、上导购员的时候，我们可以节约时间，省去弯路，快速积累自己的品牌资产，形成强大的竞争优势。

活动 4： 调查本市有名的企业品牌有哪些？

活动 5： 分析本市品牌面临的问题。

考试链接

1. 品牌的唯一老师就是消费者。
2. 中国品牌面临的问题。
3. 战略代表着未来商业的重点。
4. 实施品牌战略的意义。

案例分析

品牌战略：得品牌者得天下

综观改革开放以来中国的汽车业发展史，其实是一部合资史。占据中国汽车产业前五名的都是与国外汽车品牌合资的企业。继 1983 年 5 月成立北京吉普之后，大众成为第二个争夺中国市场的合资方，中国的几大汽车巨头——一汽、上汽、东风等汽车企业纷纷和外方建立了合资汽车公司。

经过二十多年的发展，中国的汽车产业仍然没有摆脱国外汽车品牌控制的局面。大家所见到的中国生产的汽车：一汽大众、上海大众、北汽奔驰、长安沃尔沃、长安马自达、上海通用、东风标致、东风雪铁龙等，无一不是沿用国外汽车品牌。

中国汽车企业为什么要与外国品牌合资？因为中国没有生产汽车的核心技术，也没有基于汽车制造技术之上的品牌保证。在引进外资之前，中国汽车消费市场迟迟不能打开，而引进外国汽车品牌后，中国的汽车消费市场得到了迅速的扩大，中国的汽车产业出现了蓬勃的发展。这一切得益于品牌的威力以及品牌带来的先进技术。

除此之外，那些所谓的以市场换技术、以市场换资金等目的都没有真正达到，唯有外资品牌控制了中国汽车市场，因为生产汽车的核心技术仍然牢牢地掌控在外资的手中。中方赚到了部分小钱，而外方瓜分了更多的市场、技术专利费用和利润。

因此，创立自主品牌成为中国汽车产业不得不寻求的出路，中国的汽车企业也开始了自主品牌的摸索道路。

2007 年 7 月 19 日，中外汽车合资企业广州本田高调宣布，成立广州本田汽车研究开发有限公司，将在 2008 年北京车展上发布广本自主研发品牌，并将在 2010 年投产。这是迄今为止国内第一家汽车合资企业宣布自己的自主品牌战略，也是国内第一家合资企业为了开发自主品牌而投巨资成立专门的研究开发公司。在 2008 年的北京车展上，广州本田履行了诺言，如期推出了首款自主品牌概念车“理念”，并发布了广本自主品牌 LOGO。

长期以来，合资品牌只是被动接收合资伙伴在国外研发并投产的车型，最多进行一些本土化改造，核心技术仍然掌握在投资方手中，自主研发能力十分薄弱，甚至是一片空白。而广州本田作为国内最早的合资汽车企业之一，显然不满足于这种状况，但经过多年的技术积累，广本逐渐具备了自主研发的能力，有实力推出自主品牌，成为合资企业中第一个“吃螃蟹”的人。

“得品牌者得天下”如今是“放之四海而皆准”的真理，也是市场上最时髦、最耀眼的旗帜。三国里的曹操是“挟天子以令诸侯”，如今的企业则是“挟品牌以征四方”。经济学家不停地用理论来阐述品牌的重要性，企业家也在实践中用利润来证明这一点，而老百姓的购买行为更是十分简明：买东西，挑品牌！可口可乐、麦当劳、耐克、柯达等耳熟能详的品牌为什么能充斥全球包括中国的大街小巷？因为它们拥有品牌知名度。

资料来源：强宏. 总经理打理公司的 200 条成功经验 [M]. 北京：中国物资出版社，2009.

问题讨论：

为什么品牌战略对于中国企业如此重要？

本章小结

品牌战略的内容就是制定以品牌核心价值为中心的品牌识别系统，然后以品牌识别系统为统帅，整合企业的一切价值。同时，优选高效的品牌化战略与品牌构架，不断地推进品牌资产的增值并且最大限度地合理利用品牌资产。

要高效创建强势的大品牌，关键是围绕以下三条主线做好企业的品牌战略管理工作：

1. 规划以核心价值为中心的品牌识别系统，且以品牌识别统率企业的营销传播活动

（1）进行品牌调研与诊断，为品牌战略决策提供翔实、准确的信息导向。

（2）在品牌调研与诊断的基础上，提炼高度差异化、清晰明确、易感知、有包容性和能触动感染消费者内心世界的品牌核心价值。

（3）规划以核心价值为中心的品牌识别系统，使品牌识别与企业营销传播活动的对接具有可操作性。

（4）以品牌识别统率企业的营销传播活动。

（5）制定品牌建设的目标。

2. 进行理性的品牌延伸扩张，充分利用品牌资源获取更大的利润

（1）提炼具有包容力的品牌核心价值，预埋品牌延伸的管线。

（2）抓住时机进行品牌延伸扩张。

（3）有效回避品牌延伸的风险。

（4）强化品牌的核心价值与主要联想并提升品牌资产。

（5）成功推广新产品。

3. 科学地管理各项品牌资产，累积丰厚的品牌资产

创建具有鲜明的核心价值与个性、丰富的品牌联想、高品牌知名度、高溢价能力、高品牌忠诚度和高价值感的强势大品牌，累积丰厚的品牌资产。

深入学习与考试预备知识

如何进行品牌战略管理

打造一个个性鲜明、联想丰富、高威望、高价值感、高美誉度与忠诚度的强势大品牌的关键是对品牌进行长期的战略管理。进行品牌战略管理要从以下

五个方面入手：

1. 进行明确的品牌定位

“好的品牌定位是品牌成功的一半”。品牌定位是为了让消费者清晰地识别记住品牌的特征及品牌的核心价值。在产品研发、包装设计、广告设计等方面都要围绕品牌定位去做。如舒肤佳的品牌定位就是“除菌”，多年来舒肤佳广告始终是“除菌”，通过一次次加深消费者的记忆，最终达到想“除菌”就选舒肤佳的目的。

2. 规划品牌组合的共同愿景

规划品牌组合的共同愿景，就是为品牌战略管理指出了基本的方向和评判标准。它是可以实现的，绝不是空洞化的，它的尴尬之处在于如果定得太具体，容易造成“短视”的现象，对未来的发展是不利的；如果定得空洞了，又模棱两可地缺乏实际指导意义。因而，规划品牌组合的共同愿景时，需要参照更多的科学数据，用战略的眼光和经验，作出趋势发展的正确判断。

3. 确定品牌组合的成长路线

在实际工作中，我们往往发现优化后的每个品牌的目标与品牌组合的总体战略目标，多多少少总是难以吻合，或者在有些品牌目标和总体目标之间仍然存在着战略缺口，这意味着什么呢？这就说明了现有的品牌组合不能满足集团品牌战略管理的要求。为了要弥补这一缺口，我们就必须要重新规划品牌组合，确定品牌组合新的成长路线。只有这样，集团品牌战略管理才能驶入“健康的快车道”，并在原有的战略基础上，才会使企业走得更高、更远！

4. 进行理性的品牌延伸扩张，充分利用品牌资源获取更大的利润

创建强势大品牌的最终目的是为了持续获取较好的销售与利润。只要有科学的态度与高超的智慧来规划品牌延伸战略，就能通过理性的品牌延伸与扩张，充分利用品牌资源这一无形资产实现企业的跨越式发展。因此，品牌战略管理的重要内容之一就是对品牌延伸的下述各个环节进行科学和前瞻性规划：

（1）提炼具有包容力的品牌核心价值，预埋品牌延伸的管线。

（2）如何抓住时机进行品牌延伸扩张。

（3）如何有效回避品牌延伸的风险。

（4）延伸产品如何强化品牌的核心价值与主要联想并提升品牌资产。

（5）品牌延伸中如何成功推广新产品。

5. 建立以品牌为导向的业绩管理

业绩管理是战略实施的工具，通过导入业绩管理体系，将品牌战略管理贯彻到每个人每天的工作中。如果把公司总体的、长远的目标与战略层层分解落实到每个部门和每个人的工作里，并把部门和个人每天的工作和公司的发展方

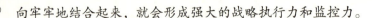

向牢牢地结合起来，就会形成强大的战略执行力和监控力。

知识扩展

超前的战略意识使企业成为行业标杆

超前意识是什么？超前意识就是谋划久远。企业要想有更好的发展，就必然要看清潮流，超前思考，掌握发展趋势，确保自己决策的前瞻性。假如企业管理者对发展思路、目标都不明确，对发展趋势不敏感，又不善于长远思考、规划未来，那么这样的企业就会从走弯路到走下坡路，又谈何发展呢？

凡事预则立，不预则废。每个企业的发展都离不开市场，但是市场又是发展变化的。当前，企业之间的竞争异常激烈，相互之间不仅仅是人才、资本、产品和技术水平的比较，同时也是行动与速度的对抗。俗话说“抢先一步赢商机”，如果不善于谋划未来，只是鼠目寸光，关注当前，那么就会失去未来潜在的效益，企业的发展就没有后劲。

20 多年前，诺基亚还是一家濒临倒闭的地方性小公司，之所以现在会一跃成为著名的移动电话生产商，其中一个成功的秘诀就是企业管理者很早地看到了手机市场的发展前景。他们预料，世界移动电话的需求量会在不久的将来很快进入高速增长期。因此，在确定以手机生产为发展战略后，诺基亚把手机之外的所有业务或剥离，或出售，甚至忍痛砍掉了拥有欧洲最大电视机生产厂商之一的电视生产业务。在超前的意识和行动下，诺基亚始终站在手机生产的最前沿。诺基亚领导者们审时度势的超前意识、高瞻远瞩的眼光，使他们最早占领了手机市场并赢得了市场。

房地产行业标志企业万科曾经是一家以电器贸易起家的多元化公司。万科董事长王石曾感慨地说：“从海拔 8848 米的高度俯瞰能看到什么？其实，登顶那天云雾弥漫，可见度很低，啥都看不到。做企业比登山更难。两者不同在于，一个是丈量自己的高度，一个是丈量企业的高度。两者相同在于，在信念和目标下，定位自己的脚步，选择正确的路线前行。”

1992 年，当其他企业认为“不能将鸡蛋放在同一个篮子里，需要多产业发展，广区域布局”时，王石发现，万科利润的 30% 来源于房地产。在他看来，房地产这一块并非最大，但是它的发展速度最快。因此，王石认为，将来市场发展趋势是“专业化”。于是只专注于住宅，开始做减法。他当时的“减法”几乎囊括到万科所涉足的零售、广告、货运、服装，甚至还有家电、手表、影视等数十个行业。最终，万科成为行业内的龙头老大，其规模之大令其他企业一时难以抗衡。

哲学家奥里欧斯有一句话："我们的生活是由我们的思想造成的。"思想上的超前，必然带来行动上的超前，个人发展如此，企业发展更是如此。在市场竞争激烈的今天，每一名企业管理者都应该有超前的战略意识，具备博学善思的素质。要想走在市场变化的前面，就必须提前了解、研究客户和消费者的潜在需求，通过不断挖掘市场潜力，拓宽产品的市场份额来获得更大的赢利空间，这样才能战胜对手，在市场竞争中取得优势。

资料来源：强宏. 总经理打理公司的200条成功经验［M］. 北京：中国物资出版社，2009.

答案

第一节

（1）战略失误，因为害怕风险而忽略了长远的战略。没有把握好难得的机遇。

（2）发展战略要远远高于解决聘用问题、设计控制系统、确定上下级关系或确定创始人的角色等事项。发展战略明确的公司能够经受组织的混乱和领导者无能所带来的考验，而再完善的控制系统和组织结构也无法弥补战略上的缺陷。

（3）第一，战略与企业的长期目标是否一致；第二，战略与企业的竞争优势是否一致；第三，战略是否突出了企业的目标市场和消费群体；第四，战略目标是否被更多的子目标所分解。一般而言，企业发展战略会与企业的长期目标一致，能够发挥出企业的竞争优势，为企业确定出最容易获得利润的目标市场，并且被分解成阶段性目标和众多子目标。

第二节

（1）因为商业不是产品之战，而是顾客的心智之战。在愈演愈烈的商业竞争中，大多数的产品都是无法保守秘方的，很容易被模仿和跟进，只有心智认知很难改变。这是一种类似于习惯的购买倾向。消费者大都是懒惰的，如果他觉得某种产品好就会有一直沿用的习惯，因为换用一种品牌是需要付出代价的。如化妆品用了不合适会有过敏的代价，一件衣服改变风格会很难与其他风格的衣服搭配恰当，洗衣机不好用会令人崩溃……

总之，很多消费者一旦习惯了某种产品，就会在心理上有某种情感依赖，将之当成家常便饭一样习以为然。任何改变都是对原有空间的一种进犯，而每个人都会在潜意识里抗拒这种进犯，除非是已经习惯了的几个品牌出现了非常糟糕的问题。

(2) 顾客心中不存在企业，只有品牌。企业无法将整个组织装进人们头脑，只能将代表着企业产品或服务的符号装入顾客头脑，这些符号就是品牌。每一个企业，无论你实际的产品经营做得多么好，如果你不能在顾客心智中建立起品牌，你所有的投入就只是成本，而无法转化为绩效。

第三节

(1) 王老吉获得成功在于成功的品牌战略——进行了精准的品牌定位以及深入人心的品牌推广。王老吉的广告投入可谓大手笔，随着在报纸广告、车身广告、市中心路牌广告、终端广告以及公关促销等方面全方位的品牌推广，使"怕上火，喝王老吉"迅速成为路人皆知的口头禅。王老吉强大的品牌推广攻势引爆了其销量的井喷，王老吉的销售额以直线飙升。最终，一个默默无闻的区域性品牌短短几年里遍地开花，成为全国性的主流饮料。"预防上火"这一定位具有高度差异性，同时避开了同国内外饮料巨头的直接碰撞竞争，开辟了自己的生存空间，为王老吉迅速引爆凉茶市场奠定了良好的基础。

(2) 要打造强势品牌，就要进行品牌宣传推广，扩大品牌的知名度，提升品牌的形象。以前我们常说"酒香不怕巷子深"，但在市场成熟的今天，各种各样的"酒香"都被数量所掩盖。消费者经常受到广告的影响而进行购买活动，品牌的知名度对产品的销售业绩有很大的影响。经济学者郎咸平说："要打品牌战略就要给自己的品牌赋予精神，首先肯定选择打广告、找代言人。但如何打广告却有很多值得注意的地方。比如李宁，面对耐克、阿迪达斯的入侵而节节败退，再也没有当过第一。而耐克和阿迪达斯在打广告时选择刘翔、贝克汉姆做代言人，并用一些经典的广告词抓住了品牌背后的运动精神。李宁当年之所以成功是因为打出了运动精神，但是最后的失败也是'淡忘了李宁精神'，因为它'脱离了运动精神'。"很多时候广告让消费者产生购买欲望，形成首次购买。接下来，品牌的质量让消费者产生继续购买，并形成对品牌文化的长期认同。要注意品牌的知名度并不是越高越好，品牌的形象是正面还是反面非常重要。有些广告打得很响亮，短期内即迅速提高了品牌知名度，但这样很可能会使消费者形成对品牌的反面印象。只有那些具有精准市场定位的品牌才会有较强的竞争力，才会获得良好的生存空间。

案例分析

中国被称为制造大国，全世界的人都在用中国的产品，但中国的劳动者所得却甚少，这是为什么？因为没有品牌，所以就没有利润。品牌为什么会有这么大的魔力？因为品牌代表着产品质量，代表着核心技术。

中国 13 亿人口的市场购买力是巨大的，如今消费者的品牌意识已经很强烈了。中国企业建立品牌的第一步，就是争取中国的消费者，让他们购买中国的品牌。中国在很多制造行业都已经具备了制造全世界最优质产品的实力，解决品牌的问题是非常迫切的，时机也已然成熟。作为企业决策者，要清醒地认识到这一点。

第二章 品牌战略思维

学习目标

知识要求 通过本章学习，掌握：

- 战略思维的概念
- 战术思维的概念
- 培养战略思维的四个维度
- 战略思维误区
- 品牌战略思维的分类

技能要求 通过本章学习，能够：

- 运用顺势思维
- 提高战略思维能力
- 运用品牌战略将企业复杂的未来变得简单清晰
- 应用品牌战略思维打造世界级品牌

学习指导

1. 本章的主要内容包括战略思维的概念、战术思维的概念、培养战略思维的四个维度、战略思维误区、品牌战略思维的分类、日本企业品牌战略思维、运用顺势思维、提高战略思维能力、运用品牌战略将企业复杂的未来变得简单清晰、应用品牌战略思维打造世界级品牌。

2. 学习方法：掌握最基本的理论，结合案例理解概念，并进行知识延伸，进行讨论活动等。

3. 建议学时：8 学时。

第一节 战略思维与战术思维概要

引导案例

鸿星尔克的“智”胜思维

随着消费行为日趋理性，行业产能的膨胀，市场竞争加剧，中低端市场逐步走向“微利时代”。耐克和阿迪达斯等国际品牌基本垄断了我国高利润的一线市场，本土品牌面临着与国际品牌抢占高端市场的命运。在这种行业格局下，鸿星尔克必须摈弃这种“明星+广告”的“勇夫”方式，用“智”才能取胜。

鸿星尔克的品牌“智”胜战略正是对症的良方，产品是市场交换价值的基础，品牌“智”胜的首要任务是练内功，成就核心竞争力，因此提高产品的技术含量是第一要务。而“科技领跑”一直是鸿星尔克品牌的战略方向：自 2002 年开始，鸿星尔克就制定了以技术研发为核心的企业战略，并斥巨资投入；2005 年底，鸿星尔克开始与中国科学院携手进行“智力”合作，由中国科学院为其提供前沿运动装备的技术研发支持；2006 年鸿星尔克采用“特种尼龙网、新型超纤、精电镀 TPU”三种搭载神六成功通过太空检测的材料制成的“神舟”限量珍藏版运动鞋，更是取得了销售业绩上的突破；在不久前的“鸿星尔克 2007 新品发布会暨签约仪式”上，鸿星尔克正式公布了其品牌升华战略——“TO BE No.1，迈向第一”的品牌精神主张……

对于“TO BE No.1，迈向第一”的品牌理念，鸿星尔克总裁吴荣光表示，单一产品层面的“科技领跑”品牌理念，已经无法将众多品牌资源有效整合发挥，也不足以继续满足消费者更高层次的精神追求。想要持续企业的高速发展，登上国际体育用品产业的王者宝座，就必须将奥林匹克精神、企业理念、消费者心理完美结合，重新塑造一个崭新的品牌灵魂。

“内外接合，专业支持”的技术研发方针不仅大大增强了鸿星尔克的研发实力，也实现了产品的差异化，成就了鸿星尔克的核心竞争力。技术是为了打好产品基础，但好酒也怕巷子深，没有强势品牌的增值支持则无以言胜。

资料来源：王新业. 鸿星尔克的智胜思维［EB/OL］. 全球品牌网，2007.

思考题:

鸿星尔克是靠什么取胜的?

一、战略思维领先，品牌才可能领先

问题1: 为什么说战略思维领先，品牌才可能领先?

在这个品牌制胜的时代，战略这个词已经不像几年前那样，让企业家们听到就感觉兴奋异常了，因为它已经不再是一个新鲜的、代表着企业正规化发展的代名词，而是企业与品牌经营中实实在在需要考虑的最重要的因素。的确，企业战略就是方向，决定着企业的生死，如同下棋，走错一步就会全盘皆输。

古代行军作战，如果将领不能准确地把握方向，一旦进入敌人的埋伏圈，就可能是全军覆没，即使没有埋伏，也会让胜利更费周折。因此，在经营企业的过程中，企业经营者的主要精力是要放到制定和实施企业经营战略上来。

1947年的调查显示，美国企业制定经营发展战略的只占20%，到1970年便达到了95%，日本绝大多数企业也有长期经营规划。在日本不久前的一次调查中，90%以上的企业家认为:“最占时间、最为重要、最为困难的事就是制定战略规划。”越来越多的中国企业家们也意识到，从企业发展的角度讲，如果我们每天不花部分时间来思考未来5年、10年的事的话，那显然是不及格的企业领路人。

今天的品牌竞争已经不是简单地研发出产品后，做好管理、加大销售就可以万事大吉的产品时代了。联想集团总裁柳传志把“搭班子、定战略、带队伍”作为企业发展的三要素。美国经济学家萧比达说，企业家可以直接产生的利润，除了创新需要以外，别无他途。而所有的创新均来自经营战略的激发。

企业战略，是企业家及管理者着眼长远、适应企业内外形势而作的总括性发展规划，它清晰地指明了我们的企业在竞争环境下企业的生存状态和发展方向，进而帮助企业家作出关键的工作内容和品牌竞争方式决策。企业家作为企业战略的重要决策者，领先的战略思维能力是不可或缺的且必须具备领先的战略思维能力。

如今的企业发展已经进入战略制胜的时代，战略是关乎企业生存发展的根本。战略思维是一种科学的发展观，它是关于实践活动的全局性思维，是一种“吃着碗里的，看着锅里的”的思维方式，具有极大的前瞻性，是一种极具超前理念的思维方式。具有超前的战略思维，是每个企业管理者必备的素质。

我们经常说，企业家要有一个真正的企业决策管理者，不仅要具备企业家的敏锐，还要具备政治家的胆识、军事家的韬略及哲学家的睿智，在战略规划的过程中，这些都有所涉及。因为在企业经营中，没有任何方面会比战略更重要，若想企业立于领先，就必须具备领先的战略思维。企业管理者对企业的发展思考一旦停止，企业就会走向下坡路的方向。企业最终能够走多远，就看战略思维及规划到多远。

关键术语

战略思维

战略思维是指企业在战略管理中如何利用资源、资产，去满足客户的需求，从而实现价值的创造。

二、战略思维的误区

问题2：战略思维的误区是什么？

企业制定正确的战略和目标很重要，如果随波逐流，什么赚钱做什么，反复折腾不会建立起自己的核心竞争力，企业迟早会碰到“天花板”。以下这些战略思维误区是需要引起我们注意的：

（一）没搞清楚什么是战略，导致战略同质化

比如当前各大建筑企业公布的战略，同质化都比较严重，一般都强调维持稳定主业，同时搞多元化，搞房地产。战略同质化的结果就是，这些企业的所谓“战略”就是没有战略。

企业战略要能说清楚自己搞的是什么名堂，让客户找到选择我们的理由。战略思维要从客户和市场出发而不是从企业自身出发。你能做什么不重要，客户将如何选择很重要。

（二）对机会捕捉过分着迷，对内在能力过分短视

在很多人的意识中，战略规划就是做大做强，规模迅速扩张，资产迅速翻倍，业务范围迅速扩大，企业家更加着迷于外部机会，生怕失去了眼前任何一次机会。然而，对机会的着急并不意味着机会就会青睐企业。在将目光不断向外的过程中，必然会对内在能力过度短视。在机会无奈地从眼前消失时，企业家会感到非常懊悔甚至无奈，埋怨下属执行力不佳者有之，埋怨体制约束者有之。不论怎么评论，现代企业之间的竞争归根结底还是资源能力，也就是核心竞争力之间的竞争。

如果对内在能力过分短视，会导致正确的战略也不能真正落实。企业与企业之间是有差别的，我们必须承认并正视这种差别。任何战略的制定必须立足于企业自身的资源能力，并给予资源能力的提高以特别的关注。如果不努力提高员工的职业化水平，不努力提高管理层的管理素质与管理能力，如果不努力形成文化的创新，企业根本不可能进步，更不可能落实任何战略。

（三）战略规划直接与执行力组构的战术挂钩

战略与执行之间双方均未有充分时间培元固基，或得以养神伸腰和喘气修正的机会，导致双方功能不全，精气零散，干神独撑，甚至连双方的概念内容都空洞干瘪，如大批中小企业以业绩为导向的杀鸡取卵生存术。

（四）重视增长指标，忽视经营预算等战略实施支撑体系

虽然跨越了拍脑袋制定战略的阶段，许多企业在战略实施时却依然停留在拍脑袋的阶段。没有将战略分解到每个部门甚至每个员工身上，更没有对人力资源、物力资源及财力资源进行仔细系统的规划。战略规划也没有预算，或者是预算与战略成为相对独立的两个系统。对战略增长指标很着迷，却对经营预算体系对实现战略所需的人力资源、物力资源及财力资源未进行仔细系统的规划，对经营预算体系却存在着天然的短视。如果企业没有一个系统的方法分配财务、实物以及人力等资源，战略目标的实施进度无法得到有效监控，对收入和支出的控制缺少统筹安排，企业的风险将会无限增长。比如很多曾经风光无限的企业，一夜崩盘的原因几乎全都与过度多元化和盲目扩张过程中资金链的脆弱密切相关。

（五）战略发展规划与愿景，理实分离，各行其是

理念被悬置高阁，执行务实中的硬指标，被规划为专业硬指标，量化强化着的“各类本位思维观念”，更紧绷所谓的战略发展、市场趋势、经营策略脑弦，并不明白为何需要超脱“本企业本行业”战略思维，转而开发培育企业潜能发展价值。甚至不清楚供应链各段价值中，对综合企业转型发展的生产模式和商业赢利模式如何重要，怎样加强企业本质开发。

（六）对发展前景着迷，却不注重内在业绩的引导

战略规划往往会给人描绘出一个非常美丽的前景，一个令人激动的希望。高层擅长鼓动人心是好事情，但是员工依然还会按照绩效引导的方向开展工作。如果内在绩效导向并未随之改变，新的战略并不会带来什么新气象，员工甚至还会出现新的失望。战略实施细化的重要环节，就是促进战略系统与人员系统紧密结合起来，促进战略细分与个人绩效与薪酬紧密联系，使组织的战略真正成为每个人的战略。如果不能与人员系统结合起来，战略系统也无法真正发挥作用。在这方面，有些企业战略变化了，但是引导员工前进的 KPI 绩效体系长期不变，或者战略与绩效之间联系不科学。结果是，战略指着一个方向，而薪酬与考核却引导员工走向另一个方向。其实，只要薪酬体系不是绝对固定，一般都可以找到一个战略与人员系统的结合点，从而在一定范围调动员工的积极性，这是我们在为企业提供管理咨询过程中发现的。

(七) 绩效指标不明确

众多的部门和职位绩效指标，看似很专很细，实质上，却是另一种分散，代表不了集约，更不是集萃，结果使职能条块分割，内部运作价值链断裂。流程设计再细再规范，也代替不了正在流失的交叉职能中的主动精神和交替创新、创值内容。

三、战术思维的概念

问题 3： 什么是战术思维？

战术是实现战略目标的方法。战术思维是研究经营企业的规律、特点和内容，研究企业的研发、管理、销售等各综合能力。在实践上，战术是企业进行经营活动所使用的方法。战术包括：经常了解情况，运营决策和向部属下达任务；计划和准备工作；实施执行方法与策略；指挥各部门；保障行销工作。

战术思维包括以下几种：

(一) 伏击战

品牌传播具有隐蔽性，即将品牌符号、品牌形象、品牌理念等策略性地融入内容产品中，在受众接触产品的时候将品牌信息潜移默化地传递给消费者。因此伏击战是决定战役胜败的关键战术，企业应该精心选择内容产品、周密策划植入方式，使品牌与内容融为一体，在不经意间打动消费者的心。在伏击战中，我们需要考核品牌与内容是否形成高度融合的匹配度。

1. 内容产品目标与受众品牌目标消费者的匹配度

由此确保品牌信息能够准确到达消费者那里，完成有效的传播。

2. 植入环境与品牌形象的匹配度

植入环境包括氛围、基调、情节、使用人等。如果品牌形象与植入环境不相符，会造成错误的品牌信息传递，甚至与受众既有的品牌知识产生冲突，造成认知混乱，不利于品牌形象的稳固。

3. 内容产品所能承载的信息与品牌整体宣传战略所需传达的信息的匹配度

要考虑内容是否传达出了品牌想要传达的信息，以及能否与企业整体品牌战略中的其他环节所传播的信息协调一致。

4. 其他将要植入内容产品中的品牌与企业自身品牌的匹配度

(1) 内容产品中出现的所有同类产品是否都是本品牌。比如某影视剧中主人公使用的手机既有诺基亚，又有摩托罗拉，这种植入效果肯定是不理想的。

（2）要了解其他品类中植入的品牌有哪些。品牌往往通过展示大多数人所向往或至少是赞赏的生活方式来影响消费者，而这种特定的生活方式正是由各种品牌形成的集合搭建而成。是否与“配套”的其他品牌同时出现对内容营销的成败大有影响。比如欧米茄借助在 007 中的植入与宝马车搭档，成功地从瑞士三流手表阵营跨越到一流市场。

（二）人海战术

由于中国人口众多，所以人海战术是最符合中国国情的战术之一。再者，由于中国企业普遍缺乏资金积累，即使是海尔、联想、华为等知名的企业，与其相对应的世界级企业相比，在财力方面仍然相去甚远。中小企业更是如此。人力成本比市场推广的费用低很多，众多的销售人员可以迅速填补更多的市场空间，实现销售，从而缓解公司的资金压力。加之人最具有主观能动性，在条件各异的区域市场上人海战术是最具有应变能力的战法。在进行人海战术时需要具备以下四个条件：

（1）要制定能够贯彻公司理念的激励政策。激励政策一定要刚性极强，甚至是任何一个人都能在短时间内迅速消化与应用，这样可以让销售人员明白自己的问题，并且有利于相互的监督管理。

（2）需要配置强有力的中层干部。这些中层干部是经过长期考验的中坚力量，完全被公司的理念同化，并深刻地渗透到日常的行为之中，形成了习惯。在他们的带动下销售队伍才能具有超常的战斗力。

（3）公司要有核心的领导人物。纵观公司的发展历史，任何有成就的公司都需要灵魂人物，这些灵魂人物创造的理论与思想比真正的条例还要重要，这就是所谓的企业文化。所不同的是，企业领袖就是企业文化的化身，没有这个化身再好的文化也是没有用的。

（4）对销售人员进行有效的培训。由于人数众多，所以销售人员的水平参差不齐，同时销售的不稳定又造成大量的人员流失。因此没有训练有素的销售队伍，人海战术是不可能实现的。有的企业将销售精英的获得寄托在招聘或者是从对手那里挖人等方式上来。但从实际来看，这些方式获得的人员数量仍然远远不能满足企业的需要，同时他们的稳定性很差，企业的人员缺乏问题并不能因此得到解决。因此必须建立内部销售人员的甄选及培训机制，在相对较短的时间内培养销售精英，并迅速派向市场，为人海战术的施行提供最为强大的后备力量。

（三）心理战术

心理战术的重点是借助产品内容本身来展现品牌的诉求，让受众深刻感知到品牌的内涵与价值。打消费者的心理战，进行“体验式”的植入，打破以往一味地向受众灌输品牌信息的植入方式，不但能够让品牌适时出现，成为带动剧情、起承转合的重要工具，而且能够让消费者欣赏倡导和切合一种生活方式，在潜移默化中影响消费者的品牌态度。这种方式承载了更为丰富并且深入的品牌信息，与内容产品之间珠联璧合，使品牌具有不可替代性，往往能够达到“1+1>2”的传播效果。比如在麦当劳与英特尔公司合作的《模拟人生网络版》游戏中，可以购买各种麦当劳的食物，甚至可以和现实中一样，能坐在麦当劳的店里就餐、在游戏中的麦当劳里打工赚钱。

（四）混合战术

品牌战术并不是一场孤立的战役，需要整合多方面的资源，里应外合，进行混合战。要做好和品牌企业、内容产品提供商、专业广告代理公司等的“里应”，深度介入内容产业链，参与内容产品的策划、生产及发布等整个流程。另外，还要混搭多种其他战术，比如广告、终端促销、数据库邮件、公关活动、媒体报道、电影首映式、内容产品制作花絮宣传等，对目标消费者形成全方位的娱乐攻势，扩大品牌植入的影响力。

“外合”则是将品牌营销活动纳入品牌整体的推广体系中，在整个营销策划的框架下植入品牌角色和价值。充分考虑该阶段下品牌的其他活动，通过整个营销传播的方式来延伸植入价值，寻求其在内容产品之外的效应。

比如宝马在美国影片《偷天换日》中的植入式广告其实是该公司在 2002 年冬为 Mini Cooper 推出而进行的全球性营销活动 Msisoin Mini 的延续活动。宝马公司先请侦探小说家为 Mini Cooper 创作了一部没有结尾的小说“Msisoin Mini”，然后邀请来自全球的 90 位参赛者，在这个名为“Msisoin Mini”的比赛中，与 Sam Cooper 联手合作当侦探，为这本小说写下真正的结局。2003 年影片上映后，宝马公司组织全球车主和车迷观看这部同样以寻宝为主题的植入式广告影片。

（五）持久战术

品牌是不断传播形成的结果，没有连续性的传播，就不会有品牌的影响力，所以非常有必要进行持久战术：

1. 注意战术的连续性

比如持续对某一特定类型的产品进行品牌植入，针对统一的受众群体传递品牌信息，形成规模效应，让受众一看到与品牌个性相符合的内容产品就会联想到品牌的相关信息。

2. 注意品牌宣传的后续性

比如在品牌宣传之后进行回顾与二次传播，使得那些品牌植入信息得以不断重复，加深目标受众对品牌的印象。

活动1：组织同学进行战略思维和战术思维的对比讨论。

阅读材料

战略思维的科学与艺术之一：思维品质

思维品质，也就是平时人们说的智力，是战略思维的基础。思维品质加上经验，形成了商业判断力。

思维品质由两个方面构成，借用英国心理学家爱德华·戴勃诺博士的说法，这两方面分别叫做垂直思维和水平思维。

垂直思维就是逻辑思维。笔者的研究发现，那些达到更高层次的垂直思维的企业家的思维，具有多变量统计学和复杂实验设计思想。但是令人吃惊的是，这些企业家几乎都没有学过这两门学科。

水平思维就是创造性思维。很多优秀的企业家都喜欢类比。类比是不同于逻辑的思维方式，类比是把风马牛不相及的两类事物相提并论，然后让我们看到两者惊人的逻辑联系。

西方人最擅长的是逻辑推理，我们中国人则倾向于类比推理。韩愈的《马说》，“千里马常有，伯乐不常有”，他没有一个字提到人才，整个一篇《马说》都是马，但是他说明了人才的好多道理。

很多商业的成功是起源于比喻，看到一个形象就可以想到一个商业概念。很多著名CEO喜欢讲故事，用隐喻的方法倡导企业的核心价值观和战略。很多著名的管理理念，之所以深入人心，也是依靠类比。万通地产的冯仑精于此道。他用妓女和淑女的不同生命轨迹说明人生的不同发展策略。他说：许多一夜暴富的企业家就像妓女，青春一过就走下坡路了。而王石这样的企业家就像淑女，富得很晚，但是名利双收，而且持久。

思维品质好的人，具有很好的常识。既然是常识，听起来似乎应该人人都有点儿。其实不然。学文科的人对学理科的人有偏见，学理科的人对学文科的人也有偏见，偏见的焦点就是认为对方没有常识。把盖洛普请进中国的方晓光，倡导盖洛普的分析师要有文科思维，网易的创始人丁磊不喜欢招学文科的人，认为他们没有逻辑。心理学研究发现，男人普遍比女人在机械和仪器方面有常识，而女人普遍比男人在做饭和颜色识别方面有常识。但总的来说，女人由于种种原因，平均来讲比男人缺少常识，所以，这也是女性成为领导人的比例较低的原因之一。

有意思的是，我接触到的卓越的女性领导人，无一例外都比普通男人更具常识。说实在的，在我看来，她们一点没有女人那种对世间万物的天真幼稚和对男人的经济依赖。

资料来源：李峰. 战略思维的科学与艺术之一：思维品质［J］. 第一财经日报，2010-12-07.

考试链接

1. 战略思维的概念。
2. 战略思维领先，品牌才可能领先。
3. 战略思维的误区。
4. 战术思维的概念。

第二节　我们需要什么样的品牌战略思维

引导案例

宝洁战略新思维——大飘柔背后的温柔革命

2000 年 3 月，飘柔特意为中国消费者设计推出首乌黑发二合一洗发水，而一个月以后的 2000 年 4 月，宝洁又推出了号称经过三年测试，第一个专门针对东方人发质发色设计的中草药配方洗润发产品——润妍。应该说，宝洁看到了黑发市场巨大的潜力，同步推出了两个品牌产品。但新品牌的打造绝非容易之事，正如雷富礼所说“销售更多的汰渍，比要发明一个新汰渍要容易得多”，在中国市场，飘柔与润妍的关系也是如此。不管是否因为伊卡璐纳入宝洁体系所引发的战略调整，在中国市场的事实是，润妍于 2002 年 4 月，匆匆退场，由飘柔首乌全面接手黑发市场。

2000 年 8 月~2003 年 10 月，飘柔系列产品一直处于升级换代之中，陆续推出了多代飘柔系列洗发露，将纯粹“飘柔”的概念扩大到“滋润的飘柔、去屑的飘柔、柔顺的飘柔、黑发的飘柔、人参飘柔、焗油飘柔”等。该阶段的新品开发，绝对是基于市场渗透战略下的产品开发，其意图非常明显，为的是巩固既有的市场份额，同时继续抢占关联消费群，对洗发水市场进行渗透。而这些升级动作，都是在“大品牌战略”的指引下，苦心孤诣地不惜抢占同门品牌的市场份额来完成的。

2004 年 3 月，飘柔不满足于洗发的市场领域，加之在沐浴露市场还没有绝对优势的品牌，宝洁希望飘柔这个领导品牌继续扩大新的市场，于是开始大规模地进军沐浴领域。飘柔在新闻发布会上郑重其事："'新柔滑主义——丽人生活新主张'，飘柔隆重推出旗下新成员——全新沐浴系列"，将"柔滑"呵护由秀发延伸到肌肤，飘柔品牌向多领域发展迈出了第一步。

可以说，飘柔走向品牌延伸，是有其必然性的。在"大品牌战略"下的飘柔，单纯通过原有洗发领域（飘柔占有率已达40%）的扩展，很难有大的作为，必须要向外延伸，才有可能把飘柔做得更大。而沐浴露市场一直缺乏优势品牌，特别是低端市场更是宝洁自身的弱项。在中低端市场处于强势地位的飘柔，向沐浴市场进行品牌延伸，就有了充分的依据和行动的可能。

资料来源：高剑锋. 宝洁战略新思维——大飘柔背后的温柔革命 [EB/OL]. 中国营销传播网，2004-09-30.

思考题：

宝洁的战略思维是什么？

一、品牌战略思维的分类

问题4：品牌战略思维的分类有哪几种？

（一）定位思维

定位思维是指在竞争性的细分市场上思考并确定品牌的竞争地位。包括：

1. 业务领域定位

即公司在哪个行业从事经营活动。这是公司的定位，公司在设立之前或者是在进行新的投资之前就该慎重考虑这个问题。业务领域的定位主要的依据是所在行业的成长趋势、成长速度、平均利润和政府对该行业发展的态度。

2. 产品定位

即思考企业在自己所选择的行业中生产什么样的产品、服务哪些顾客群、满足顾客哪些需求等。

3. 发展目标定位

即思考企业在每个阶段要达到的目标，比如在某一时期产品的市场占有率、股本收益率或者是投资利润率要有多高等。

4. 出发点定位

即思考公司现实的出发点在哪里。

5. 资源、能力和知识的定位

即思考公司的资源、能力、知识潜力以及竞争者的强弱。

（二）路径思维

如果说定位思维要明确的是现在的出发地和将来的目的地，那么路径思维需要考虑的就是采取什么样的竞争方式和业务设计把出发地和目的地连接起来。结合定位思维的结果，以资源实力、能力特性和知识总量为基础，汇集实现目标的能量去推动公司的发展。比如思考扩大某个特定市场或者进入某个市场要采取什么竞争手段、选定哪些业务作为满足顾客的手段、要获得行业领先地位需要发动什么攻势、需要哪些人才、需要多少资金等。

国内的很多企业，往往不能很好地将定位思维和路径思维连接起来：有些企业的定位和规划很清晰，可是难以获得必要的能量基础；有些企业有可能切实地考虑企业的能量基础，却不具备定位思维的战略经营能力。

（三）协调思维

协调思维是指根据公司发展目标去协调各个部分行动的思维方式。许多公司缺乏战略上的协调思维，致使小公司做不大，大公司做不强，强公司做不久。比如有的公司在有单一产品时想不到与多产品的协调，有生产销售时想不到与研发的协调，有国内市场规则时想不到与国际市场规则协调，有规划时想不到与实施协调……这些都是公司战略的协调思维问题。协调思维要解决的是如何将公司各部分的决策和行动编织成一个统一协和的整体。没有协调思维就没有管理，因为管理不仅要求各个部分卓越，更要求各个部分协调的卓越。

（四）持恒思维

持恒思维要思考的是公司如何持久努力的问题。在市场竞争中，公司都有急于求成的冲动，往往非常重视发展规模、成本、收入、利润等短期的财务业绩，但不大重视市场领域、资源配置、核心能力、行业地位、团队素质、公司文化等长期的战略因素。

二、向日本企业学习品牌战略思维

问题5：我们应该向日本企业学习哪些品牌战略思维？

综观晋商、徽商、湖州商帮的沉沦，我们会发现他们走下坡路的根源并不是资金不足，而是战略思维上的迷失。特别是浮躁、投机取巧、自闭僵化，既不了解外面的世界，也很少进行自我检省。压根就没想着要进行品牌战略。投机取巧就是倒卖盐引子、炒作地产。他们在完成原始的资本积累之后，无一不进军房地产，比如湖州商帮就是折戟在上海房地产投机狂潮里，徽商则崩溃在自己的蚕丝贸易投机里。

全世界都在惊叹中国经济的快速增长，然而中国品牌——这个关乎国家竞争力和企业制胜力的经济要素，却让人感到发展滞后。师夷长技以制夷，日本在品牌战略思维方面是非常值得我们学习的。

（一）追求完美、注重细节

在激烈的竞争中，由于商品寿命周期的缩短，由一种需求所能够带动的收益时间也会相对缩短。日本许多名牌企业正是由于有其完美细腻的文化背景，所以擅长于挖掘用户及顾客的深层需求（Wants），并为之创新技术、产品和服务，从而感动用户，得到用户的支持。

日本的用户是出了名的挑剔，所以日本企业开发的产品也会非常细心周到，能细微地体察到你可能感觉到的不满意、不好用、不愉快、不方便、不美观。如果企业发现顾客觉得土豆片的包装不好打开，它会花上好几年的时间研制出容易撕开的塑料薄膜，甚至还会为你事先开一个小口子。如果企业发现顾客拿着东西在上下车时不方便，它会把车门设计成可以自动关闭的。

即使是在顾客看不到、没有要求的地方，日本企业也会自动地去追求完美。比如他们在设计线路板的时候，除了符合技术要求之外，他们还会非常在乎走线是否合理、看起来是否简洁美观等。正是这种不可言传的工作作风，使得顾客对日本产品非常满意，以至于发展成为对品牌的信赖。

（二）善于简化、追求速度

善于简化、追求速度的战略思维使得日本企业形成了精益的生产艺术和工艺流程。实际上，20 世纪 70~80 年代日本产品大量登陆美国时，美国人才知道低成本和高质量是可以同时实现的。日本企业正是通过简化和提速，使得生产工艺日益优化、质量日益提高，形成了低成本、高质量、高性能、低价格的品牌竞争力。

（三）发动和集合全体员工的智慧

在日本的优秀企业中，之所以形成优异的生产和业务流程，不是单靠少数高学历的专业人才，而是靠每一个员工的集体智慧。他们的品牌效应不是靠一时兴起的努力，而是像练功一样，靠的是持续的改进。比如丰田实施的“改善马拉松”使得它在改善了 60 年以后，每年仍然有 60 万个投案诞生，有 90%被实施。由此可以得知，为什么至今还有很多日本企业坚持终身雇佣制，如丰田、本田、花王、理光、佳能等。值得一提的是，这些企业在 10 年的经济低迷时期，仍然能够保持优异的业绩。丰田汽车公司更是在收益上成为世界汽车第一巨头，其利润大于美国三大汽车公司利润的总和。

三、从传统品牌管理到品牌战略管理的思维转变

问题 6： 从传统品牌管理到品牌战略管理的思维转变是什么？

尽管以奥美“品牌管家”和保洁“品牌经理”为代表的传统品牌管理模式风行世界数十年，牢牢占据了主流品牌管理的意识形态。但是受顾客的细分化、市场的复杂化、竞争的白热化、创新的扩散化、经营的全球化、组织的分权化以及营销的困难化等因素的影响，尤其是面临多重利益相关者期望、符合品牌架构搭建、跨业务或组织边界的品牌运作、内部品牌能力建设等一系列崭新的挑战，传统品牌管理需要实行思维转变才能适应新形势的需要。

（一）从品牌定位到品牌识别

20 世纪 70 年代，里斯和特劳特提出了品牌定位说，“心智的战争”遂成为传统品牌管理模式的关键所在。比如奥美“品牌管家”中最重要的环节——“品牌写真”实际上就是“定位声明”，而宝洁的“品牌经理制”则是围绕着“差异化定位”做文章。但是定位并不是品牌之源，它只是品牌识别的一部分而已，并不能完整地诠释出品牌的丰富内涵，也不能使消费者对品牌产生全面和透彻的认知。

与品牌定位相比，品牌识别有更强大的战略功能，更有利于品牌的发展。

（1）品牌识别能够驱动品牌形象使其按照管理预期实现，而不至于出现形象与组织预期相背离的情况，导致品牌战略失败。

（2）品牌识别通过高效且富有创造性的体验活动将会形成均衡而丰富的品牌资产。

（3）品牌识别通过向顾客承诺，提供功能性、情感性或自我表达性利益，而且通过向其品牌提供可信度来创造关系价值。

（4）品牌识别能够承诺投资者以丰厚、稳健的长期回报，承诺社会以良好尽责的“企业公民”行为，承诺员工以更好的工作体验和个人成长。

（5）品牌识别能够实现协同性和杠杆力。品牌定位最忌讳的就是品牌延伸，但品牌识别却能够在多个产品市场发挥影响，不仅能够通过积极的联想转移来推动新业务的发展，而且能够在不同的业务背景之间实现联想的协调和增值。

（二）从品牌传播到品牌体验

整合营销传播之父唐·舒尔茨有句名言“营销即传播”，受此影响，传统的品牌管理将主要的注意力都集中在传播活动的策划、协作和调度上。而品牌战略管理则认为基于“信息—价值—关系”的品牌体验才是真正的解决之道，只

有品牌体验才能在复杂环境下创建有效的品牌识别和建立品牌聚焦型组织，而创造强有力的“体验世界”是对每个强势品牌的必然要求。

品牌体验包括产品体验、服务体验、价格体验、空间体验、直效体验、网络体验、广告体验、促销体验、公共关系体验、活动体验、客户关系体验这十一种体验及其组合。品牌体验面对的不仅是客户、股东、员工、政府、公众、商业伙伴等面向市场的客户体验，还包括面向利益关系者的广谱体验，如针对股东的财经体验、针对公众的社会责任体验、针对内部员工的文化体验等。这类广谱体验的重要程度绝对不亚于客户体验，其成败时时牵动着公司董事会和首席官团队的思虑。另外，品牌体验不仅要求对利益关系者进行主动交流，也要求促成利益关系者之间的互动交流，而这一切都是营销传播从未涉足也无能为力的领域。

（三）从具体品牌到品牌网络

传统的品牌管理会将视野集中在某个具体的品牌上面，似乎品牌资产只能以产品的形式出现，也只能通过产品管理来推进品牌管理。这种“近视”只能看到产品中蕴藏的品牌资产，却看不到那些不以产品形式出现的品牌资产，也就更谈不上如何去发掘、关联和利用这些宝贵的潜在品牌资源了。

而品牌战略模式则认为应该用更宽广的视野来进行品牌管理，每个品牌本质上都是一套品牌网络，包括投资者品牌、个人品牌、技术品牌、服务品牌、背景品牌和联合品牌，这极大地拓宽了品牌管理的领域，提供了全方位创建强势品牌的蓝图。品牌战略管理者会将品牌网络与产品品牌同等看待、一体对待，同样也会为品牌网络制定品牌战略、设计品牌识别、安排品牌管理人员和预算、实施品牌体验的计划和活动、发展品牌延伸、进行品牌资产的评价。

（四）从品牌延伸到品牌杠杆

在品牌战略日益复杂化的今天，简单的品牌延伸已经越来越难以满足现实的需要。比如开发新业务需要的时间可能会很长，而组织却无法提供充分的支持直接导致错过机会。或者是因为品牌延伸陷阱而导致失败。

品牌杠杆则能最大限度地利用已有的品牌价值去创造更多的价值，因为品牌延伸只是品牌杠杆的一种类型。品牌杠杆包括四种：

（1）品牌延伸，即品牌资产在企业内部转移至新产品。

（2）品牌联盟，即品牌资产在企业内部继续强化现有产品。

（3）品牌特许经营，即品牌资产在现有产品的基础上转移给其他企业。

（4）品牌授权，即品牌资产转移给新产品同时转移给其他企业。

四种品牌杠杆各有其特色，不仅增加了品牌资产利用方式的灵活性，更拓宽了品牌战略的视野，加强了品牌管理的连贯性。

（五）从跨国品牌到全球品牌

传统品牌管理模式的视野通常会局限在单一国家的相关市场，当品牌进入国际市场时，品牌管理系统往往会从母国向各个国别市场进行复制，一般都会在当地设立自主的品牌责任人承担起本地的品牌管理工作。这种品牌国际化模式称为跨国品牌模式。跨国品牌模式的目标是在不同国家的市场上建立有吸引力的价值地位。为了达到这个目标，企业通常会采取完全不同的品牌识别，通过不同的品牌体验来积累不同的品牌资产，极端的情况下甚至会看不出原来它们是来自于同一个品牌。

而全球品牌模式在进入国际市场时则会充分利用原有的品牌资产和价值元素，来自不同的国家环境的品牌资产反过来又会进一步丰富原有的资产价值使其生命力越发强劲。全球品牌模式不仅旨在能够提升品牌的经济基础，如更为广大的市场空间、规模经济和成本效率等，而且能够生动化品牌的上层建筑，如业务遍及全球的领导性形象、体现并包容市场多样性的价值主张和世界级的品牌管理体系（全球范围内培养获取知识的能力、建立最佳实践准则以及跨边界协作管理）等。

（六）从品牌自创到品牌并购

传统品牌管理倾向于进行品牌自创，然而在竞争白热化的今天，从无到有创建一个品牌并获得成功是非常艰难的。在绝大多数市场已经存在领导品牌的情况下，一个新品牌想遥遥领先不仅成本极其高昂，而且失败率也是相当高的。相对而言，品牌并购能够以较低的成本或者较快的速度通过“拿来主义”来实现品牌资产的扩张。

（七）从单体品牌到品牌组合

传统品牌管理只是单体品牌的管理，视野局限于单一品牌、单一市场，无法处理涉及对多个产品市场、多个品牌进行管理的复杂问题，然而受市场细分化、业务多样化和并购重组的影响，各式各样的品牌衍生和产品派生行为变得非常普遍。在复杂的环境和架构中如何平衡和优化品牌资产，正是品牌战略的关键所在也是无从回避的必经之路。采用品牌组合的管理模式能够帮助企业在复杂的背景中找到核心并使其清晰化，指引企业向最有潜力的品牌和业务发展，提高资源的使用效率。

四、品牌战略必须将企业复杂的未来变得简单清晰

问题 7：为什么品牌战略必须将企业复杂的未来变得简单清晰？

杰克·韦尔奇曾说过：“要掌握自己的命运，否则将被别人控制。”企业没

有战略，前途只有灭亡。

我们说简单注定可执行，复杂注定不可执行，品牌战略更是如此。在现阶段，中国企业的战略规划手册一般都会深锁在办公室或档案室的文件柜中，除了少数的几个高管，一般情况下大家都不知道战略规划的内容，不是公司不传达，而是复杂的规划方案没有几个人能够消化，这是造成决策层与执行层的脱节的主要原因。当员工不理解为什么要这么做的时候，做出的成果与员工完全懂得时是有很大的不同的。很多企业家说战略不需要员工都懂，这是一个误区。战略是企业的未来，如果员工都能够了解，并被企业战略目标所鼓舞，他们就会更有动力去努力，因为企业的未来包含着他们的未来。

制定的战略不应该是复杂和晦涩难懂的，相反，应该是将复杂的未来变得简单清晰，因为简单才好理解，也才更容易执行。我们对品牌战略的制定和建设有一个误区，以为这些是决策者的事情，与员工没有关系，认为员工只需执行就可以了。事实上，品牌建立的过程中有一个基本的环节就是员工的参与体验与理解，当员工真正理解了品牌，就会加大工作动力。这对于品牌的传播非常重要，对于战略的执行结果也有着意想不到的成效。

如果能使品牌战略清晰且易于理解，内部员工就会知道他们正在涉足的事业，并伸开双手来展示。

随着全球化的不断深入，企业面临的竞争环境越来越严峻，怎样取得竞争优势已是企业经营管理者的首要任务。放眼过去，产品需求变化、环境变化、市场区隔变化、顾客变化……这些变化显现出世界上唯一不变的真理是“变”，而怎样能做好事前准备，做好长期经营规划，掌握变量者，就是未来的赢家。

马克·菲尔茨在2005年成为福特汽车的总裁，并帮助该公司实现了同样的目标。对于他的成功，他说关键是让员工理解了品牌战略并参与了品牌传播过程：简单易懂的品牌观点和策略易于使所有员工理解一致。员工工作繁忙，我们要简化品牌观点以便他们理解，并通过不断重复和强化使员工能够自行判断，从而作出符合品牌观点的决策。

品牌感知是通过语言和行动形成的。员工有责任让自己形成相关的经验，以便更好地服务于消费者。而做到这一点的前提是员工真正理解他们的角色关系以及在品牌战略的实现进程中所发挥的作用。

还有一点，员工会非常有归属感，因为企业将他们当成真正的主人，企业的战略与品牌传播的过程他们参与了，而且发挥了不可或缺的作用。

五、顺势思维

问题 8：为什么要提倡顺势思维？

顺势思维战术，这在战争中经常用到。如今，在日益激烈的商业竞争中，此方法作为一种思维方式中也被越来越广泛地运用，也就是我们常说的顺势思维。顺势思维是优秀企业家的独特思维方式。顺势思维关键是找到势，无论是大企业还是小公司，充分运用顺势思维寻找到市场的战略空白点，均能起到意想不到的效果。

在市场经营活动中，面对强手如林的市场环境，强者往往漏洞百出，决策官僚化。部门协调一致性，在机制和组织上并没有小企业灵活。小企业只有抓住对方的漏洞，在正确的时机出击，才能成功。同样，强者也可以按照这种思维，重视自己的竞争对手，对可能的风险和漏洞及时弥补，从而大大提升企业的竞争力和在市场中的优势地位。

1947 年，美国著名的贝尔实验室发明了晶体管。相对于电子管而言，晶体管具有体积小、耗电少等显著优点，许多专家都认为电子管将要被晶体管所取代，但他们认为这种改变绝非短期可以实现。当时在世界电子行业中称雄的几家大公司，如美国无线电公司和通用电气公司以及荷兰的菲利浦公司也认为晶体管取代电子管绝非易事。因为这些公司在电子管领域投入巨额研发成本，他们开发的收音机和电视机都高人一等。其实这恰恰是这些大企业的弊端所在，它们必然会衰退，其原因是他们过分依赖自己的技术，以至于他们执著不放。晶体管出现后，他们虽然承认这种技术的前景，却无法马上放弃自己的优势，从而给其他企业的发展提供了机遇。

当时，盛田昭夫领导下的日本索尼公司并不认同大公司的主流看法。此时的索尼公司还名不见经传，它太小了，只是一个做电饭锅的小公司。盛田昭夫认为，电子管和晶体管都是电子设备的基础元配件，晶体管的诞生，意味着一个电子应用全新领域的全面来临，从这个层面上讲，晶体管具有非常重要的战略价值。如果索尼能顺应形势，将快速成长为一家大公司。于是这家在国际上还鲜为人知，而且根本不生产家用电器产品的公司，仅仅以 2.5 万美元令人“可笑的”价格，就从贝尔实验室购得了技术转让权。两年后，索尼公司率先推出了首批便携式半导体收音机，与市场上同功能的电子管收音机相比，重量不到 1/5，成本不到 1/3。3 年后，索尼占领了美国低档收音机市场，5 年后，日本占领了全世界的收音机市场。

一个大家都能看到前景的发明，大企业却因为执著于自己的技术优势而无动于衷，结果被一个小企业乘机获取，其结果不得不令人惊异。索尼依靠这一发明，获得了巨大的战略价值，也缔造了今日的电子帝国。从战略角度看，索尼当年顺应技术发展和市场前景之势；从产品角度看，索尼抓住了大公司的漏洞，开发出了大公司所不具备的产品；从谋略角度看，索尼的思维更趋向于东方人的非线性思维，敢于出奇制胜，以小博大。

很多人把顺势简单理解为顺应时势，其实，顺势思维更强调主动寻找势，被动等势对任何企业都是不利的。市场环境变幻莫测，等待机遇的到来，往往就会失去机遇。卓越的企业领导者，都善于从市场环境的变化中窥测趋势，以便企业在未来的竞争中处于优势地位。

对于小企业而言，善于顺势，能四两拨千斤，需要大智慧。

活动 2： 组织同学讨论中日企业战略思维的区别。

考试链接

1. 品牌战略思维的分类。
2. 向日本企业学习品牌战略思维。
3. 从传统品牌管理到品牌战略管理的思维转变。
4. 品牌战略必须将企业复杂的未来变得简单清晰。
5. 顺势思维。

第三节　品牌战略思维的培养

引导案例

太阳神的品牌失误

太阳神集团曾经名噪一时。为了图谋更大发展，怀汉新重金聘用一批青年才俊换下了一同创业的 9 位高层元老，并为太阳神导入当时颇为先进的 CI 战略（企业形象识别系统）。1993 年，太阳神的销售额高达 13 亿元，市场占有率高达 63%。就是在此时，被胜利冲昏头脑的怀汉新开始吹响了多元化发展的号角，1993 年，太阳神接连上马了 20 多个项目，其中包括房地产、石油、贸易、酒店业、化妆品、电脑等，并在全国各地进行大规模的收购和投资活动。

多元化战略让太阳神付出了惨重代价。短短两年间，太阳神转移到这些项目中的资金高达 3.4 亿元，并全部打了水漂。1995 年底，太阳神在中国香港上市后，股价直跌，1997 年亏损 1.59 亿元，股价一度跌至港币 9 分左右。尽管此时怀汉新主动从总裁位置上引退，请来哈佛 MBA 工商管理硕士王哲担任企业总裁，但为时已晚，太阳神从辉煌顶峰从此跌入深谷。业内人士在评价太阳神发展历程时说：正是未能抵挡住多元化发展诱惑，使其在后期发展过程中失去了商业重点，期望全面开花，结果全线败退。

资料来源：强宏. 总经理打理公司的 200 条成功经验 [M]. 北京：中国物资出版社，2009.

思考题：

太阳神为什么会失败?

一、培养宏观战略思维决定企业的生存时间

问题 9：为什么说培养宏观战略思维决定企业生存的时间?

竞争不会同情，竞争也不会等待！它只会遵循优胜劣汰的铁血法则，如一股强大的浪潮，将弱小的企业湮没或吞噬，毫不留情。

在我国企业的大败局中，不少企业都是因为战略思维的问题倒下了。特别是在面对国际竞争的时候，更是不堪一击。我国的企业大都起点低、底子薄，要应对激烈的竞争，必须将宏观战略思维与微观战略紧密地结合起来。这样才能将风险降低到最低。在建立宏观战略时需要注意下面八点：

(一) 提升"最终决策"的科学性

大部分企业家都会根据自己的经验和感觉来决定企业的产品或者是发展的方向，或者是通过个人喜好来决策或评判事情。但这种"最终决策"的片面性会造成企业面临危机的危险。而综观企业破产倒闭的原因，大多数都是源于企业家战略决策的失误。

(二) 培育和发展企业的"核心能力"

在未来的商战中，没有了核心竞争力就如同士兵没有了先进的武器，很难取得胜利。因此必须考虑企业的核心能力是什么？如何培育和发展我们的核心能力？首先我们应该明白什么是核心能力或核心竞争力。评价企业的核心能力或核心竞争力有三大标准：

(1) 能提供给顾客所需要的价值、满足顾客的核心利益。

(2) 企业在竞争中能体现出自己的独特之处、独有的吸引力，而这个独特优势不能轻易地被竞争对手模仿。

(3) 能不断地研发出新产品，具有旺盛、不衰竭、持久发展的能力。

（三）建立合作竞争机制或协作型竞争机制

有一部分竞争对手不一定是敌人，他们有可能是朋友，竞争与协作不可分割地联系在一起的。企业在市场运营过程中要建立合作竞争机制、联合竞争机制、协作竞争机制。在经济全球化的今天，合作竞争机制或协作型竞争机制的必要性将会增强。没有合作或协作，企业无疑是将自己送进死胡同。

（四）培养和发展“多赢模式”与“多赢理念”

我国企业的实力大都不足。面对国际竞争的压力，要想获得发展就必须得转变以往的“敌对关系”或者是非赢即输、针锋相对的关系理念。虚心地拿对手的强项来补充自身的不足，使自身的竞争力在最低的成本状态和最低的风险条件下加强，用“战略联盟经济体”强大的综合实力，共同谋求更大的利益和更大的竞争力。

（五）重视品牌战略和高新技术战略

品牌是一种核心的不可模仿的竞争力，发展区域品牌、中国品牌、国际品牌是企业在未来立足于中国市场、国际市场的首要条件，也是获得高附加值的唯一选择。要从高新技术战略着手，除了对商品本身的科技含量进行提升外，还必须对商品及其相关环境进行科学的系统性包装，让消费者清楚地认识到我们的独特性并且购买。

（六）加强企业文化战略

企业文化所产生的效力主要表现在：

（1）凝聚力。成功的企业文化战略是一种黏合剂，能将员工紧紧地团结在一起，使员工具备高度的凝聚力和向心力。

（2）导向力。建立企业文化战略使员工价值导向与行为导向得到明确的指导，引导员工在企业的行动方向。

（3）激励力。企业文化战略的实施能产生一种很好的工作氛围，它所形成的文化氛围和价值导向是一种精神激励，能够激发员工工作的积极性、主动性和创造性。

（4）约束力。培育企业文化能让员工明白哪些是该做的事情，哪些是不该做的事情，发挥着一种“软约束”的作用，使企业具备某种程度上的免疫功能。

（5）纽带力。一个企业要发展壮大，必须具备物质纽带和精神纽带这两个基本条件，只有二者相辅相成企业才能获得长期稳定的发展。

（七）真正认识企业形象战略

现如今，生产同一种商品的厂家越来越多，销售同一种商品的零售卖场越来越多，消费者的选择也越来越大。在这种情况下，消费者会选择哪些企业的产品，企业形象与品牌就能起到至关重要的作用。因为产品形象能够让消费者容易辨认并产生交易，是一种可以让消费者长期产生记忆和反复购买力、忠诚度的远期投资，而不是费用开支，能为企业创造出高额的利润回报几率。因此企业形象要有自己的特色、个性和独具的魅力。

（八）制定“服务增值”战略

服务增值是在同种条件下的产品，通过提升服务水平产生更高的价值回报。当同样质量的产品摆在消费者的面前时，消费者首选的肯定是服务质量好的产品。所以企业要努力使抱怨用户变成满意用户、忠诚用户成为“世袭”用户。努力进行服务创新，让消费者享受更大的“核心利益”空间，让他们更满意。

关键术语

战略思维能力

战略思维能力是指思维主题对关系事务全局的、长远的、根本性的重大问题的谋划能力。

二、培养战略思维能力

问题 10：如何培养战略思维能力？

战略思维作为一种从全局、长远来观察、思考和处理问题的思维方式，是企业管理者必须具备的基本素质，我们需要从五个方面入手，进行战略思维的培养和提高：

（一）加强理论学习

（1）学好为主辩证法。这样才能在大是大非面前有主心骨，才能透过现象看本质，才能在千头万绪中抓住主要矛盾，才能不纠缠于一时一地的得失，从容应对重大的战略问题。

（2）努力学习经济、科技、管理、法律等方面的知识，用专业的态度来审视企业的战略发展。

（3）既要学习我国古代经典的战略思维方法，也要吸收国外独特的思维方法，中西结合能拓展我们的思维能力。

（二）注重信息扩展

信息是最重要的战略资源，管理者想要对事关全局的重大问题进行战略思维，必须以了解和掌握大量的信息为前提，这样方可开阔眼界、启发思路，作出具有远见卓识的行动决策。事实证明，一个管理者了解和掌握的信息量越大、知识面越广，其战略思维能力就越强，工作起来就更能得心应手和应对自如。

（三）善于借用外脑

战略思维作为关于全局性、根本性、长远性重大问题的思维形式，其所涉及的面极广，且信息量大、影响因素多、变化快，任何管理者仅凭个人的智慧和能力仍难以胜任。因此，必须要善于借用外脑，把眼光转向各个领域的专家学者，寻求智囊团的强力支持以及员工们的众多点子，从中吸纳好的建议，激发和启迪管理者的战略思维。

（四）在实践中仔细琢磨

实践出真知，也是提高战略思维能力的可靠基础。战略思维功能和作用的发挥，必须与实践活动紧密结合，在实践活动过程中实现战略思维所确定的发展战略目标和规划。因此，提高领导干部战略思维能力，最终还要靠崇尚实践、勇于实践和善于实践。只有不断地在实践中仔细琢磨总结，自觉地用战略思维分析和解决实际问题，才能不断地提高管理者自身的战略思维能力。

（五）勇于开拓创新

任何战略思维成果都是在某一时期、某一阶段形成的，随着时间的推移、空间的转换，必然会出现一些新的情况，产生一些新的矛盾和问题，应当有所调整和创新。在一般情况下，针对解决新矛盾和新问题的需要，表现为对战略目标和规划中某些细节的修改、充实。而在特定或非常时期，如时局形势发生重大转折、组织内部出现重大改组等，针对适应新的内外形势巨大变化，则体现为对发展目标和规划的根本指向、基本原则、重要步骤展开新的战略思考，进行重大调整与创新，以确定新的发展战略思路，开创新的发展局面。

三、培养战略思维的四个维度

问题 11：培养战略思维的四个维度是什么？

战略思维需要具备四个维度，以这四个维度思考问题，往往能达到战略高度，实现预期的效果。

（一）思维的广度

在思考战略的时候，应该善于运用联系的方法，将重大事项所关联的外在因素和关系全部找出来，在一个相对宽广的思维力思考重大事项目前处在一个什么样的情况下。

（二）思维的深度

在遇到重大战略的时候，要透彻分解内部的因素和关系，寻找到重要因素和次要因素，从而看清楚这个战略处在一个怎样的复杂状况中。

（三）思维的高度

在思维广度和深度的基础上，根据具体目的，结合综合一般性认识，达到两种境界（选其一）：一是高度综合一般性认识，形成凝练的核心认识；二是超越一般认识，形成创新认识。两种认识都是以一般认识为基础和辅助。

（四）思维的远度

针对重要事项，引入时间概念，从长远角度去思考发展性、变异性，包括事项本身和方案本身，从而补充和修正目前的认识或方案。

四、做战略最忌讳面面俱到

问题 12： 为什么做战略最忌讳的是面面俱到？

阿里巴巴创始人马云在《梦想中国》点评创业的时候说过：做战略最忌讳的是面面俱到，一定要记住重点突破。所有的资源在一点突破，才有可能赢，面面俱到那就什么都不可能赢。要明白企业的出发点在哪里，进攻点在哪里，这才是真正的战略要素。中国知名战略专家姜汝祥曾经说过：任何企图满足所有客户需求的行为和满足客户所有需求的行为，都是企业最典型的没有战略的行为。

多元化的发展战略是需要一套强有力的制度系统与创造性文化理念的，或者说，多元化本质上是对人类能力有限性的一种挑战。从哲学角度分析，专业化是普遍性的，多元化则是特殊性的。特殊的道路只有那些具有优异制度结构与特殊才能的企业才能做到，而一般的企业发展规律是：走诺基亚道路——卖掉一切可以不做的或没有长远利益的，专注于未来能够持续带来利润的，并且通过出售过时的核心产业获得足够的财务等资源支持。

不论企业实施何种形式的战略，其目的都是要确定企业的未来发展重点。有战略的企业一定是把发展重点放在具有竞争优势的业务上，是稳定而具有相当竞争优势的主营业务，是企业利润的主要源泉和生存基础。企业应该通过保持和扩大自己熟悉与擅长的主营业务，尽力扩展市场占有率以求规模经济效益，把增强企业的核心竞争力作为第一目标。

活动 3： 和同学们一起探讨：如果你是一名企业高层，该从哪些方面培养自己的品牌战略思维？

考试链接

1. 培养宏观战略思维决定企业的生存时间。
2. 培养战略思维能力。
3. 培养战略思维的四个维度。
4. 做战略最忌讳面面俱到。

案例分析

抓住行业本质是企业战略成功的内核

什么是行业的本质？估计很多做了一辈子企业的人都不知道，国内也没有哪个商业学院专门探讨过这个话题。我们整个民族的思维都是非常僵化的，大家大脑里最关心的一个事情就是——寻找潜力。所以当我们狠摔了一大跤之后或许还不知道自己到底是怎么摔倒的。就拿手机行业来说吧，虽然很多人呼吁支持国货，但是大多数人还是喜欢用诺基亚、摩托罗拉、三星等国外品牌。像国内的橡果国际手机，虽然手机功能非常强，广告也是铺天盖地地做，包括凤凰台都做。但是如果别人问你用的是什么手机，你可能都不好意思说自己用的是橡果国际，因为这种手机的使用率很低。无论打多少广告都没有用。这究竟是为什么呢？

从表面上看，橡果国际的战略并没有出错。根据市场调查，高端手机市场占的市场份额为18%，中低端市场占了82%的份额。按照我国很多企业家的思维，肯定是中低端市场82%的市场份额蕴涵着巨大的潜力，所以我国国产手机大部分都是从中低端市场切入的，然后依据我国的廉价劳动力以价格为竞争手段，以功能强大作为卖点。这似乎并没有什么不对的地方。但是，如果我们对照一下国外的手机，就会发现苗头了。

国产手机打广告最典型的一个特征就是强调我们的功能有多么强大，但是国外品牌打的广告几乎不谈功能。它强调的是感性诉求，而且绝对不打价格战，绝对不会说诺基亚推出一款价格最低的手机，功能最齐全。他们绝对不会打便宜手机的广告，它们一定是从高端的手机市场切入的。这跟人的心理特点有很大的关系，每个人在心理上都会追求高品质的生活和享受，因为那是身份的象征。如果用着的是几块钱的便宜货还到被人发现或者被人扯着嗓子大声宣扬，那肯定是很没面子的事情。这就是国外手机成功的重要原因，先打出高端的感性诉求，给人树立贵族的品位，让人觉得用他们的手机很有面子。当这种高贵的形象得到了充分的势能积累之后，再走亲平民化的路线，顺着这个势能往中低端延伸。这种效果跟英国女王视察平民会令人激动万分是一个道理。但我国的国产手机走的刚好是相反的路线——穿着乞丐装去视察自以为是贵族的民众。所得到的待遇肯定是白眼多，黑眼少。

资料来源：郎咸平. 郎咸平说公司的秘密 [M]. 北京：东方出版社，2008.

问题讨论：

橡果国际失败的根本原因是什么？

本章小结

企业战略思维分为以下六种：

（一）胜战战略思维

不战而胜，是上策。做企业，如果能以压倒性的优势占领市场、胜过竞争对手，这肯定是企业战略发展的首选之策。比如美国通用公司最喜欢的就是“No.1”、“No.2”，热衷巨型收购。IBM 公司曾经的总裁郭士纳更是宣称：“如果大象能够跳舞，那么蚂蚁就必须离开舞台。”这堪称 IBM 的经典独白，既干脆又直接。这就是“胜战战略思维”，占据第一位，不战而屈人之兵。

（二）敌战战略思维

如果无法不战而胜，无法战胜竞争对手，那就只能采取敌战战略思维。在一种暂时均衡的局势中互相竞争，在胶着中各有所得、各取所需。比如联想、戴尔、惠普三者之间，可口可乐、百事可乐、非常可乐之间的总体局面就是这样，大家互有攻防，各有所得。

（三）攻战战略思维

如果竞争对手连防守竞争都不让我们进行的话，那么我们只能主动出击，直接进攻，变被动为主动，这样至少可以在一定程度上掌握先期主动权。所以中国企业就需要这种攻战战略的思维，与其等跨国巨头冲到国内来掐我们的脖子，不如趁早攻破出去，到世界各大洲的广阔市场中去打拼。

（四）混战战略思维

在攻击性竞争的过程中，如果能直接胜过对手，那肯定是好事情。但是由于群雄逐鹿的过程变化多端，主动出击的一方未必就能取胜。如果不能直接取胜，那么就要因势利导地启动混战战略，搅乱局势并导引局势向利于己方的趋势演进。因为搅浑水的人肯定知道浑水运动的大致流向，因此局势一乱，乱中取胜的几率就会比对手大得多。

（五）并战战略思维

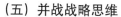

如果在竞争过程中出现了危险形式，甚至已经到了万不得已的紧迫情形，那么适时与对手进行火拼或主动被兼也不失为一种富有胆识与智慧的战略选择。狭路相逢勇者胜，适时与竞争对手拼命（拼利润）也是需要的。但是不少中国企业家的“并战战略思维”意识太过浓烈。他们常常发动流血式火拼，最终把自己在商战中的局面搞得比较被动。

（六）败战战略思维

如果企业连火拼或者主动被兼并的机会都没有了，那么就必须得调整自己的战略思路与经营策略。正如段永基所言，企业的情况很复杂，所以应有壮士断臂的勇气和决心，因为这个放弃减少了对他的很多压力和拖累，使他更有力量去寻找更好的机会来发展。

深入学习与考试预备知识

打造世界级品牌的战略思维

品牌是企业持续竞争的一个重要来源。世界级品牌所表现出来的吸引力、扩展力、渗透力、激发力、影响力、联想力和溢价能力、区隔力是无法想象的强大。世界强势品牌能够打动消费者的内心和激发员工积极性的能力，也能为公司获得很高的报酬。那么如何才能打造世界级品牌呢？

1. 从注重战术到注重战略

我们以前打品牌，更多的是注重战术，即注重具体利润、品牌的知名度。很多人都想把企业做大，可很少有人能去想如何将企业做强和做久。现在中国很多企业做得很大，但是效益很差。所以现在中国不适合把品牌做得很大，而是要有战略型的眼光把产业做得又大又强。比如可口可乐最初的理念就是强调产品的品格、品质和品位，特别是跟顾客关系的建立。很多品牌都降价，可口可乐不降价就是为了树立其高品位的形象。

2. 从注重品牌形象到注重品牌识别

过去打造品牌，只注重塑造一个优良的形象并让消费者看到。但是这个形象一旦出现问题，消费者马上就不认可它了。所以如果要树立世界级品牌一定要创造品牌识别，从以前让消费者注意到品牌转变为让消费者在消费过程中想到你。

3. 从注重产品到注重创造体验

消费者不仅注重物质，也越来越注重心理上的满足，这就要求我们的企业在塑造世界品牌的过程中一定要注重消费者的感觉体验、思想体验、情感体验，要从消费者的心理角度去挖掘消费者需要的物质。

4. 从注重广告到注重整合多种传播手段创建品牌

在媒体信息多元化的今天，广告只是一个方面。除了广告之外，还有很多手段。要打造世界级品牌，要善于整合各种传播手段。

5. 从注重竞争到强调合作

要特别注重价值链条的合作，包括跟供应商建立一个链接的关系，提供经济利益。

6. 从注重本土化到注重本土化与国家化融合

7. 从创新到不断创新

世界级品牌都非常重视不断创新。比如可口可乐一直都在不断地进行营销创新、产品创新。

8. 从“市场换技术”到“市场换大脑”

我们曾采用“市场换技术”的策略，但是因为没有买到或者掌握核心技术以及相应的开发能力，引进的技术很快就被淘汰。而且引进的技术大多只能解决一时和某方面的问题，并不能为企业的长久发展提供最稳固的支撑。我们要换一个思维，利用中国巨大的市场对世界级企业的巨大诱惑力和影响力，根据行业的具体情况，有选择地与部分世界级品牌联盟或兼并具有核心技术的企业，采取“拿来主义”，以市场换“大脑”，以市场换股权，迅速打造自己的镇山之宝，实现跨越式的发展。

知识扩展

五步走：战略定位思维框架

一般而言，企业战略决策大多基于三大基石：战略价值、战略成本和战略价格，因为它们是企业战略利润的三大支柱。战略价值，就是指企业领导人的一种宏观性的主观判断，即向市场提供某种产品或服务要比不向市场提供该产品或服务能给企业自身的战略地位及境况带来多大程度上的改善。战略成本，是指企业为了生产和销售同质产品或服务而在人力、基设、原料等方面付出的同比具有整体竞争力的费用。战略价格，是指消费者为购买同质产品或服务而支付的同比较低的费用。对于中国企业家而言，在对前述“六字战略法则”建立认知的基础上，结合上述“三大基石”，那么对自己所领导的企业“身处何处”以及“去往何方”进行战略定位就不是一件难事了。基于战略主体与六字

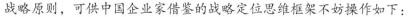

战略原则，可供中国企业家借鉴的战略定位思维框架不妨操作如下：

第一步，收集战略信息，分析战略形势；

第二步，确认友方、己方、敌方等战略主体之间的关系；

第三步，基于战略形势与战略主体关系来评估己方所置身的局势是属于优势、中势、劣势三类中的哪一类别；

第四步，基于局势的类别不拘一格地从与优势、中势、劣势所分别对应的胜战战略和敌战战略、攻战战略和混战战略、并战战略和败战战略当中选择出具有可行性的战略思维框架；

第五步，结合西方战略思想与工具，基于具有可行性的战略思维框架，最终形成一种最优的战略思维框架。

“五步走”之后，就是进行战略部署与实施。

资料来源：葛存根. 大道至简［M］. 北京：经济管理出版社，2006.

答案

第一节

技术取胜。同国际品牌竞争是本土品牌发展的必然趋势，但核心竞争力和强势的品牌一直是本土品牌竞争的短板。一直以来本土品牌“跟风”现象严重，耐克和阿迪达斯出什么，本土品牌就蜂拥而上跟什么。一方面使产品同质化现象严重，没有差异化的优势，同时自己又丧失了自主研发的能力，无法成就品牌的核心竞争力；另一方面，本土品牌的跟随策略难以成长为强势品牌，而且与高端市场的距离始终没有拉近。只有拥有核心技术，才是商业取胜的王道。

第二节

针对中国消费者的需求，引进了众多细分品牌并进行品牌延伸，推出了一款又一款的新品，达到了它所预期的交叉覆盖效果。

第三节

太阳神失败的原因是企业战略思维出错了，在市场的各种诱惑下实行了多元化的战略，擅自进入自己并不擅长或没有任何竞争优势的空间，结果付出了惨痛的代价。不论企业实施何种形式的战略，其目的都是在确定企业的未来发展重点。企业应该把发展重点放在具有竞争优势的业务上，是稳定而具有相当竞争优势的主营业务，是企业利润的主要源泉和生存基础。企业应该通过保持和扩大自己熟悉与擅长的主营业务，尽力扩展市场占有率以求规模经济效益，把增强企业的核心竞争力作为第一目标。成功的企业在经营领域的选择上，都是首先确定自己的主营业务，积极培养核心竞争力，再以此为基础，考虑下一步的发展方向。

案例分析

战略思维出错，没有把握住行业的本质。在手机行业，人们对于品质的感性诉求远远大于其他方面。手机行业的本质是“势能”。只有弄清楚行业的本质，才能顺着脉络如同庖丁解牛一样游刃有余，让企业少走弯路。

第三章 品牌战略基础

学习目标

知识要求 通过本章学习，掌握：

- 产品的质量标准
- 保护知识产权，为企业的长远发展铺平道路
- 企业面临的5类竞争力量
- 定制化的个性产品成为新竞争优势
- 企业要不断开发新产品

技能要求 通过本章学习，能够：

- 建立能拨动心弦的品牌传播信息的途径
- 在同质化产品中寻求产品差异化优势
- 选择社会责任营销的恰当形式
- 控制社会责任营销的成本与收益
- 运用品牌知识提高品牌竞争力

学习指导

1. 本章的主要内容包括产品的质量标准、企业面临的五类竞争力量、提高产品质量、提高服务质量、建立能拨动心弦的品牌传播信息的途径、建立品牌的正面联想的途径、让品牌名畅销起来的途径、标签秒杀消费者的途径、包装具有视觉冲击力的途径、在同质化产品中寻求产品差异化优势、选择社会责任营销的恰当形式、控制社会责任营销的成本与收益、提高品牌竞争力、掌握核

心技术等。

2. 学习方法：掌握最基本的理论，结合案例理解概念，并进行知识延伸，进行讨论活动等。

3. 建议学时：8 学时。

第一节 品牌与产品质量

引导案例

质量是同仁堂的金字招牌

相信看过电视剧《大宅门》的读者都会知道北京同仁堂，这是一个难得的百年老店，也是中国医药界的一块“金字招牌”。在 300 多年的风雨历程中，历代同仁堂人始终恪守“炮制虽繁必不敢省人工，品味虽贵必不敢减物力”的古训，树立了“修合无人见，存心有天知”的自律意识，造就了制药过程中兢兢业业、精益求精的严细精神，其产品以“配方独特、选料上乘、工艺精湛、疗效显著”而享誉海内外。

同仁堂为了保证药品质量，坚持严把选料关。起初，北京同仁堂为了供奉御药，也为了取信于顾客，建立了严格选料用药的制作传统，保持了良好的药效和信誉。新中国成立后，同仁堂除严格按照国家明确规定的上乘质量用药标准外，对特殊药材还采用特殊办法以保证其上乘的品质。中成药是同仁堂的主要产品，为保证质量，除处方独特、选料上乘之外，严格精湛的工艺规程是十分必要的。如果炮制不依工艺规程，便不能体现减毒或增效作用，或者由于人为的多种不良因素影响质量，不但会影响药效，甚至会危害患者的健康和生命安全。同仁堂生产的中成药，从购进原料到包装出厂有上百道工序，加工每种药物的每道工序都有严格的工艺要求，而且投料的数量必须精确，各种珍贵细料药物的投料误差控制在微克以下。例如犀角、天然牛黄、珍珠等要研为最细粉，除灭菌外还要符合规定的罗孔数，保证粉剂的细度。此外，还要求颜色均匀、无花线、无花斑、无杂质。

从最初的同仁堂药室、同仁堂药店到现在的北京同仁堂集团，经历了清王朝由强盛到衰弱、几次外敌入侵、军阀混战到新民主主义革命的历史沧桑，其所有制形式、企业性质、管理方式也都发生了根本性的变化，但同仁堂经历数代而不衰，在海内外信誉卓著，树起了一块金字招牌，真可谓药业史上的一个奇迹。

资料来源：强宏. 总经理打理公司的 200 条成功经验 [M]. 北京：中国物资出版社，2009.

思考题：

同仁堂成功的秘诀是什么？

一、质量是品牌的第一要素

问题 1： 质量是品牌的第一要素吗？

根据一项网络调查表明，网民们认为品牌流行的三要素是质量、可靠性和可操作性。自 20 世纪 80 年代以来，世界进入一个快速变化的时期，富有远见的企业正在或已经致力于将普通产品提升为品牌。企业要做大做强，占第一位的永远是产品质量；一个企业如果没有自己响当当的品牌，将永远也不会有大的发展！品牌最显著的特征就是质量卓越，在同类产品中，无论是内在还是外观上，都属上乘。

品牌之本就是质量，质量是品牌的第一要素，质量更是品牌建设的基础和生命线。树立一个“品牌”，离不开稳定的产品质量。而稳定的产品质量又与“品牌”背后的生产者诚实守信、规范经营、严格把关离不开。敞开来说，就是生产企业首先要有对产品质量负责的责任心，只有坚持客户至上、对消费者负责的态度，才能真真正正地把产品的质量放在心上；其次，要有一套科学严谨的质量管理体系，做到质量管理制度化、规范化、科学化；最后，先进的生产设备和高素质的人才队伍也是质量稳定的关键因素。只有产品的质量上去了，这个产品的“品牌”才能发挥最大的力量。

因此，“品牌”的内涵可以理解为“是一种在高质量基础上建立起来的信任感及有关愉快体验的承诺”。对于品牌而言，品质是一个朴素的真理，只有建立在高质量的基础之上，“品牌”才能发挥出巨大的市场影响力与号召力。如果企业家们真正理解了品牌的内涵，并且将之付诸实践，那个时候，也许会发现品牌的力量要比想象中的强大很多。

关键术语

质量

质量是指一组固有特性满足要求的程度。在这个定义中，产品质量是指产品满足要求的程度，即满足顾客要求和法律法规要求的程度。

二、产品的质量标准

问题 2： 产品的质量标准是什么?

所谓标准，是指衡量某一事物或者是某项工作应该达到的水平、尺度和必须遵守的规定。而规定产品质量应该达到的技术要求便称为产品质量标准。产品质量标准是产品生产、检验和评定质量的技术依据。产品质量特性一般以定量表示，例如强度、硬度、化学成分等。对于难以直接定量表示的，如舒适、灵敏、操作方便等，则通过产品和零部件的试验研究，确定若干技术参数，以间接定量反映产品质量特性。我国现行的产品质量标准主要包括国际标准、国家标准、行业标准（或部颁标准）和企业标准等。

完整的产品质量标准包括：

（一）技术标准

技术标准是对技术活动中需要统一协调的事物制订的技术准则。技术标准包括：

1. 基础标准

基础标准是标准化工作的基础，是制订产品标准和其他标准的依据。包括通用科学技术语言标准、精度与互换性标准、结构要素标准、实现产品系列化和保证配套关系的标准、材料方面的标准等。

2. 产品标准

产品标准是指对产品质量和规格等方面所作的统一规定，它是衡量产品质量的依据。包括产品的类型、品种和结构形式；产品的主要技术性能指标；产品的包装、储运、保管规则；产品的操作说明；等等。

3. 方法标准

方法标准是指以提高工作效率和保证工作质量为目的，对生产经营活动中的主要工作程序、操作产品质量标准规则和方法所作的统一规定。包括检查和评定产品质量的方法标准、统一的作业程序标准和各种业务工作程序标准或要求等。

（二）管理标准

管理标准是指为了达到质量的目标，而对企业中重复出现的管理工作所规定的行动准则。管理标准包括：

1. 生产经营工作标准

对生产经营活动的具体工作的工作程序、办事守则、职责范围、控制方法等的具体规定。

2. 管理业务标准

对企业各管理部门的各种管理业务工作要求的具体规定。

3. 技术管理标准

为有效地进行技术管理活动，推动企业技术进步而作出的必须遵守的准则。

4. 经济管理标准

对企业的各种经济管理活动进行协调处理所作出的各种工作准则或要求。

三、提高产品质量

问题 3：如何提高产品质量？

质量是企业生存之基，品牌是企业长期发展之本，只有提高了质量、保证了产品品质，才能创出强硬的品牌，才能使企业长远的发展下去。那么，如何才能提高产品质量呢？

（一）强化质量意识教育

让企业管理层和员工必须牢固树立“质量第一”的思想，要有企业光荣我光荣、企业受益我受益、我与企业共命运的高度主人翁责任感。以一流的工作质量，为社会生产出优质产品。

（二）以人为本，强化管理中人的作用

通过尊重员工，满足员工的合理需求，进而激发人们的工作热情，促进产品质量和工作效率的提高。

（三）追求完美，工作“零缺陷”

企业全体成员都要确确实实地把工作做好，而且第一次就做好。做好了的标准就是“零缺陷”。以“零缺陷”来构筑企业质量文化是当今被誉为世界级质量的卓越表现模式。

（四）注重全过程

将活动和相关的资源作为过程进行管理，可以更为高效地得到期望的结果。所有的工作都是通过过程来完成的。要让影响产品质量的全部因素在质量形成的全过程中始终处于受控状态，从而使企业具有持续提供让顾客满意的产品。

（五）抓好交接班

交接班是上一班生产、工艺、质量、安全、设备运行及遗留问题产生的过程。对于稳定下一班生产工艺和质量至关重要，要严格按交接班要求进行交接。

（六）进行系统管理

将相互关联的过程作为系统加以识别、理解和管理，有助于企业提高实现目标的有效性和效率。企业是由大量错综复杂、相互关联的过程构成的网络。为了成功地领导和运作一个企业，需要采用系统和透明的方式进行管理。作为系统的整体，其功能要大于组成它的各个要素功能的简单总和，即“1+1>2”。

（七）质量问题的培训要到位

新老员工都一样，把经常性的质量问题做出汇总，给所有员工做集中培训或现场分析：出现这种问题的具体原因是什么；操作应该注重什么；等等。

（八）严格执行操作规程

要求员工能熟练掌握技术规程的主要内容，如工艺操作法、工艺条件、工艺参数、安全技术要求等，都必须严格按照技术规程进行操作，特殊情况听从上级指示进行调整。

（九）注重机器维护和保养

质量是企业的生命，那么机器也可以说是质量的生命。如果要生产出高质量的产品，首先机器的维护也很重要。譬如机器的温度达不到、张力的不稳定、机器上的油污太多等都是影响产品质量的重要因素，所以机器的维护也是提高产品质量的根本保证。

（十）高度重视事前控制

预防第一，要提前预防问题的发生，不能总是等问题出现后再去解决。

（十一）减少人员的流动性

尤其是对那些以手工操作为主、非凡工序较多的产品更应如此，可以针对人员的工作情况采取相应的措施。如对工作出色的员工，给予一定的物质奖励，提升工作岗位对人员的吸引力；也可以使用其他方式激励员工热爱本职工作。这相对于因换人操作导致产品质量波动造成承制单位经济损失、声誉的降低而付出的代价要小得多。

（十二）减少产品的流动性

合理地编排研制、生产计划可有效地避免产品的流动性。一旦多个用户提出的产品交付进度重叠，也可与用户先行协调，尽量将交付进度错开。还要加强产品研制、生产前期预备的计划性，避免产品在装配阶段“撞车”。

（十三）加强质量管理人才的选拔和培养

企业要通过岗位素质模式的建立、岗位素质拔高等方法，把具有专业水平和质量管理知识的高素质人才选拔到质量队伍中来。同时要创造条件加强对在岗职工的专业知识再培训，不断提高员工的综合素质。通过业绩评价机制的建立，深化、细化各业绩考核评价项目，逐步在企业内部建立一个竞争的平台、学习的平台、干事创业的平台，通过工作质量的提高带动产品质量的完善与提高。

四、提高品牌竞争力

问题 4： 如何提高品牌竞争力？

在激烈的全球市场竞争中，有个显著的现象：在国内企业利润率越来越低的时候，可口可乐、奔驰、宝马、沃尔玛等世界知名品牌却在全球市场赚足了钞票，为其带来了可观的收益；美国经济全球第一，拥有全球最具价值的 100 个品牌中的 53 个，对经济的贡献率高达 40%，成为美国经济的重要支撑。在市场竞争中，企业只有获得一定的竞争优势，才能持续发展。

那么，如何才能提高品牌的竞争力呢？

（一）端正品牌观念，增强品牌整合管理能力

品牌必须保持与消费者的长期、稳定的交易关系，这种关系已经超越了以产品功能为基础的利益关系，包含了以"喜欢"为内容的情感关系和以某种信念为核心的忠诚关系。品牌整合管理的目的就是打造消费者对品牌的某种信念和在此基础上的对品牌的忠诚。

（二）不断发掘并掌控那些不易被对手模仿的资源

这是获取竞争优势和持续竞争力的重要途径。资源包括有形资源和无形资源，具体到一个企业，就是它的有形资产和无形资产。有形资产如厂房、设备等，无形资产如品牌、技术、服务等。不难发现，虽然无形资产的价值难以衡量，但却比有形资产更具竞争力。企业拥有的技术、质量、服务等无形资产，顾客或消费者是看不见、摸不着的，由此形成的竞争优势也难以被顾客或消费者认知。因此，需要一个"可视的"承载体，作为企业无形资产的展示平台，让顾客或消费者了解企业的竞争优势。而品牌作为企业参与市场竞争的显性"名片"，正好充当了这个承载体。

（三）重视核心技术，保障技术的持续创新

缺乏核心能力是中国品牌参与全球竞争的最根本弱点。核心能力的缺乏源于中国企业技术创新能力不强。在全球竞争和技术快速变化的市场中，中国企业必须不断实现技术创新，以培育自身的核心能力。

鉴于中国工业化起步比较晚的现实，中国企业技术创新在未来的 5~10 年还应是采取引进、模仿、自主创新与合作创新相结合的方式，但应逐渐走以自主创新为主、合作创新为辅的战略，实现从"引进利用再引进"到"引进消化吸收输出"的战略转折。

(四) 加强品牌文化建设

一个企业的品牌文化是在它独有的地位、品质、历史中提炼出来的一种精髓，包含了行为准则、价值观、服务理念及社会责任、团队精神等众多因素，小至员工的礼仪，大至企业的形象，是一个复杂的系统工程。给品牌一个准确的文化定位，能加深品牌的文化、道德内涵，增强品牌的价值含量。品牌文化建设可从七个主要方面入手：

1. 标识系统

包括产品的徽记、包装、图形、字体、色彩等，以及员工的服装、名片，企业的厂房布局等，是让人们通过视觉就能认识品牌的一切有形物体。

2. 行为系统

主要指员工的言行礼仪，具体可体现到：接电话的称谓、给客人倒茶的姿势以及在公共场合的言谈举止等细节方面规范行为的准则。

3. 理念系统

包括企业宗旨、目标、方针、口号、团队精神等。

4. 管理系统

即企业管理体系、制度等。

5. 由“发散式传播”转变为“聚核式传播”，提升品牌领导力

品牌核心价值是品牌的灵魂。无论是广告还是公关，只有围绕核心价值不断进行传播，才能在消费者心目中形成一致的、稳定的、富有个性的品牌形象。激烈的竞争和产品同质化使得消费者在面临选择时，会更加偏爱有个性、有特色的品牌。而事实上，不少企业在品牌宣传与推广中，宣传重点往往随着广告创意的变化而变化，未能保持品牌核心价值的一致性与稳定性。把握对市场发展趋势的敏锐判断，坚持不断创新并采取有效措施积极防御竞争对手，是增强品牌领导力的成功要素。

6. 强化品牌经营管理的执行

品牌管理的关键在于管理的执行力：

(1) 在品牌经营方面，在广告创意、媒介组合、公关行销等方面也要加大力度。另外要加强品牌维护，在营销方式上进行创新。

(2) 加强品牌管理的业务团队建设。高层管理者如果是技术人员出身，可采取聘请有营销经验的专家作为品牌管理经理，如果品牌经理无法对有很大经营自主权的分公司经理行使职权，可由不同的利益相关群体派出代表成立一个品牌管理小组，以免品牌管理的行为受到阻挠。同时有益于妥善处理突发事件对品牌的伤害。

(3) 加强企业内部管理和合理配置资源。只有强化高效管理和合理配置资

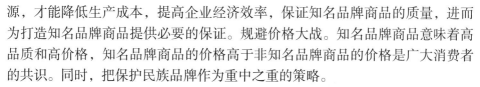

源，才能降低生产成本，提高企业经济效率，保证知名品牌商品的质量，进而为打造知名品牌商品提供必要的保证。规避价格大战。知名品牌商品意味着高品质和高价格，知名品牌商品的价格高于非知名品牌商品的价格是广大消费者的共识。同时，把保护民族品牌作为重中之重的策略。

7. 用内部品牌开发为品牌注入持久动力

不少企业在广告、公关等对外传播活动中花费了高额的投资，却因为员工没有为顾客带来满意的体验而造成客户流失。作为企业行为的执行者，员工在工作中的态度和形象直接影响着品牌形象。员工对品牌内涵的理解和认同，决定了其工作态度和工作效果，并进而影响着外部市场对品牌的理解和认同。一些企业由于忽略了员工的品牌感受，在对外推广时没有同步进行内部品牌开发，而使企业对外推广的效果大打折扣。员工的积极参与是打造品牌的强劲动力。

关键术语

品牌竞争力

品牌竞争力是企业核心竞争力的外在表现，有不可替代的差异化能力，是企业所独具的能力，是竞争对手不易甚至是无法模仿的；具有使企业能够持续赢利的能力，更具有获取超额利润的品牌溢价能力；强势品牌竞争力强，有更高的认知品质，企业的品牌产品可比竞争者卖更高的价格，攫取超额利润，这就是品牌的溢价功能。强势品牌具有高知晓和忠诚度，统领企业其他所有竞争能力，是处在核心地位上的能力；是企业长期积淀下来的能力，深深地扎根于企业之中。有持续性和非偶然性的特点；具有延展力，使企业得以扩展。有构建竞争壁垒的能力。

五、提高服务质量

问题 5：如何提高服务质量？

服务质量是指服务能够满足规定和潜在需求的特征的综合，是指服务工作能够满足被服务者需求的程度。消费者对服务质量的评价不仅会考虑服务的结果，还会考虑服务的过程。服务质量应被消费者所识别，消费者认可了才是质量。那么，如何才能提高服务质量呢？

（一）加强全体员工服务观念

一个企业最可贵之处就是出现问题时不是想着去追究公司内部谁的责任，更不是在客户面前推脱责任，或找到充足理由证明客户是错的，而是站在客户的立场去想如何帮助他们尽快解决问题。对企业来讲可能是百分之一或万分之一的怠慢或失误，但是对客户来说就是百分之百的问题。对于有长远眼光的企业来说，为了信誉，不惜代价。

（二）提高员工素质

（1）对业务人员定期进行培训。如销售的沟通技巧、倾听的艺术、营销口才、大客户营销战略、企业信誉度分析等，加强管理各岗位员工的思想素质、服务意识，要求每位员工能尽职尽责地完成本职工作。

（2）组织员工学习各项专业知识，提高服务水平。加强监督，检查员工考勤、仪容、仪表及胸卡佩戴。对每一位顾客要做到微笑服务，着装整洁，遵守公司的规章制度，按工作流程进行计划。要以“超越您的期望”的服务宗旨，充分调动各岗人员热忱服务的积极性，为客户提供满意的服务。将出现的问题以最快、最好的方式解决，解决不了的及时向领导汇报。做到让顾客“乘兴而来，满意而归”。

（三）建立标准化的服务流程

企业提供的每一项服务不应是孤立的和随机的行为，它应是一个系统的、标准化的服务过程。服务系统一方面要有合理的工作流程；另一方面要用现代的技术来保障工作流程的实现。

（四）简化顾客申诉的程序

提供服务要多花一些心思与代价，尽量减少申诉过程的不便，才不致“既流失顾客，又失去从申诉中学习改善的机会”。

（五）做好客户投诉服务

1. 对顾客投诉原因进行分析

（1）对商品的抱怨，包括价格、品质、残缺度、过期、标志不清、缺货等。

（2）对服务的抱怨，包括工作人员态度不佳、收银作业不当、服务项目不足、现有服务作业不当、取消原来提供的各项服务等。

（3）安全上的抱怨，包括意外事件的发生、环境的影响。

2. 按公司原则进行处理

客户投诉是客人对本公司提供的各项商品服务提出的建议或意见。作为一名客诉处理人员，处理的主要目的：使顾客的不满与抱怨能够得到妥善的处理，在情绪上觉得受到尊重，将客诉的影响降到最低限度。

（1）保持心情平静。

（2）认真听取顾客的投诉：让顾客先发泄情绪；善用自己的举止语气去劝慰对方，并了解顾客目前的情绪；倾听事情发生的细节，明确问题所在。

（3）站在顾客的立场为对方设想：做好细节记录，感谢顾客所反映的问题；提出解决方案；执行解决方案。

（六）将服务满意度列入企业发展的经济指标

在现代服务营销活动中，由于人们的价值观、时间观念的进步，企业推行服务承诺的必要性更强烈，顾客对企业推行服务承诺的期待也更强烈，服务承诺成为企业提高服务质量不可分割的组成部分。

（七）提供个性化的服务

在市场消费需求越来越个性化的今天，服务也要随之个性化，否则企业就会处于被动的境地。企业不仅要进行产品市场细分，还应进行服务市场细分；不仅要"一对一"销售，还要"一对一"服务，向客户提供个性化的服务。因此，对客户进行细分，从而做到"量身"提供差异化的服务。

（八）让客户感觉到你有强大的技术后盾作支撑

做技术的人容易犯的错误就是总认为自己的技术是最好的，甚至有人会在客户那里贬低同事，这是大忌。一个人的技术水平无论多高都是有限的，一旦在服务的过程中出现难题，解决不了，应打电话向公司其他人求救，尽管你明知道其他人也解决不了问题，但你要让客户感觉到公司还有人支持你。如果客户对你不认可，也不会对公司的信誉造成太大的影响。

六、保证质量问题投诉率为零

问题 6： 如何保证质量问题投诉率为零？

被誉为"全球质量管理大师"、"零缺陷之父"和"伟大的管理思想家"的菲利浦·克劳士比（Philip B.Crosby）在 20 世纪 60 年代初提出"零缺陷"思想，并在美国推行零缺陷运动。后来，零缺陷的思想传至日本，在日本制造业中得到了全面推广，使日本制造业的产品质量得到迅速提高，并且领先于世界水平，继而进一步扩大到工商业及所有领域。

零缺陷质量管理的背后透露的是企业管理者对顾客的承诺：不要让顾客对企业或产品有任何一丝一毫的怨言。企业要想兑现承诺，唯一的选择就是要保证产品零缺陷。

零缺陷管理能够确保企业产品质量的稳定性。把零缺陷管理的哲学观念贯彻到企业中，使每一个员工都能掌握它的实质，树立"不犯错误"的决心，并积极地向上级提出建议，同时必须有准备、有计划地付诸实施。实施零缺陷管理可采用以下步骤进行：

（一）建立推行零缺陷管理的组织

事情的推行都需要组织的保证。通过建立组织，可以动员和组织全体职工积极地投入零缺陷管理，提高他们参与管理的自觉性；也可以对每一个人的合理化建议进行统计分析，不断进行经验的交流等。公司的最高管理者要亲自参加，表明决心，做出表率；要任命相应的领导人；建立相应的制度；要教育和训练员工。

（二）确定零缺陷管理的目标

确定零缺陷小组（或个人）在一定时期内所要达到的具体要求，包括确定目标项目、评价标准和目标值。在实施过程中，采用各种形式，将小组完成任务的进展情况及时公布，注意心理影响。

（三）进行绩效评价

小组确定的目标是否达到，要由小组自己评议，为此应明确小组的职责与权限。

（四）建立相应的提案制度

直接工作人员对于不属于自己主观因素造成的错误原因，如设备、工具、图纸等问题可向组长指出错误的原因，提出建议，也可附上与此有关的改进方案。组长要同提案人一起进行研究和处理。

（五）建立表彰制度

无缺点管理不是斥责错误者，而是表彰无缺点者；不是指出人们有多少缺点，而是告诉人们向无缺点的目标奋进。这增强了职工消除缺点的信心和责任感。

活动 1：采访本地企业家，和他们一起探讨如何提高产品质量。

阅读材料

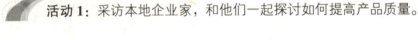

品牌差异定位，麦当劳和肯德基"各显神威"

肯德基和麦当劳，虽然自一开始就进行着无休无止的大战，竞争的激烈程度自然不必多说，但是由于两者营销、定位各有特点，故而都吸引了一大批忠实的消费者。

（1）店址选择不同。麦当劳一般选址在繁华的商业中心，如北京的王府井大街；肯德基则似乎更加灵活多样，商业区和非商业区、旅游区结合。

（2）店内环境不同。去过肯德基的人都能感受到那种优雅、温馨的气氛，灯光明亮而不耀眼，墙上悬挂着一幅清新宜人的风景画，坐在餐桌前，一边听着悠扬的轻音乐，一边品尝可口的鸡腿，怡然自得，就好像待在家里一样的轻松。麦当劳店内的环境则展示了山姆大叔豪放、热烈的性格，音乐节奏欢快、奔放流畅，鲜明夺目的天花板一下子就可以抢去人们的视线；为营造更热闹的氛围，服务生常常扮演幼儿园阿姨的角色，与小朋友们载歌载舞。

（3）目标市场定位不同。麦当劳的目标市场非常明确，知道小孩的钱最好赚，所以一进中国便瞄准了儿童；而肯德基除了小孩外，似乎更倾向于成人。

（4）经营品种不尽相同。肯德基家乡—全球品牌网—鸡的神秘配方一直是它的一把锐利武器，制作工艺极为讲究。肯德基餐厅选用美国标准的A级鸡肉，均匀分割成9块，同含有11种香草和调料配制的秘方加工，再用特制的气压炸锅烹制，佐以鸡汁土豆糊、沙拉、面包等精美小吃及各种饮料。相比之下，麦当劳的品种就更为丰富，巨无霸、麦香鸡、麦香鱼、苹果派、菠萝派等，再配上传统的炸薯条和新式的奶品等，构成了麦当劳独特而又丰富多彩的风味结构。

（5）形象与标志不同。众所周知，“麦当劳叔叔”亲切滑稽的形象很招孩子们喜爱，而肯德基的“山德士上校”更受到大人们的认同。此外，麦当劳金黄色的“M”拱门标志比肯德基的“KFC”更加夺人眼球，给人印象更为深刻。

因为品牌定位的种种差异，麦当劳和肯德基的周围会聚了两个相差较大的消费群：成年人比较偏爱肯德基，认为那里环境安静、格调优雅；麦当劳热闹的气氛、丰富的品种则更容易受到孩子们的欢迎。

资料来源：乔春洋. 品牌差异定位，麦当劳和肯德基“各显神威”. 品牌中国网，2011-05-17.

考试链接

1. 质量是品牌的第一要素。
2. 产品的质量标准。
3. 提高产品质量。
4. 提高品牌竞争力。
5. 提高服务质量。
6. 保证质量问题投诉率为零。

第二节 品牌形象识别管理

引导案例

黑莓手机最为独特的传播信号

黑莓手机在世界范围内，已经成为商务精英们使用的通讯工具。更加令人惊讶的是，黑莓没有借助任何媒体宣传，仅凭借口碑的力量，便受到了广大商务精英这一顾客群体的青睐。成为商务精英们首选的通讯工具，达到了令人崇拜的地步。

黑莓在早期花了很长的时间在华尔街推销自己的品牌，并把黑莓送给投资银行家和同类其他人士。这是最基本的抽样策略。当这些人开始使用此设备时，他们就成了这项产品的标志性群体。“我在用它，你也在用。我们肯定是志同道合的。”或者，“你没有在用，或者你根本就不了解这些事情，你肯定不是我们圈子里的人。”这也促使那些拥有同样感受的人使用黑莓，因此黑莓的品牌形象逐渐在人们心目中树立起来，并且赢得很多人的青睐。

黑莓的管理层曾经有人这样说过：黑莓有能力创建一个永久的品牌，并且在此基础上，通过采纳主要用户的建议以及黑莓对他们的意义来继续促进黑莓的发展。在过去的几年里，黑莓已经扩大了它在市场上的影响力，但是在运用大众传媒为品牌做宣传的方面，它一直是非常谨慎的。因为不想冲淡品牌的功能定位，所以公司时常考虑如何扩大最初的专门使用群体。它继续依靠自己最初的品牌传播信号，领先的技术，精美的设计以及优异的功能取得发展，因为以上这些对该品牌的主要使用者来说是最重要的，也是最有意义的品牌传播信号。

资料来源：谭慧，黄克琼. 商用心理学大全集［M］. 北京：中国华侨出版社，2011.

思考题：

为什么黑莓能够取得如此的成就？

一、建立品牌传播信号

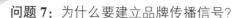

问题7：为什么要建立品牌传播信号？

总是被人唠叨，"买个烧水壶还是几百块钱的博朗，什么壶不能烧水呀，败家。"每次去超市，随手从货架上取下一堆东西塞进购物车里，结账时发现，从日用品到食品，没有叫不出名字的，维达的纸、威露士的洗手液、沙宣的洗发水、伊利的酸奶、和路雪的冰激凌，就连鸡蛋也是德清源的。这就是现代很多人的消费习惯，在不知不觉中被各种品牌影响着。

从前，品牌建设并不复杂，像永久自行车、熊猫电视机、郁美净擦脸油等，这些品牌在其品类中占据优势地位并不困难，它们通过创建一个识别体系就能抓住消费者的眼球，从而产生共鸣。而在市场竞争日益激烈的今天，要想吸引消费者的注意力，品牌竞争必须突破常规和复杂的营销理论，建立简单的品牌建设之道。

品牌专家艾伦·亚当森将品牌的建立过程分为了五个阶段，而最重要的阶段便是在传播品牌的过程中，找到最适合企业的强健的品牌传播信号。

可以毫不夸张地说，一个品牌能够改变人们对世界的看法，能够改变消费者对产品的感知、选择以及优先程度。一个强健的信号可以有效地传达出品牌形象，是人们看待及体验品牌的决定因素。

作为企业管理者，要创建一个真正成功的品牌传播信号，就必须完全清楚你的商业战略，并清晰地了解利用顾客体验的哪些方面才可有力地影响消费者对品牌的感知。通过这些方面，可以创建有效的品牌传播信号，让品牌深深地印在消费者的脑海中。

关键术语

品牌传播信号

品牌传播信号就是品牌传播的载体，可以是包装、广告、网页、产品设计或功能性介绍、交通工具、零售环境，甚至冰箱贴等。

二、建立品牌的正面联想

问题8：怎样建立品牌的正面联想？

品牌由于依附于某种特定的产品和企业而存在，所以其也就成为这种产品和企业的象征。当人们看到某一品牌时，就会联想到其所代表的产品或企业的特有品质，就会联想到在接受这一品牌的产品或企业时所能获得的利益和服务。因此，每一个企业打造自身品牌的时候，首要任务就是建立品牌在消费者心目中的正面联想。

比如提到麦当劳，人们马上会想到金黄色的 M 形标志及红白相间组成的坐在麦当劳门口椅子上的麦当劳叔叔，甚至它在世界各地的许多城市中，已经成为最醒目的路标。麦当劳调查发现，10 个人中有 25%是习惯来麦当劳消费的，那么另外的 75%如何争取呢？麦当劳对此采取的策略是把招牌的底色做成红色，上面代表麦当劳的商标 M 则是黄色。看到红色，消费者自然会驻足，而看到黄色则会产生食欲，麦当劳利用了这一点。

麦当劳以其高辨识度的品牌形象吸引了世界的强烈关注，成为人们津津乐道的话题，使得品牌得以快速传播。很多人没有见到麦当劳之前就在书本上、电影里熟悉麦当劳了，所以麦当劳进入新市场时不需要做广告，往往就会顾客盈门。比如在中国，麦当劳登陆北京和上海时当日单店的造访顾客都超过了万人。

成就麦当劳的因素有很多，强有力的品牌形象无疑是其中重要的一项。强有力且一致化的符号定位支持了麦当劳的销售：食品、欢乐、朋友。让每一个想到麦当劳的人，首先会把麦当劳与其创始人 Ronald Mc Donald 联系起来，与它的象征金字牌楼的门面联系起来，与其服务的消费对象孩子们联系起来，与其整洁有效的工作联系起来，甚至可以同汽车、食品和电影院联系起来。

品牌联想不仅存在，而且具有一定的力量。消费者积累了许多次视听感觉和使用经验后，会加强与商标的联系。在建立品牌联想时，企业应该注意把品牌的负面联想降到最低。同时，营销学者还提醒到，建立正面的品牌联想要注意差异化，才能从中获利。

那么，作为营销者来说，我们应当如何为品牌建立起多元的正面联想性呢？营销学者建议，企业应考虑从五个方面开展：产品的特质、利益、公司价值、个性和使用者。

（一）产品特质

品牌首先使人联想到产品的某种属性。如一提茅台酒就使人想到工艺完备、昂贵、酒香浓郁、口感醇厚、尊贵等。企业可以采用一种或几种属性为产品做广告，如茅台酒一直作为“中国酒中极品”的形象出现在市场上。

（二）产品利益

顾客买产品，最终目的是将产品的属性需要转化为功能性或情感性的利益。如茅台酒的“昂贵”属性转化成情感性利益，让人觉得“这种酒使我感觉地位高并受人尊重”；“工艺完备”的属性可以转化为功能性利益，如“这种酒饮用起来会很安全”。

（三）公司价值

品牌也能够体现一部分生产者的价值。例如茅台酒代表着高技艺、声望、自信及其他东西。品牌营销人员必须对此加以分辨，确定对此感兴趣的用户群体。

（四）产品个性

品牌也能反映一定个性。品牌的联想可以是一个人、动物或物品，而这种联想的衍生物是否符合用户的审美观，也会影响到顾客购买行为。

（五）产品使用者

品牌还暗示了购买或使用产品的消费用户特征，即使用某品牌的用户是什么类型的人。当这种暗示在社会上形成风气与公论，则会吸引更多具有或希望具有此种特征的用户来购买。

品牌是一个复杂的概念，因此，营销人员在设计品牌时不能只是仅仅设计一个名字，而是要制定一整套的品牌含义。当人们可以从五个方面识别品牌时，这个品牌就是一个深度品牌。

三、让品牌名畅销起来

问题 9： 如何让品牌名畅销起来？

品牌的名字就好像人的名字，是品牌最直接、最原始的符号，对品牌的影响终其始终。产品一诞生，甚至还没有诞生，首要的事情就要考虑取什么名字。好的品牌名字对品牌一生相助，坏的品牌名字会对品牌一生拖累。一个品牌要在消费者头脑里留下印象档案，也得先填一张“个人”表格。如果顾客无法记住你的品牌名字，那么你的一切努力都是白费。很多时候，在普通消费者脑海里名字就等于品牌。

好的品牌名字具有直接的传播力、可以大大节省传播费用与传播时间，起到事半功倍的效果。一个好的品牌名字，便于传播，易于传播，便于记忆，易于记忆，消费者在接触的第一时间就能记住；一个坏的品牌名字，难以传播、难以记忆，反复传播也难以形成印象、产生记忆。

特别是现在，随着消费者的消费心理日趋成熟，购买和消费的不仅仅是产品，更是文化和品位。一个好的名字不仅能给消费者以美的享受，更能增加产品的文化附加值。产品名字不仅有助于塑造品牌形象，而且对产品销售也有着很重要的拉动作用，好名字也能带来好效益。

比如可口可乐的饮料产品“spirit”，英文原意是幽灵、鬼怪的意思，而可口可乐公司考虑到“幽灵鬼怪”在中国有很大的争议，很多中国人反感这个名字，所以就把它译成“雪碧”。这个名字给人以清凉、纯净、透明的感受，广受国人欢迎。

又如大兴安岭生产的一种叫“万山利口”的野果酒销售得很不错。这除了得益于产品的质量、质感、口味、包装之外，也因为“万山利口”这个名字取得好。

再如有一个针对更年期女性的美容保健酒，它有一个非常动听并且让女性消费者心向往之的好名字——“桃花依酒”。“桃花依酒”和“桃花依旧”谐音，一语双关，意喻女人到了四十岁也能面如桃花，品牌的核心诉求寓于其中一目了然。更有意思的是，这个名字给人以非常贴切的品牌联想。品牌名、产品特点、品牌核心诉求、目标人群等关键要素在寥寥几个字里高度组合在了一起。

好的品牌名字可以大大提高品牌的专注度，使消费者产生兴趣，产生注意，这就提高了品牌的实际到达率、收视率、收听率，同样的曝光机会，推广机会，收效就会好得多。有注意才有可能有记忆，当时都没有注意，事后就更不可能有记忆了。一见到阿里巴巴这个电子商务网站的品牌名称，你就会联想到里面可能有宝藏，商务人士自然就会关注。“百度”也是一个好名字，特别是针对搜索功能的网站，你有可能一下子就联想到辛弃疾的“众里寻他千百度，蓦然回首，那人却在灯火阑珊处”。这种名字就具有很好的传播效率。

品牌名字是品牌显著特征的浓缩。现代商品经济社会中，人们把品牌显著特征提炼为一个名字，这就是品牌名称。看一看市场现实就会明白，一个成功品牌的第一步，就是要给品牌起个好名字。不过，为产品和品牌取一个好名字，可并不是那么容易。

一个好的名字，是一个企业、一种产品拥有的一笔永久性的精神财富。一个企业，只要其名称、商标一经登记注册，就拥有了对该名称的独家使用权。一个好名字能时时唤起人们美好的联想，使其拥有者得到鞭策和鼓励。因而，品牌的命名是很多公司相当重视的决策。对品牌名称的决策可从三个方面进行考虑：

（一）个别品牌名称

企业在不同的产品上使用不同的品牌名称，如五粮液酒厂就是采用这一策略。这一策略将单个产品的成败与企业的声誉分开，不至于因某个产品的失败而影响企业形象。但缺点是企业要为各个产品分别进行品牌名称的设计、宣传工作，费用支出较大。企业产品数量较多时，这一策略也不便于加强品牌管理。

（二）统一品牌名称

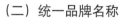

即企业所有产品都使用同一个品牌名称。这能节省将新产品推入市场的费用，当企业是知名品牌时，新产品能顺利地为顾客所接受。但在企业的产品存在明显差异如质量差异时，不宜采用这种策略。

（三）分类品牌名称

企业采用这一策略是因为：

（1）企业生产经营许多不同类别的甚至截然不同的产品，必须使用不同的品牌名称以免相互混淆。如美国史威夫特公司生产火腿和肥料这两大类产品，就分别使用“普利姆”和“肥高洛”这两个不同的品牌名称。

（2）企业生产经营的虽是同一类产品，但存在着明显的差异如质量差异，对不同质量水平的产品也要使用不同的品牌名称。如美国大西洋和太平洋茶叶公司经营的一级品、二级品和三级品的品牌名称分别为 Ann Page、Sultana 和 Iona。

（3）企业名称和单个产品名称结合。在新产品品牌名称前加上企业名称，可使新产品利用企业的声誉，而单个的品牌名称又体现出企业不同产品各自的特色。如春兰集团生产的摩托车使用的品牌名称为“春兰虎”、“春兰豹”。

四、用标签秒杀消费者

问题 10：如何用标签秒杀消费者？

“标签”一词原本指系在基督教主主教帽上的一根布带或条带，是权力和标识的象征。早在 1700 年，欧洲印制出了用在药品和布匹上作为商品识别的第一批标签。所以，严格地说，标签是用来标志商品的分类或内容，像是我们给产品定义的关键字词，便于您自己和他人查找和定位自己目标的工具。

当然，标签发展至今，所包含的内容已远不止这些。除了发挥识别作用以外，标签还能够起到描述产品、防止假冒伪劣、树立品牌形象等作用。因此，越来越多的公司开始注重自己的产品标签。

美国西屋电器公司是一个老公司，距今已有逾百年的历史。该公司自 1900 年第一个商标问世以来，先后已经更新了 6 次品牌标识。

美国西屋电器公司的品牌标识是杰出的设计家 P.兰得设计的，他的设计标准是要使这个品牌标识既要体现西屋电器公司的企业形象，又要体现公司的经营事业的范围与性质。

在设计家精心的设计下，西屋独行的标识现身了。这个目前世界上著名的品牌标识，其中心是一个“W”，“W”下方是一个长方形的盒子，内有“西屋电器”字样，显然是怕别人把“W”看成是倒过来的“M”。这是西屋最原始的标识。

到1940年品牌标识的周围又写出了“西屋电器”字样，“W”下方的长方形变成了一条横线，1953年“西屋”字样又被除去，到了1960年才采用目前的这个品牌标识样子，它是用白色印在该公司所谓“西屋蓝”的浅蓝色的底面上。今天凡是西屋电器产品都使用这一品牌标识，最小的一种标识刻在该公司所制的微小电子零件上，需用20倍的显微镜才能看清楚这直径为6‰英寸的小玩意儿上的品牌标识，这可能是世界上最小的品牌标识；而最大的一个品牌标识是竖立在印第安纳州该公司变压器厂前面的圆环中，有三层楼房那么高，是其最小品牌标识的7万倍。

西屋公司品牌标识的变化，由繁到简，始终是围绕其公司首写字母“W”使图形逐渐改变的，而在更换时间上，或是当推出新产品，或老产品更新改造，或包装、信封、信纸等有标记的用品用完，或招牌、交通工具需重新上漆等情况下进行的，因为此时是换用新品牌标识的合理或最佳时期。这样既可以节省开支，又容易保持原来的商誉。

品牌是数字、图形及其组合而构成的商品或服务的标本。一个成功的品牌图形设计，能够体现鲜明的时代特征和生命力。美国西屋图形设计的演变印证了这一说法。

现代企业和产品在市场上的竞争，表现为除了要在商品质量和销售上拉开距离，还要在品牌和其他知名度上拉开距离。这就意味着：哪个企业具有好的品牌设计并通过广告宣传，能够先在消费者心理上占有一个位置并树立良好的形象，哪个企业就能在市场竞争中取得主动。“西屋”品牌正是这样做的，因而在同行业和同类产品中，成为佼佼者，进而逐渐成为品牌。

产品品牌标签的内容包括：制造者或销售者名称和地址；产品名称；商标；成分；品质特点；包装内数量；使用方法及用处、编号；储藏应注意事项等。科特勒提醒企业，制作标签时要注意它能发挥哪些作用，最低限度也要方便消费者识别产品或品牌。另外，企业必须保证它们的标签已包含了所有必要的信息。

不过，品牌标识并非是长期绝对不变的。随着社会的发展、经济的繁荣、竞争的加剧、生活方式及时尚流行的变化，品牌标识的内容、图形也会受到挑战。企业要使品牌标识及产品体现时代感和适应消费心理的变化，也需要把品牌标识改变得更加完美。

五、让包装更有视觉冲击力

问题11：如何让包装更有视觉冲击力?

我们已经知道，产品绝不仅仅是指产品本身。消费者更倾向于把它看做是满足他们需要的复杂利益的结合，所以我们要把这种利益传递给消费者。而在产品充斥的零售商货架上，若要吸引消费者购买产品，包装则是第一要素。

美国啤酒市场因为竞争加剧的消费下降，啤酒企业生存变得越来越艰难。加上安豪斯·布希公司和米勒公司等巨头占据的市场份额越来越大，很多规模较小的啤酒企业纷纷出局。但在这个时候，出产于宾夕法尼亚州的罗林洛克啤酒却取得了成功。开始，由于资金有限，广告预算不足，该公司只得在包装上下工夫，决心把包装变成广告牌。

不久，在美国啤酒市场，一种绿色长颈瓶的啤酒用它独特的外包装吸引了众多的啤酒爱好者。消费者认为它看起来很上档次，有些人以为瓶子上的图案是手绘的，它独特而有趣，跟别的牌子不一样。人们愿意将它摆在桌子的显眼处。啤酒的包装箱上印有放在山泉里的绿瓶子，十分诱人。

这就是罗林洛克啤酒，它的外包装留给人们美好的印象。

虽然，罗林洛克啤酒在生产工艺流程和质量上根本就没有能力同米勒等大的啤酒厂家较劲儿，但它那好看的绿瓶子却让它的一切劣势都被掩盖了。

正是这令人过目不忘的外在形象帮助罗林洛克啤酒在竞争激烈的美国啤酒市场中，从摆脱困境，到站稳了脚跟，最后走上了飞速发展之路。营销专家约翰·夏佩尔是这样评价的："在罗林洛克啤酒的营销策略中，包装策略发挥了关键性的作用。"

新颖独特的包装可以传达产品的属性和定位，可以引起消费购买和试用的欲望，可以通过视觉刺激提升产品知名度。罗林洛克正是看到了这一点，才使得它以其外在的形象在美国市场上站稳了脚跟。当然，仅仅有包装是不够的，但如果没有吸引人的包装，即便罗林洛克啤酒的质量再好，也很快会被米勒等大的啤酒厂商挤到一个无人注意的角落，根本谈不上发展。因此，经营者千万不能忽视包装。

有调查显示，随着市场上产品种类的日益增多，一位顾客在超级市场中每分钟可以见到300种商品，并且他的购买行为有3%是出于一时冲动，包装在此时几乎相当于一个"五秒钟商业广告"。包装被誉为"不说话的推销员"。科特勒认为，包装已经成为一项非常重要的产品营销工具，是产品的一部分。

那么，好的包装应该是从何做起的呢？营销专家建议，我们可以从四方面改善我们的包装：

（一）便于携带，方便使用

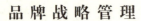

为了商品的使用方便，包装要大小适宜。对旅游食品、饮料，应一人一次能用完为宜，对开包后易挥发、易变质且用量又不大的商品，包装不宜太大。为便于携带，有的商品包装应设计成带提手的，比较坚硬结实的包装或盒装。

（二）具有审美价值

包装设计要外形新颖，色彩明快，具有装饰性和观赏性，使顾客看后有美的感受。特别是礼品包装，要美观大方，具有较强的艺术性，以增加商品的名贵感，从而达到宣传商品、扩大销售的目的。

（三）重复使用包装

重复使用包装是将原包装里的商品用完后，其容器再做别的用途。这种包装策略，一方面可以增加消费品的使用价值；另一方面因包装上有商标，可起到商品营销的作用，引起消费者重复购买。

（四）附赠品包装

这种包装方式由于赠品的附加而引起消费者的购买欲望。在以儿童消费为主的市场中，这一策略效果尤为显著，如在包装盒内附有连环画、人物彩色照片、集字图、小动物模型、小玩具以及赠品券等，极易引起儿童的兴趣，从而形成忠诚的儿童消费群。

活动 2： 和同学们一起探讨：如果你是一家公司的品牌经理，你会如何建立新品牌的形象识别体系？

考试链接

1. 建立品牌传播信号。
2. 建立品牌的正面联想。
3. 让品牌名畅销起来。
4. 用标签秒杀消费者。
5. 让包装更有视觉冲击力。

第三节 品牌与企业信誉

引导案例

质量“暴君”的故事

卡维尔是美国的冰淇淋大王，经过 50 多年的发展，他属下的卡维尔冰淇淋店已经拓展到了 1000 多家，年销售额超过了 10 亿美元。

然而有一天，卡维尔却站到了被告席上，因为他的一家分店指控他为“暴君”，状告他对所有连锁分店严格规定烦琐的质量标准，一旦有人违反就毫不含糊地给予处罚。

但是，站在被告席上的卡维尔依然坚持自己的立场，他不认为自己有什么错，他说：“我必须得严格管理他们，否则要是一个孩子吃了我们的冰淇淋中毒，我们用了 50 多年时间发展起来的买卖就会毁于一旦。我们的一个蛋卷应放上 3.5 盎司的冰淇淋，可是如果有分店主为了多赚钱只放 3 盎司的话，一旦买冰淇淋的孩子知道你给得不够分量，你就会失去一个顾客。孩子们吃惯了我们的冰淇淋后，他们只要吃了一口就能辨出核桃冰淇淋所含的核桃分量是足还是不足。”

最后，卡维尔斩钉截铁地说：“我要是这样欺骗顾客，在这一行就维持不了 50 年！”这场官司打了足足 9 年，最后法院判卡维尔无罪。

虽然被严厉指控为“暴君”，还足足打了 9 年的官司，但是卡维尔始终坚持自己对顾客的诚信原则，可见他的良苦用心。视信誉为命根子，对产品时时不忘把牢质量关，虽为被告，也令人肃然起敬。

资料来源：邢群麟. 财富就是一本故事书 [M]. 北京：中国国际广播出版社，2011.

思考题：

1. 为什么卡维尔宁愿打官司也要坚持对顾客诚信的原则？
2. 建立起品牌的诚信要把握好哪几个步骤？

一、信用是企业品牌的生命线

问题12：为什么说信用是企业品牌的生命线？

品牌信用是指企业产品的赊销行为，也就是企业以信用作为保证的形式，在不用立即支付资金的情况下，获得企业所需要的资金、产品等。企业信用包括企业信用能力、企业家信用、公众信用、媒体信用、银行信用、资本信用、政府信用等。

品牌信用是企业执行市场运作规则的一种自我约束行为。企业的这种自我约束行为对于品牌塑造、形象提升和产品销售都有着重要的作用。

信用现如今已经成了企业至关重要的一种无形资产，这种无形资产会伴随企业信用的提高而扩大和增值。企业信用的提高大大节约了营销成本，更重要的是提高了企业的可信度，在资本市场、社会公众中树立了可信的形象，扩大了企业的市场价值。

信用与其他营销手段一样，都是塑造品牌的重要武器，都能提高企业的知名度、美誉度和忠诚度。而且品牌的建立和塑造必须以信用为基础，失去了信用这个基础，企业的一切有关服务、网络和创新等方面努力都是徒劳的。因为没有信用，企业就失去了可信度，无法让消费者、公众对企业产生信任。世界上知名品牌的一个共同特点就是：都拥有一个良好的信用。可见，信用是企业品牌的生命线。

二、诚信是品牌信誉的基础

问题13：为什么说诚信是品牌信誉的基础？

所谓诚信，就是诚实与守信，它是一个社会人与人之间互相信任的前提。孔子有一句话说得好：人而无信，不知其可也。试想一下，如果一个企业失去了诚信，消费者与企业之间产生了严重的信任危机而变得不再信任对方，企业的品牌建设又从何谈起？即便已经树立了品牌，则其未来的发展又将走向何方？

一个企业如果不能做到诚信为先，它的行为就会因受利益诱惑而扭曲，为了尽可能地谋取利润，它肯定会在产品等诸多方面进行“欺诈”，最终伤害到顾客。这种目光短浅的牟利行为可能会在短期内为企业带来丰厚的利润，但这是以自己的信誉为代价的，最终受伤害的还是自己。

企业的诚信反映的是一个团队的综合素质。从一定意义上来讲，诚信可以说是企业的“本质”。诚信是检验企业外部形象、市场认知度、社会公信力等的一杆重要标尺，直接关系到企业的品牌形象，在品牌的建设中担负着重要的角色。对品牌而言，诚信主要是指商业信誉，包括对业务伙伴的约定、对客户的承诺等。日趋完善的社会机制和日益规范的经济运作“游戏规则”，使“诚信”成为企业的立身之本。而产品的说明，则在一定程度上体现了对客户的承诺。产品说明有水分，对客户的承诺有偏差，企业的立身之本则岌岌可危。

诚信虽然并不是看得见的实物，但它永远如同传感器一样被员工、客户及合作伙伴敏锐地感知。当诚信成为一个企业的标志时，这个企业不仅具有高度的凝聚力，还会赢得客户及合作伙伴的高度信赖，从而在市场竞争中占据主动地位。如果一个企业缺失诚信，即使叫卖黄金，别人依然会当做是砖头。

市场经济越发达，就越要求诚实守信。北京大学厉以宁教授认为，在经济生活中，诚信是对交易合法权利的尊重和维护。经济生活中的每个交易，不管是自己的交易还是未来的交易都需要诚信。信用，是对对方合法权利的维护和尊重，也是对自身合法权利的维护和尊重。西方有一句谚语：他骗了所有的人，最后他发现他被所有的人骗了。所以对诚信的破坏最终也会使自己的利益遭到损失。

诚信是进入市场的通行证。诚实守信，日积月累就能够形成良好的信誉，就会在社会交往和商品交换中处于有利地位。信誉不仅是一个人的无形财富，也是一个企业的无形财富。这种无形财富作为一种特殊的资源，甚至比有形资产更为珍贵。没有钱，可以融资，而诚信是无法借到的。在激烈的市场竞争中，诚信是品牌信誉的基础。

三、企业的社会责任塑造企业形象

问题 14：为什么说企业的社会责任塑造企业形象?

越来越多的实例向我们表明，企业，特别是像沃尔玛、星巴克、耐克、麦当劳等知名度较高的跨国企业，它们在品牌建设方面的路径依赖，正在由传统的广告方式转型为履行社会责任的方式，也就是在通过积极主动地履行社会责任来再造企业文化，重塑企业形象，并由此打造企业品牌影响力。所以说，对于企业而言，承担社会责任，才能增强企业的影响力。

以沃尔玛为例。沃尔玛曾经主动采取两项举措：一是为了减少企业二氧化碳排放量，将其庞大的物流车队的效率提高 100%；二是为达成节约利用资源的目标，将其各卖场的能源耗费量减少 30%。沃尔玛这样做的动机很简单，因为有民意调查表明，由于公司在资源、环境等社会问题上的以往立场及做法，已经有8%的买主表示不再光顾沃尔玛。所以沃尔玛的举措是为了使自身的品牌力量不致因对资源与环境责任的缺失而受到削弱。

马云在谈到企业、企业家与社会责任三者之间的关系时这样说道："社会责任不该是一个空的概念，也不单纯局限于慈善、捐款，而是与企业的价值观、用人机制、商业模式等息息相关。做企业赚钱，能赚很多的钱，许多人都这么想，但这不是阿里巴巴的目的。让员工快乐地工作和成长，让用户得到满意的服务，让社会感觉到企业存在的价值，这才是阿里巴巴的责任所在。"

"在当前的国内形势下，企业要做到三件事情：第一，对自己提供的产品和服务要承担起社会责任。如果产品与服务是对社会有害，这样的企业是不负责任的。第二，依法纳税。一方面想着避税，一方面又想着年底要捐多少钱，这样的企业也不会长久。第三，企业应该把所有的钱用在扩大自己的经营、提供更多的就业机会上。"

企业是社会的细胞，社会是企业利益的源泉。企业在享受社会赋予的条件和机遇时，也应该以符合伦理、道德的行动回报社会、奉献社会。很多优秀的企业早已证明了这一点：社会责任感强的企业，才更受尊重。

从品牌建设角度看，一个好的企业品牌应该由内而外，员工应该成为企业履行责任的主体。从企业发展战略角度看，企业发展战略一定要和企业的公民价值观保持一致，把履行社会责任作为企业发展战略的重要组成部分。企业履行社会责任与企业品牌建设有着直接的、深切的正向关联度。

四、社会责任营销是"可持续性营销"策略

问题15：为什么说社会责任营销是"可持续性营销"策略？

社会责任营销的核心是信任营销。社会责任营销的目的，实质上就是与客户建立信任的纽带，取得客户的信赖，最终得到"基业常青"的回报，达到企业和社会的"双赢"目的。

科特勒认为，社会责任营销有两层意思：第一，企业必须对消费者负责，才能获得长久的利益；第二，责任本身是一种社会需求，是一种观念产品，这种产品可以为企业增加利润。

正像美国运通公司的一位总经理所说的那样直白："社会责任是一个很好的营销诱饵。"企业进行社会责任营销，归根结底还是为了促进自己的"营销"。一般而言，企业进行社会责任营销，有以下现实意义：

（一）企业履行社会责任，有利于提高企业的市场开拓能力

企业社会责任建设为企业原本的功利性价值观注入了非功利性价值的内

容，使企业从重利轻义的单一价值观向义利并举的价值观念升华。毋庸置疑，企业要生存便要有可持续的赢利能力。企业可持续的赢利能力主要来自于企业的开拓能力。而企业可持续开拓能力的最终动力在于人。在企业面对新的义利并举的价值观念氛围下，形成企业管理者和劳动者之间的共识，是企业激励机制得以建立和运行的基础。企业社会责任作为一种激励机制，对企业管理来说，是一场新的革命，更是提高企业开拓能力的动力源泉。

（二）社会责任营销有利于推动企业的文化建设

企业文化是指企业在发展过程中形成的理想信念、价值体系与行为规范的总和。从价值属性来看，企业社会责任是一种企业文化的外在表现和重要内容，也是企业文化逻辑发展的必然趋势和要求。二者在发展趋势、基本依据、基本目的、基本内容、基本走向上是一致的。而且，二者又相互作用，相辅相成，既为企业文化注入了新的活力，又推进了企业社会责任的建设。企业社会责任作为企业文化的新内容，重新塑造了企业文化的价值观念，推进了企业文化的相关建设。而企业文化作为企业的一种价值体系，又将企业社会责任建设提升到新的理论高度和较高的文化层次。

（三）社会责任营销有利于增强企业的竞争力

经济全球化使企业之间的竞争激烈程度空前高涨，竞争的范围也逐步扩大。现代企业的竞争已不仅仅是市场份额的竞争、产品的竞争或品牌的竞争，更重要的是服务的竞争以及企业形象的竞争，企业承担社会责任使企业在公众心目中树立起了良好的口碑。

（四）社会责任营销有利于企业获得更广阔的生存空间

企业承担社会责任有利于企业创造更广阔的生存环境：如提高企业员工的责任感、主动积极性和创造性有助于企业生产活动的有序进行，使决策者和经营者具有更大的灵活性和自主性，有利于获得相关企业的信任、合作与帮助，有助于得到政府的信任而更多地得到政府的资助和优惠政策。同时，企业承担社会责任也是一种长期的促销手段，一种长期吸引顾客的广告形式，从而能够长期、稳定地获得大量的客户。因此，企业进行社会责任营销，不仅仅是付出，同时也是一种从社会获取利益的方式，为企业的可持续发展创造了条件。

关键术语

社会责任营销

社会责任营销是企业在承担一定的社会责任（如为慈善机构捐款、保护环境、建立希望小学、扶贫）的同时，借助新闻舆论影响和广告宣传来改善企业的名声、提高企业形象的层次，提升其品牌知名度、增加客户忠诚度，并最终增加销售额的营销形式。

五、选择社会责任营销的恰当形式

问题 16：如何选择社会责任营销的恰当形式?

经营企业的目的不仅仅要赚钱，更重要的是社会责任。企业的经营利润固然是养活了一群人，可是作为社会组织的一部分，企业在社会这个大载体上还要承担自己的责任和义务。对现在很多的中国企业来说，“企业社会责任”还是一个相当新的概念。在马斯洛的五大需求中，企业同样需要自我实现，企业需要通过销售产品和服务来获得社会的认同，得到社会的归属感。

一般来说，企业社会责任营销的形式一般有六种形式：

(1) 销量决定型。产品销量越多，企业的捐赠也越多。

(2) 公益事业冠名型。将公益事业冠以公司或产品的名称。

(3) 义卖捐赠型。

(4) 抽奖捐赠型。顾客购买产品，即可参加公益捐赠抽奖活动。如果抽中，企业将以顾客的私人名义向有关机构捐助一份产品。

(5) 主题活动型。

(6) 设立基金或奖项型。

六、控制社会责任营销的成本与收益

问题 17：如何控制社会责任营销的成本与收益?

中国关于中国企业社会责任的讨论已经并不新鲜，但是企业是否应该承担社会责任、应当怎样承担社会责任，在大多数企业家心中还是一个比较模糊的课题。中国企业和中国企业家比较熟悉和得心应手的是建设希望小学、捐献洪涝灾区以及各种慈善事业和赞助等，许多企业对各种名目的外来赞助的要求避之不及，不堪重负。一些怀着“达则兼济天下”社会改良理想的企业家，不仅施展爱心的空间受到挤压，有时候甚至会陷入爱心困境。也有一些企业，理直气壮地认为按照市场经济规律办事，企业的最终目的是利润最大化，不赚钱是一种罪恶；甚至有的认为履行社会责任，做好人，行好事，那是国家的事情，作为企业能按章纳税、创造就业等就已经承担了有关社会责任。

科特勒认为，企业的社会责任营销可以改善社会福利，创建差异化品牌定位等收益，企业应将社会责任感和它们的营销活动相结合。

中国的本土企业在这方面远远不如外资企业。有人认为是因为我们实力不够，其实可口可乐十年间在中国总计捐赠才3000万元，这点钱很多国内企业都可以承担得起。

2002年，美国DePaul大学的Curtis C Verschoor教授和Elizabeth Murphy副教授也进行了一项专门针对企业社会责任与财务业绩的研究。该研究将《商业伦理》杂志（Business Ethics）评出的100家“最佳企业公民”（基于企业对股东、员工、客户、社区、环境、海外投资者、女性与少数民族这七大利益相关者群体提供服务的定量评估）与“标准普尔（S&P）500强”中其他企业的财务业绩进行比较。基于1年和3年的整体回报率、销售增长率和利润增长率，以及净利润率和股东权益报酬率这8项统计指标，他们得出结论：“最佳企业公民”的整体财务状况要远远优于“标准普尔500强”的其他企业，前者的平均得分要比后者的平均值高出10个百分点。越来越多的企业实践和众多的研究成果充分说明，在社会责任和企业绩效之间存在正向关联，企业完全可以将社会责任转化为实实在在的竞争力。因此，现代社会越来越看重企业的社会责任。

为了既能承担企业的社会责任，又能促进企业发展，企业在承担社会责任时还应把握好以下两点：

（1）承担社会责任并非只是一种消极的负担，只要把握和利用得好，完全可以转化为一种企业发展的机会。把问题转化为机会，是企业家的职能所在。企业家一定会在必须承担社会责任的这一新的约束条件下，在把问题转化为机会上大显身手。

（2）必须牢牢把握“搞好自己的企业”是企业最基本的社会责任的底线。企业在承担社会责任时，要预防走向另外一个极端：过分地追求社会声誉，甚至好大喜功，承担了与自己的企业产业发展方向不协调，承载能力不适当的、过多的社会责任。

活动3：对本市诸多企业的企业信誉进行一个调研评估。

考试链接

1. 信用是企业品牌的生命线。
2. 诚信是品牌信誉的基础。
3. 企业的社会责任塑造企业形象。
4. 社会责任营销是“可持续性营销”策略。
5. 选择社会责任营销的恰当形式。
6. 控制社会责任营销的成本与收益。

第四节 企业核心竞争力

引导案例

没有核心技术就没有未来

海信董事长周厚健曾说过这么动情的一段话：海信是一个做品牌的企业，如果永远跟在别人屁股后面，很多想法是实现不了的，我们为了实现理想就必须走自主研发芯片这条路。对一个企业如此，对一个国家而言也是一样，没有核心技术就一定不会有灿烂的未来。

过去，我们很多的企业依赖于给别人贴牌加工，没有自己的技术，企业的属性是依附性的，而今天我们需要有自己的主动权。而拥有主动权的标准是什么？就是看谁控制核心技术！核心技术的缺失，一直是中国企业的隐痛。这个问题不解决，我们既不能在国内持续发展，同时也阻挡我们未来走出去的步伐。

2010 年 6 月 9 日，在上海举办的第二届全球绿色经济峰会上，在谈及中国与美国、欧盟之间的低碳经济赛跑时，来自海内外的专家和企业家认为，中国当前面临的最大困境是，大部分核心技术并不掌握在自己手中，其 70%的低碳核心技术需要“进口”。可实际上“进口”技术有时候确是一件很天真的事情。

格力电器的董事长董明珠曾带着这个天真的幻想去了日本，想以最简单的方式，直接从日企手中换取核心技术。但是日本人拒绝了她，说：“这种技术我们是不会卖的，因为它现在是世界上最先进的技术。”这时董明珠才非常清醒地意识到，跟外资合作无非是别人把即将淘汰的技术给你而已，他才会有更新的产品、更新的技术和你竞争，而且在淘汰的技术里获得另外的利益。这句话也让她明白了，只有走中国创造之路，才能有中国制造的天下。所以，回来后格力电器就在痛定思痛中自主研发。

经过 15 年的努力，目前格力电器已经拥有专利 3000 多项，自己发明的专利就有 300 多项。2009 年，格力电器反过来再次与日本企业大金空调合作，双方站在了一个完全平等的地位上，并且改变了中国企业过去简单购买别人技术的合作方式。合作公司以技术攻关为主业，格力出 5.1 亿元的资本控股，对方出 4.9 亿元，然后共同研发，共同享用从这家公司中产生的科技成果。金融危机的时候，格力电器放弃贴牌，专一走自己的品牌。虽然出口减少了35亿元，但是利润却增长了50%。

资料来源：中国企业没有核心技术就没有未来. 新华短评，2005-07-08；生意场：China.toocle.com，2011-07-15.

思考题：

海信和格力给我们的启示是什么？

一、企业面临的五类竞争力量

问题18：企业面临的五类竞争力量是什么？

随着市场的不断发展，市场竞争不仅普遍存在且逐年激烈。在激烈的市场竞争中，企业越来越认识到，我们仅仅了解自己的顾客是不够的，我们还需要时刻注意到身处市场中且必须面对的竞争对手。

迈克尔·波特将企业所处的竞争环境分成同行业的直接竞争者、供应商的讨价还价能力、顾客的讨价还价能力、替代品的威胁和潜在进入者五个类别。

（1）同行业的直接竞争者。在同一个行业当中，如果已经有了众多的、强大的或者竞争意识强烈的竞争者，那么该细分市场就会失去吸引力。如果该市场处于稳定期或者衰退期，而生产能力不断大幅度扩大，将导致固定成本过高，撤出市场的壁垒过高。

（2）供应商。供应商有两个手段可以威胁到企业的发展：一是提高供应价格；二是降低供应产品或服务的质量，从而使下游行业利润下降。

（3）顾客的讨价还价能力。要了解顾客的讨价还价能力，企业必须了解顾客选择某一产品或服务的动机，是因为价格低、质量高、快速送货、可靠的服务、有趣的广告，还是由于推销人员的能力？如果企业不知道什么东西能够对顾客产生吸引力，以及他们的选择将如何变化，最终将会失去市场上的竞争优势。

（4）替代品。如果企业所服务的市场存在着替代品或潜在替代品，那么该市场就会失去吸引力。任何企业都应密切注意产品的价格趋向，如果在这些替代品行业中技术有所发展，或者竞争日趋激烈，就有可能导致该细分市场的价格和利润下降。

（5）潜在进入者。随时可能加入这个行业，成为企业直接竞争对手的企业，就是“潜在进入者”。当某一行业，尤其是新兴行业获得高额利润时，资本就会大量流入，不仅行业内现有的企业会增加投资以提高生产能力，而且行业外的企业也会被吸引到该行业进行投资。

关键术语

企业核心竞争力

企业核心竞争力是企业长期形成的，蕴涵于企业内质中的，企业独具的支撑企业过去、现在和未来竞争优势，并使企业在竞争环境中能够长时间取得主动的核心能力。

二、决胜未来掌握核心技术是关键

问题 19：为什么说决胜未来掌握核心技术是关键？

联合国开发计划署发布的《2010 年中国人类发展报告——迈向低碳经济和社会的可持续未来》的报告指出，中国实现未来低碳产业的目标，至少需要 60 多种骨干技术支持，而在这 60 多种技术里面有 42 种是中国目前不掌握的核心技术。

联合国的报告可谓一针见血。虽然中国低碳产业发展前景看好，但技术基数较低或将成为最大掣肘。在中国与美国、欧盟之间的赛跑中，中国技术处于不利位置，很多核心技术不掌握在自己手里。以低碳产业为代表的包括太阳能电池、多晶硅在内的光伏产业核心技术缺失、装备依赖进口现象严重就是一个显著例证。

从国际上来看，成功的跨国公司没有一家不是拥有尖端技术或核心技术的；从国内看，从手机、计算机到消费电子产品，由于自主芯片技术缺失严重，完全受制于人，致使厂商只能局限于价格、外观设计、应用设计的竞争，恶性价格战频频爆发，而外国企业靠核心芯片技术笑看价格战而坐享其成。在此消彼长甚至你生我死的市场搏杀中，缺乏竞争优势的中国企业日益感受到生存环境的严峻。核心技术缺失，让企业越来越步履艰难。

正如韩国管理学会会长朴胜虎所做的调查结论，缺乏核心技术的大多数中国本土企业在未来必然会消失。企业要想决胜未来，掌握核心技术是关键。国内企业要如何才能摆脱核心技术受制于人的不利状态呢？

（一）正确对待技术引进

改革开放之后，我国的很多产业通过引进、消化、吸收，技术和生产水平都上了一个大的台阶。但是，当我们重新审视“以市场换技术”的时候，却发现国内很多企业让出了市场，甚至让渡了部分所有权，但并没有换来更强的自主技术创新能力，也没有建立起自己的核心技术，有的技术能力实际上还出现了衰退。

日本当初引进技术的时候，花 1 美元引进的技术，要花 7 美元进行消化、吸收和创新。日本仅用短短的 30 年时间，就走完了从引进到创新的全过程。而我国改革开放 30 多年来引进技术的项目数和总支出可能比日本与韩国之和还要多，但用于消化、吸收的费用只相当于引进费用的 7%，仅是日本的 1%。在“引进—落后—再引进”的不断循环中，中国技术人员实际上被边缘化了。

引进了技术，并不等于就有了技术能力。引进技术的水平，更不代表自己的技术创新水平。即便可以通过委托开发等“买断”技术，但如果没有完成技术学习的过程，那也只能落得个“有产权，无知识；有技术，无能力”的结局。技术可以买，但是技术能力是买不来的。核心技术是核心竞争力的精髓，谁也不会转让。中国企业的核心竞争力还是得靠引进后的消化、吸收和再创新。

（二）掌握次核心技术也是一种选择

在国内企业中，拥有核心技术的企业不多，华为是其中最著名的一个。但是华为“高投入、高产出”的技术研发模式，也是很难模仿的。正如任正非自己所说：“研发，要做就得大做，要是小打小闹还不如不做，因为这个东西是很费钱的一件事。”华为在迈出第一步时，不仅投入了全部的家当，而且还借了高利贷，如果研发失败，或者当时的市场不好，华为这个企业就已经消失了。一个企业想凭空模仿华为的这种模式，没有大量的研发投入不行，即使有钱可投，即使形成了产品，但是如果市场不好，企业无法从产品销售中得到高利润，也无法成功。如果这个企业还是一个上市公司，压力会更大，因为股东不一定有耐心等待你的研发成果迟迟不能转变为利润。

从现实主义的角度来看，即使是行业领先型企业，如果一味追求核心技术的突破也是不切实际的，弄不好“既丢了西瓜又丢了芝麻”。在研发风险过大的情况下选择次核心技术也是一种不错的方式。即先在次核心技术上不断进行创新，积聚力量，逐渐逼近核心技术，最终抢占核心技术制高点。

追求次核心技术并不代表放弃核心技术，而是要更好地利用核心技术，等待时机成熟再开发核心技术。以我国多数企业的技术积累和实力，当务之急是怎么把核心技术用好，在产品的工业设计、功能应用等与消费者关系最为密切的“次核心技术”有很大潜力可挖，通过更好地满足用户的应用需求来积累自己的技术实力，最终实现核心技术。

三、保护知识产权能为企业的长远发展铺平道路

问题 20：为什么说保护知识产权能为企业的长远发展铺平道路？

创立一个品牌非常不容易，自己花了大力气潜心研究得来的成果，一转眼就被人仿冒，是一件很吃亏的事情。

不久前，康信公司在为青岛啤酒公司等许多大企业做海外知识产权维护的检查时，发现一个叫邓营的人，仅在一天之内就向非洲知识产权组织申请了 17 个中国知名企业商标。随着我国企业品牌的增多，知名商标在海外被抢注的数量骤然增加，而且遍及亚洲、欧洲、美洲、非洲、大洋洲，除了以往发生的代理商或个人抢注商标外，还出现了个别的国外大企业抢注我国知名商标的情况，甚至还出现了专门抢注中国知名商标的企业或者个人。

商标是品牌的一个符号，如果商标保护不力，不仅会损害企业的合法权益，更可能对辛辛苦苦创立的品牌带来毁灭性的影响。如很多人都非常熟悉的“狗不理”，曾是国内首批服务商标，最高一年收取商标使用许可费可达到 600 万元，与当时全年店面的营业额相等。可是由于某些管理者对商标使用的监管失控，低价出让，贱卖使用许可权，导致鱼龙混杂的“狗不理”遍地开花，小酒店、快餐店、作坊、农贸市场到处都挂着“狗不理”的招牌，弄得消费者真假难辨，严重损坏了品牌形象。

还有就是对合资企业使用商标没有限制，致使商标使用人反而抢了商标所有人的“饭碗”。由于没有对“狗不理”商标的产品加以限定，它的一家合资企业打着“狗不理”的招牌销售速冻包子、饺子、春卷、肉串等产品，行销国内外。而狗不理集团自己生产的速冻包子、饺子却因为合资企业已经抢占了国内外市场难以打开销路，只能被迫暂停在天津市场出售。

知识产权的保护是未来企业在商战中制胜的一个法宝，没有知识产权的产品就犹如你自己发现了一个宝藏，任何人都会将手无寸铁的你扔一边稍息去，然后进行肆无忌惮的抢夺和破坏，搞不好甚至还会出现电视里的那一幕：大家因为抢夺打斗得太厉害了，致使到处都是宝藏的那个山洞发生动摇、坍塌，结果所有人都被埋在里面了。所以，有了好的品牌、好的专利一定要在最初的时候就通过法律认定的方式划定好归属，在法律的框架之内，谁也不许来抢、来偷、来搞糟蹋破坏。这才能为企业开发内部宝藏消除所有的隐患和不安，为企业的百年基业扫平道路，越走越远，越走越好。

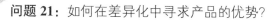

四、在差异化中寻求产品的优势

问题 21：如何在差异化中寻求产品的优势？

在差异化营销中，产品差异化的概念比较大，但本质含义是相对于同质化或者成本优势而言的一种竞争手段或者产品定位。主要功能是通过产品差异实现消费群体差异。具体表现为：

（1）价格定位差异化。通俗地讲是高中低档商品定位不同，例如普通筷子、一次性筷子和象牙筷子就档次不同，消费群体可明显划分出来。

（2）技术差异化。技术含量的增加在无形中会提高产品的质量。比如有些电磁炉采用双圈加热路线，以达到加热均匀，而其他电磁炉采用单圈加热，受热程度不均匀。

（3）功能差异化。产品的功能在不改变基本使用价值的前提下，通过延伸或附加功能的不同来吸引消费者。宝洁就是典例。

（4）文化差异化。很多时候，购买者购买的不仅仅是一种商品，更是一种情结的释怀或者是向往，这就是商品的文化内涵。采用文化的优势也是商品的特色。例如上海城隍庙的小吃也是小吃，但销售对象的文化取向有差异，唐装也是在销售一种文化。

（5）外观差异化。外观是一个商品内涵的延伸，也是展示给人的感性形象，如同陌生人见面一样，“一见钟情”会不会由此产生，外观可谓决定因素。例如 MP3 发展到今天，已经上升为个人的名片、身份的象征，乃至一种精神上的体验，倾注更多的感性元素，因此，外形设计的差异化便成了制胜的一张王牌，越发受到厂商的重视。

五、定制化的个性产品成为新竞争优势

问题 22：为什么定制化的个性产品成为新竞争优势？

面对越来越细小的顾客群，公司发现越和竞争者划清界限就越占优势。由于认识到这一点，越来越多的公司将市场的差异化细分到了极限——个体消费者。于是，更多的公司开始提供个人定制的商品，或个性化的服务。

在强手如林的电脑市场中，戴尔没有 IBM、惠普等公司历史悠久、财大气粗，但却挤进市场成为世界最大的 PC 供应商。它靠的是什么——就是其定制化的个性服务。

能想到定制化的绝对不止戴尔一家，但其成本之高却让诸多企业望而却

步，是 IT 和网络技术让戴尔有能力做到定制化。戴尔的营销创新在于他把新型零售方式融入高科技产品电脑中来。如果用专业的话来说，戴尔将电脑产品“大规模定制化”。

戴尔公司每年生产 400 百多万台个人计算机，每台都是根据客户的具体要求组装的。以戴尔为其大客户福特汽车提供服务为例，戴尔公司为福特不同部门的员工设计了各种不同的配置。当通过福特公司内联网接到订货时，戴尔公司马上就知道订货的是哪个工种的员工，他需要哪种计算机。戴尔公司便组装合适的硬件，甚至安装了适当的软件，其中有一些包括福特汽车公司储存在戴尔公司的专有密码。戴尔公司的后勤服务软件非常全面和先进，因此，它能够以较低的成本开展大规模的定制服务。

福特公司为这种专门服务额外付一定的费用。但大多数的公司都会觉得物有所值——如果公司从当地经销商那里购买个人计算机，经销商运来一些箱子，需要懂得信息技术的工人取出机器进行配置。这一过程需要一个专业人员花 4~6 个小时，并且常常出现配置错误。

每台微机都按订货生产，但是，从打 800 免费电话到装上车只需 36 小时。订货源源不断地转到戴尔公司的三家生产厂。但是，在这些工厂是见不到库存的。戴尔要求所有供应商必须把配件在 1 小时之内送到。芯片、集成线路板和驱动器装在卡车上，在直接开到距离组装线仅 50 米的卸车台。在那儿，也没有制成品的库存。这自然，也是戴尔成功的一大法宝。

戴尔的直销与定制模式使他在高科技产业独树一帜。与戴尔类似的个性化服务，还有额外收费的定做莱维斯（Levis）牛仔裤，以及玩具公司马特尔公司（Mattel）为需要个性化产品的小姑娘提供定制产品等。随着社会的发展，市场必然会向着更具可操作性，也更能够广泛地满足消费者的个性化、差异化需求的方向发展。

在这样的背景下，定制化的产品营销就是一切为顾客要求而做，为顾客节省时间，为顾客提供方便，也就是为顾客提供超值的服务。某些制造商甚至可以将顾客的个人资料、个性化的要求等信息，存入数据库，随时根据顾客的现实要求和数据库资料综合起来为顾客提供超乎想象的服务，为客户提供竞争对手所不能提供的差异化产品和服务，自然就是你最大的竞争力。

六、不断开发新产品

问题 23： 为什么企业要不断开发新产品？

在消费者的需要和口味不断变化、技术日新月异、产品生命周期日益缩短，以及本国和外国竞争日益剧增的情况下，我们的产品越来越容易被淘汰。不开发新产品的公司正在承担很大的风险。企业为了生存，唯一的办法就是持续地开发新产品。

新产品的开发不仅仅需要创意，更需要科学合理的制度来保证创意的实现。3M公司无疑在这方面做出了表率。一般来说，开发一项新产品，需要做好以下工作：

（1）制定市场营销战略。形成产品概念之后，需要制定市场营销战略，企业的有关人员要拟定一个将新产品投放市场的初步的市场营销战略报告书。

（2）商业分析。当企业发展了新产品概念和营销战略，就可以对该产品概念作商业吸引力评价——复审销售量、成本和利润预计，以确定它们是否满足企业的目标。

（3）产品开发。如果产品概念通过了营业分析，研究与开发部门及工程技术部门就可以把这种产品概念转变成为产品，进入试制阶段。只有在这一阶段，以文字、图表及模型等描述的产品设计才变为实体产品。这一阶段应当搞清楚的问题是，产品概念能否变为技术上和商业上可行的产品。如果不能，除在全过程中取得一些有用副产品即信息情报外，所耗费的资金则全部付诸东流。

（4）市场试销。新产品样品经过部分消费者（或用户）试用基本满意后，企业通常根据改进后的设计进行小批量试生产，在有选择的目标市场上做检验性的试销。同时，深入调查经销商和顾客，再进一步改进设计或生产情况。试销不仅能增进企业对新产品销售潜力的了解，而且有助于企业改进市场营销策略。如从市场试销中，观察试用率（即首次购买的比率）和再购率（即重复购买的比率）的高低，对及时了解新产品能否销售成功有着重要意义。

（5）产品上市。在对试销的产品作出总结和改进之后，产品上市，并不断在顾客的反馈中完善产品。

活动4：和同学们一起探讨：除了文中所阐释的，还有哪些竞争力属于企业核心竞争力？

考试链接

1. 企业面临的五类竞争力量。
2. 决胜未来掌握核心技术是关键。
3. 保护知识产权能为企业的长远发展铺平道路。
4. 在差异化中寻求产品的优势。

5. 定制化的个性产品成为新竞争优势。

6. 企业要不断开发新产品。

案例分析

开飞机来做售后维修的奔驰公司

有一天，一个法国农场主自驾车从农场出发到德国去。一路上，他的心情很不错，边开车边吹着口哨。然而，在法国的一个荒村，他的心情突然一落千丈，因为汽车发动机出了故障。这可是奔驰车啊！农场主心情糟糕透了，而且很生气，生奔驰公司的气。但再生气也不管用啊，总不能把车丢在这荒村吧？他只好向奔驰公司求援。但这个地方离奔驰公司太远了，公司是否会派人来修，他心里没底。

费了好大的工夫，他终于用汽车里的小型发报机联系上了德国的奔驰车总部。奔驰公司称立即处理。虽然说“立即”，但路途遥远，也不是一下子能到达的啊，农场主沮丧地坐在车里发呆。

结果，意想不到的事情发生了：一个小时过后，天空传来了飞机的声音，原来，奔驰汽车修理厂的检修工人在工程师的带领下坐飞机赶来了！

“对不起，让您久等了，我们会在最短的时间里把车修好，请您再等一会儿，马上就好！”

工程师一行人一下飞机马上表示道歉，并立即投入检修工作。技术人员一边安慰法国农场主，一边动手检修。农场主一边看着他们修，一边心里直打鼓，他盘算着这得需要多少修理费，人家是开飞机来的，那成本可不低啊，万一他们要价太高，超过了我口袋里的现金怎么办呢？他们的服务态度不错，技术看来也很好，可开飞机来修车，是不是太不合算了呢？我该不该给他们提个建议，让他们以后别开飞机去修车了呢？

汽车很快就修好了。

“多少钱？”农场主有点胆怯地问。

“免费服务。”

“免费？”农场主不敢相信自己的耳朵。

“是的，免费，”工程师说，“出现这样的情况，是我们的质量检验没有做好，我们应该负全部的责任，为您提供无偿的服务是我们应该做的。”

而且事后没多久，奔驰公司又主动为这位农场主换了一辆同型号的新车。

资料来源：王文筠. 公司经营中的大战略与小成本意识［EB/OL］. 天涯社区经济论坛，2008.

问题讨论：

这个故事给我们的启示是什么？

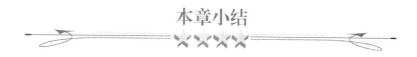

本章小结

产品战略的基础包括：

（一）产品质量

质量是企业的立身之本、利润之源、品牌之魂。无数事实已经说明，在激烈的市场竞争中，企业要想站稳脚跟、赢得市场，最重要的还是要有过硬的质量。企业应刻苦练好“内功”，在产品的各个环节上把好关口。

（二）品牌形象识别管理

1. 视觉形象识别系统

这是一个企业的代表符号，它的图形、字体、色彩都要传递企业的一些理念。比如可口可乐的字体标识飘逸、经典，红色的企业运输车释放着奔放热情的活力。

2. 理念识别系统

这是企业识别系统的核心与原动力，属于思想文化的意识层面，经营理念是由内向外扩散的，经由这种内蕴动力的贯彻，最后达成认知识别的目的，塑造独特的企业形象。

3. 行为识别系统

以明确而完善的经营理念为核心，显现到企业内部的制度、管理、教育等行为。

（三）企业信誉

品牌之所以被依赖，是因为其受制于商业道德约束和规范限定，是因为其包含社会信誉。品牌的建设要时时刻刻恪守自己的承诺，无论何时何地，以何种代价，这是世界级成功品牌坚守的不二法则。因为品牌实质上是一种商业承诺，企业建立品牌的过程就是孜孜不倦实践其诺言的过程，市场竞争法则就是品牌道德约束，就是社会责任要求。

（四）企业核心竞争力

这是企业长期形成的，蕴涵于企业内质中的，企业独具的，支撑企业过去，现在和未来竞争优势，并使企业在竞争环境中能够长时间取得主动的核心能力。

深入学习与考试预备知识

寻找产品差异点

产品同质化的提高，迫使企业另寻差异点，差异点的寻求有很多方法：技术、管理、外观、销售模式等都可以作为USP（独特销售主张）来进行推广，而这一切都是有型的，并不能从深层感官和心理情感上令消费者联想其产品。换而言之，就是令消费者忠诚的理由不够充分。现在贩卖产品分几个层次。C等企业做OEM，无自己品牌资源，仅为他人作嫁衣；B等企业争上游，产品特质要求人有我也有；A等企业未必真有自己的产品，更多卖概念，以概念赋予产品开发，或需求OEM，强化质量监控，令产品脱胎换骨。国内企业大多只停留在B等阶段，即使抛出个豪言壮语，什么争做500强的，也没真见像NIKE这样做概念成功的、像SONY那样品质形象深入人心的世界级品牌。如何才能达到这种效果呢？要从六个方面入手：

（1）严格把好产品的质量关。

（2）建立强势的品牌传播信号。

（3）进行社会责任营销，提高产品的美誉度。

（4）拥有技术核心力和知识产品。

（5）差异化策略。

（6）不断开发新产品。

知识扩展

产品质量是企业生存的根本

产品的质量是企业生存的根本，是商战制胜的根本，也是创业求生存、谋发展的根本。华硕总经理徐世明认为，全世界没一个质量差、光靠价格便宜的产品能够长久地存活下来。通用电器总裁杰克·韦尔奇更是鲜明地指出，“质量是维护客户满意和忠诚的最好保证，是企业对付竞争的有力武器。”质量对营销的影响力是无法预计的。

1993年，荷兰海尼根啤酒公司在啤酒的生产过程中检测出了个别混有玻璃残渣的产品，他们并没有隐瞒这个消息，而是火速回收了已经投放在澳大利亚、瑞士、英国、中国香港等八个国家和地区的瓶装啤酒，并大力进行了宣传，请上述市场的消费者不要购买它的这批产品。

这种做法对于我国近年来严重欠缺诚信市场来说，简直有些不可思议，大多数企业遇到这种问题隐瞒都来不及呢，怎么还这样大张旗鼓地外扬家丑呢？可是，他们的结局却是完全不同的。藏着掖着虽然看似安全，但纸是包不住火的。一旦东窗事发就很有可能整死一个企业，甚至会成为影响社会稳定的政治问题。从阜阳假奶粉事件就可见其严重性。在日本，奶制品市场份额占65%的雪印公司发生人员中毒事件，一夜之间，雪印食品在世界范围内退出市场。山西发生假酒事件，致使整个山西酒业一蹶不振。陕西省一位领导痛心疾首地说，假酒事件毁坏的不仅仅是一个酒厂，而是整个行业，甚至整个地区的形象。2008年三鹿奶粉事件一下子就变成了三鹿自杀的毒酒鹤顶红。从这个角度来说，海尼根公司的举动相对聪明得多。

海尼根公司是世界第二大啤酒公司，其产品长期雄踞国际市场。仅因怀疑可能会有漏检的“危险品”，就收回已经投放到八个国家和地区的啤酒，如此耗心费神的行为所带来的经济损失也是非常巨大的，并且风险也是非常巨大的。搞不好就砸了自家的金字招牌。但是，海尼根啤酒公司这一冒着极大市场风险的举动，向消费者传达了企业高度的责任心，不仅使消费者从今往后对它绝对放心，而且赢得了顾客对其产品的绝对忠诚。等到回收完以后，当新的海尼根啤酒重新在市场上出现时，消费者掏腰包购买它的啤酒肯定是毫不怀疑的，海尼根的市场占有率也随之得到扩展。

美国营销专家瑞查得和赛斯在研究中发现，顾客的满意与忠诚已经成为决定企业利润的主要因素，有的企业在市场份额扩张的同时利润反而萎缩，而有着高忠诚度的企业往往获得了大量利润。据调查，多次光顾的顾客比新顾客可以多为企业带来20%~85%的利润。因此，顾客的满意度与忠诚度已经成为决定企业利润的主要因素。特别是在我国现在的市场环境下，市场份额和利润的相关度已经大大降低，甚至有不少企业在市场份额扩张的同时利润反而萎缩，顾客的忠诚度更是成为影响企业利润高低的决定性因素。

美国盖洛普商业调查公司曾做过一项民意测验，题目是“你愿意为质量额外支付多少钱?”其结果甚至使哪些委托进行调查的人都感到吃惊：“大多数用户只要产品质量满意，就愿意多花钱”。较高的质量直接带来了顾客的忠诚度，同时也支撑了较高的价格和较低的成本，并能减少顾客的流失和吸引到更多的新顾客。如果说20世纪是生产率的世纪，那么21世纪就是质量的世纪，质量是平和占领市场最有效的武器。

资料来源：质量营销. 资料搜索网，2009.

答案

第一节

严格把控质量。

第二节

因为人们真真切切地体验过它。商务精英们一直在体验全天候服务的功能。正是黑莓这个便利的通讯工具使得人们与亲朋好友沟通更加紧密，并且一直保持联系。当然，它的功能是关键，因为它实现了自己的承诺，使得人们彼此之间保持着联系。但是黑莓真正的成功，是它在人们的心目中树立品牌形象时所采用的方法。黑莓的故事流传广泛，因为其品牌的经验恰好符合人们对它的定义。它的使用者造就了这个品牌。

第三节

(1) 因为企业经营者首先要做到企业的产品质量有保证。质量是产品的生命，产品是企业诚信诉求的第一载体，所以产品质量要严格把关，没有产品的质量做保证，任何意义上的谈论企业诚信都是空洞说教。

(2) 产品的原材料。产品的生产离不开原材料，原材料质量的好坏，直接影响到产品的质量。

产品包装。包装应该与产品的价格或质量相适应，包装上的文字说明应该实事求是，显示产品的特点和独特的风格。

产品生产过程的管理。产品生产的过程中，每个环节都要把好质量关。上一道工序要对下一道工序负责，出现质量问题，下一道工序有权拒绝接受。这也是内部客户的诚信建设问题，首先做到对内部客户负责，才能保证对外部客户的诚信。

检验。检验是产品出厂的最后一关，它的使命尤其重要，产品的诚信就在检验中充分体现。

第四节

没有核心技术，企业就无法取得自主权。“进口”核心技术是一件很天真的事情，只有通过自我研发掌握了核心技术，才有资格与别人进行技术合作。

案例分析

树立一个品牌很不容易，可做好了服务，这个品牌就很容易做好。因为服务是最贴近消费者敏感心灵的地方。这是一个脉搏，把好了脉，才能获得消费者的长久信赖，在大批忠诚客户的追随者中，以及在口碑效应的影响中树立良好的品牌形象。

第四章

品牌定位战略

学习目标

知识要求 通过本章学习，掌握：

- 品牌定位的概念
- 有效地传播定位
- 寻位，定位，到位
- 需要规避的错误定位倾向

技能要求 通过本章学习，能够：

- 为产品找到占据顾客心智资源的定位
- 找到在消费者心智中区别于竞争对手的定位
- 根据市场细分人群的不同需求进行定位
- 根据市场竞争战略进行定位
- 通过定位挖掘某一方面的竞争优势

学习指导

1. 本章的主要内容包括品牌定位的概念；有效地传播定位；寻位，定位，到位；需要规避的错误定位倾向；找到占据顾客心智资源的定位；找到在消费者心智中区别于竞争对手的定位；根据市场细分人群的不同需求进行定位；根据市场竞争战略进行定位；通过定位挖掘某一方面的竞争优势等。

2. 学习方法：掌握最基本的理论，结合案例理解概念，并进行知识延伸，进行讨论活动等。

3. 建议学时：8 学时。

第一节 什么是品牌定位

引导案例

差异化——六丁目定位成功的关键

华龙面业六丁目方便面的成功在于运用差异化战略，牢牢地把持住低档面市场。低档面市场是方便面巨头康师傅与统一暂时不愿意进入的市场，但这个市场需求量非常大，虽然有众多本土方便面企业进行恶性竞争，但各区域市场上始终没有强势品牌。

华龙面看到了产品差异化契机：绕开与行业巨头的竞争，全面进入低档面市场；打造强势品牌，采取低价策略，从而击败众多本土品牌，确定霸主地位。针对中原人尤其是河南人爱面食、市场基础特别好，但对方便面性价比非常敏感的需求特点，华龙推出零售价只有 0.4 元/包的六丁目，以“惊人的不跪（贵）”成功实施差异化战略。

这个见官不跪、见了皇上也不跪，甚至连做了驸马拜堂时也不跪的民间小人物六丁目，随着广告的大力宣传，受到了老百姓空前的追捧。六丁目出奇制胜进入老百姓的心中，成为“不贵”的代名词，一举成为低档面的领导品牌，年销量达六七个亿。

资料来源：强宏. 总经理打理公司的 200 条成功经验［M］. 北京：中国物资出版社，2009.

思考题：

六丁目是如何通过差异化取得了成功？

一、什么是品牌定位

问题 1： 如何理解品牌定位？

企业的定位并不是简单地对产品与市场的利益定位，更重要的是如何在企业营销过程中更好地传播定位。在这一点上，美国著名的啤酒公司米勒公司为我们树立了典范。

进入 20 世纪 70 年代，美国各地的“保护健康运动”方兴未艾，米勒啤酒公司注意到对节食很敏感的顾客群在不断扩大，即使那些很爱喝啤酒的人也在关心喝啤酒会使人发胖的问题。

当时美国已有低热啤酒出现，但销路不佳。米勒公司断定这一情况的出现并不是因为人们不能接受低热啤酒的概念，而是不当的定位所致，他们错误地把这种啤酒向那些注重节食但并不爱喝啤酒的人推销。

米勒公司看好这一市场。他们花了一年多的时间来寻找一个新的配方，这种配方能使啤酒的热量降低，但其口感和酒精度与一般啤酒无异。1973 年，米勒公司的低热啤酒——“莱特”牌啤酒终于问世。

对“莱特”牌啤酒的推出，米勒公司可谓小心翼翼。他们找来一家著名的广告商来为“莱特”啤酒设计包装，对设计提出了四条要求：第一，瓶子应给人一种高质量的印象；第二，要有男子气；第三，在销售点一定能夺人眼目；第四，要能使人联想起啤酒的好口味。为了打好这一仗，他们还慎重地选择了四个城市进行试销，这四个地方的竞争环境、价格、口味偏好都不相同。

广告攻势自然也很猛烈，电视、电台和整版报纸广告一块上，对目标顾客进行轮番轰炸。米勒公司用的广告主题是“您所有对啤酒的梦想都在莱特中”。广告信息中强调：第一，低热度啤酒喝后不会使你感到腹胀；第二，“莱特”的口感与“海雷夫”一样，味道好极了。

1975 年，米勒公司广告攻势在美国各地展开，当年广告费总额达 1100 万美元。公众对“莱特”啤酒的反应之强烈，就连米勒公司也感到意外。各地的“莱特”啤酒供不应求，米勒公司不得不扩大生产规模。

起初，许多啤酒商批评米勒公司“十分不慎重地进入了一个根本不存在的市场”，但米勒公司的成功很快堵上了他们的嘴巴，他们也匆匆忙忙地挤进这一市场。不过，此时米勒公司已在这个细分市场上稳稳地坐上了第一把金交椅。

米勒公司靠精准的产品定位，赢得了细分市场上的成功。企业在定位的营销传播过程中，应当向米勒公司学习四点：

（1）一个公司的营销优势可能是一个公司最根本的竞争优势。米勒公司正是充分运用自己营销方面的特长，转化为自己的竞争优势。

（2）恰到好处的市场细分是定位乃至整个营销成功的关键。米勒公司对啤酒市场的准确细分，大大增加了米勒公司对消费者的了解，提高了营销的针对性，也有利于其找到对手的弱点，为准确的定位创造了条件。

（3）广告在实现产品的定位中起到了重要作用。产品定位不但需要好的产品、合适的价格，更需要与之相配合的广告和包装。同时必须能有效地实现产品与顾客的沟通。

（4）一流的公司应该具有大规模促销的魄力。应该指出，1974~1980 年，米勒公司平均每箱啤酒的广告费用是 3 美元，而同期啤酒行业的平均广告费用每箱仅 1 美元。米勒公司在 1979 年前，赢利很少，其中 1972 年赢利 20 万美元。但是，若米勒公司不敢大胆地甩出广告，其净利不会在 1980 年就能达到 1.5 亿美元。

关键术语

品牌定位

品牌定位是指为某个特定品牌确定一个适当的市场位置，使商品在消费者的心中占领一个特殊的位置。

当某种需要突然产生时，比如在炎热的夏天突然口渴时，人们会立刻想到"可口可乐"红白相间的清凉爽口。

品牌定位的目的是将产品转化为品牌，以利于潜在顾客的正确认识。成功的品牌都会以一种始终如一的形式将品牌的功能与消费者的心理需要连接起来，通过这种方式将品牌定位信息准确传达给消费者。

建立品牌定位的方法有三种：

1. 抢先占位战略

如果发现消费者心智中有一个富有价值的位置无人占据，就第一个全力去占据它。比如步步高公司发现没有一个品牌代表着无绳电话这个空白点，就立即提出"步步高无绳电话，方便千万家。"成为无绳电话机的领导品牌。当步步高成为无绳电话的代名词时，我们就可以说这个品牌占据了这块心智资源。

2. 关联强势品牌/战略

当发现某个阶梯上的首要位置已经被强势品牌占据的时候，就让本企业的品牌与阶梯中的强势品牌相关联。使消费者在首选强势品牌的同时，紧接着联想到自己，作为补充选择。比如七喜，当它发现美国人消费的饮料中有三罐是可乐的时候，于是它说自己是"非可乐"。当人们想喝饮料的时候，第一个马上会想到可乐，然后有一个说自己是"非可乐"的品牌跟可乐靠在一起，那就是七喜。

3. 攻击强势品牌

如果消费者心智中的定位代表品牌有潜在弱点，新品牌可以由此突破，重新定义该代表品牌为不当的选择，自己取而代之。比如泰诺林进入头痛药市场的时候，阿司匹林占据了头痛药市场的首要位置。泰诺林攻击阿司匹林可以导致胃肠道毛细血管的微量出血，就从这一点攻入，把阿司匹林替换掉，成了领导品牌。

二、品牌定位：为产品找到占据顾客心智资源

问题 2：如何为产品找到占据顾客心智资源

科特勒给产品定位下了一个定义，即产品定位是消费者根据产品的重要属性定义产品的方法。也就是说，相对于其他竞争产品而言，我们的产品要在消费者心目中占有独特的位置。譬如在洗衣粉市场，汰渍定位为洗涤能力强，去垢彻底；奥克多则定位为“有效漂白”；单夫特则是“婴儿衣物的杰出洗涤剂，并能保护柔嫩的肌肤”；等等。每一种产品，都必须找准自己在市场上的准确定位，才能够获得营销的成功。

营销学者认为，产品定位并不是一个单一的概念，完整的产品定位包括三个部分：

（一）价值定位

顾客在购买产品时，总是为了实现个人某种价值。不同的顾客对产品和服务有着不同的利益诉求，而利益是由不同的产品和服务属性实现的。显然，沃尔沃的价值定位就是享誉世界的“安全”性能。

（二）利益定位

中华鳖精、马家军一号、生命核能、脑黄金等诸多保健品都有自己的价值定位，诸如让“一亿人聪明起来”，但产品很快就在市场上消失了，其根本原因就在于利益定位的缺失，目标顾客没有感受到这些产品的保健作用。这就如同牙膏没有防蛀功能，你却拼命地叫喊“没有蛀牙，做个好妈妈”的价值诉求，自然不可能成功。

（三）属性定位

产品属性定位在很大程度上决定了产品利益定位能否实现。因此，在研究了顾客或消费者关注和重视的利益之后，还必须具体研究用哪些产品属性来实现这些利益。产品属性是保证产品利益的条件，是生产过程必须考虑的要素，因此在与目标顾客沟通的过程中，常常不必强调产品属性的定位，而是强调产品利益和价值的定位。

属性定位、利益定位和价值定位这三者相互依存，互为补充，企业进行定位时需要综合考虑。

活动 1：调研我国企业在品牌定位方面还有哪些做得不好的地方。

阅读材料

90后李宁——短视的品牌重塑

李宁品牌变样了，变得有些突然，变得有些不专业，变得有些不自然。今天的李宁多少有点让人读不明白！李宁公司在港顺利上市之后，发展迅速，在大中华区市场，现在已经可以和国际巨头阿迪达斯分庭抗礼。成绩单是无可挑剔的，但李宁公司却等不及了，在资本市场急功近利之手的催促下，李宁开始了仓促的品牌重塑之路。凭借国际化口号的掩饰，李宁选择了讨好“90后”这一年轻消费群体的重点品牌路线，发动了声势浩大的，以“90后李宁”为品牌主导的新品牌推广攻势，试图从年轻消费群中取得更多的市场份额以保持持续高增长。

由一个体操王子和世界冠军的名字发育起来的品牌，“拼搏与奋斗”作为品牌精神已经和李宁品牌紧密地联系在一起，同时也牢牢地印刻在了品牌追随者心中。令人遗憾的是，“90后李宁”并没有强化这种核心品牌精神，而是反其道而行之，试图淡化李宁品牌的民族特质，以迎合追崇新潮的“90后”新新人类。选择“90后”作为品牌主导语，潜意识地意味着放弃非“90后”群体，这显然是缺少专业度和粗放式的战术安排。在发布“90后李宁”的2010年度，李宁公司的年销售增长不及往年的一半。在目标影响失效的同时，“90后李宁”却隐隐在意外中疏远了众多30岁以上的忠实追随者，因为他们被公开地忽视，因为他们被直接地暗示：对于李宁，你们已经老了！没有经过严谨思考和反复论证的“90后李宁”品牌策划，对曾经托起了李宁品牌但已青春不再的老客户群体，正在形成集体性舍弃效应。

资料来源：曾年. 90后李宁——短视的品牌重塑. 中国总裁培训网，2011.

考试链接

1. 有效传播定位。
2. 为产品找到占据顾客心智资源的定位。

第二节 如何进行定位

引导案例

七喜"钻空子"的定位之术

如果你认为"海尔斯青草茶"这个名称很难提高知名度，那你对销售"围裙牌氧化锂柠檬苏打"这样名称的产品可能就更没信心了。事实上，这个又长又怪的名称正是七喜的原名。

"七喜"是格里高发明的第二种新产品。他在广告中宣称"最适合小宝宝肠胃"，主要是以育有婴儿的母亲为销售对象，所以才取名围裙牌。虽然后来改名为"七喜"，但是它不是被消费者当成"药水"，就是被当成特殊场合才能喝的饮料。更糟的是，七喜常被消费者视而不见。汤普森广告公司副总裁罗斯在1966年告诉七喜公司的一群经销商说："人们对我们太熟悉了——而且对我们很有安全感，不会觉得我们有什么不对劲，但也由于太熟悉太信任了，所以他们不会经常想到我们，而当人们不常想到我们时，他们就不会常常购买我们的产品。"

因此，要想解决七喜的行销问题，就必须重新进行定位，在可口可乐与百事可乐的消费市场里插入一脚来占领市场份额。然而，这又谈何容易。当初为了在可口可乐手中夺取业已成熟的消费群体，百事可乐付出了极大的代价，包括重新定位品牌、开拓市场、细致的调查以及每年数百万美元的品牌营销费用。但是，七喜比百事可乐还要不幸，它被迫与可口可乐与百事可乐联军对抗。所以从一开始，七喜汽水就陷入了这个僵局之中。

在如此强大的对手面前，七喜的弱点也就十分明显。可口可乐与百事可乐的强大之处在哪里呢？就在于这"哥俩儿"代表了可乐，人们想喝可乐基本上只会在这两者之中选其一，而在美国人喝的三瓶饮料中，就有两瓶是可乐，这就是它们的强大之处。

可乐饮料的最独特处就是可乐的主要成分咖啡因，所以联邦法院规定凡称为可乐的品类必须要含有咖啡因。这样一来，七喜的战略就是显而易见的，那就是提供与可口可乐、百事可乐完全相反的东西——不含咖啡因的非可乐。

而当时的"可口可乐"和"百事可乐"正在为争夺"正宗可乐"的牌子而

长期争论不休。双方都全然不顾消费者是最终的评判官，你说你是正宗的可乐口味，我说我是正宗的可乐口味。其实，在消费者心目中，谁是正宗的可乐并不重要，重要的是现在的可乐要符合他们的胃口。这就像谁发明了造纸术不重要，问题是今天的造纸水平谁高一样。特别是，当时，人们对咖啡因产生一种恐惧，认为它对人体有害。而两家公司对消费者的疑虑熟视无睹。

于是，消费者不仅不关心可乐的正宗"盟主"之争，反而对这种无聊的争论产生厌倦。这时，一家名不见经传的小饮料公司——七喜却站出来做广告说："七喜不含咖啡因，而且永远不含咖啡因！"虽然当初在为七喜设计出这一战略时，七喜还不敢采纳，而是在两年后眼见市场份额流失惨重，被逼无奈，才启动这一战略的。但是七喜把自己饮料的形象整体定位为"不含咖啡因"的饮料。虽然错过了最佳的战机，该战略却仍然不失其威力。七喜汽水不但凭此大量收复失地，居然还一举拿下美国饮料第三品牌的宝座，仅次于可口可乐与百事可乐。

资料来源：谭慧，黄克琼. 商用心理学大全集［M］. 北京：中国华侨出版社，2011.

思考题：

七喜为什么能够后来居上？

一、根据市场细分人群的不同需求进行定位

问题 3： 如何根据市场细分人群的不同需求进行定位？

所有的营销战略都是建立在 STP——细分、目标和定位的基础上。一家公司在市场中发现不同的需要和群体后，将那些可用更好方式满足的需要和群体定位目标，然后，就要对自己的产品进行定位，以使目标市场能够识别出公司独特的产品和形象。

成功的企业必然有着成功的定位。企业在为每个细分市场定位时，首先需要决定的是采用何种市场定位战略，一般来说有三种：品质属性定位；竞争对手定位；产品种类定位。

（1）品牌属性定位。品质属性定位是企业定位运用最为广泛的一种定位战略，即以一种产品的特性或某种消费者的利益追求相互联系的品质属性来定位。以各种汽车的市场定位为例，现代汽车强调低价位；沃尔沃通过在广告中演示它的碰撞试验来强调安全耐用性能；相比之下，菲亚特则努力做到将自己的车定位成欧洲的轿车，使用欧洲的技术工艺；宝马侧重于驾驶和工程技术效率，并在赛车场上显示宝马的驾驶性能。

（2）竞争对手定位。竞争对手定位的主要目的就是要让消费者相信，在重

要的品质属性上，其品牌是市场中的上乘品牌（或是一种广泛接受的好品牌）。竞争对手定位的经典范例是 Avis 租车公司的“我们是天下第二，因此我们更要努力”的广告运动。其定位战略就是把 Avis 放在和 Hertz 租车公司一样主要的租赁代理地位上，并且成功地远离了 National 汽车租赁公司，尽管 National 当时和 Avis 规模一样庞大。事实证明 Avis 租车公司的竞争对手定位战略是相当成功的。

（3）产品种类定位。产品种类定位，是企业依照产品种类的不同进行市场定位。例如，一些人造黄油针对白脱奶油定位，另一些则针对食用油定位。佳美香皂的定位和浴液归为一类，而不是和肥皂归为一类。

二、根据市场竞争战略进行定位

问题 4：如何根据市场竞争战略进行定位？

企业还可参照竞争对手进行市场定位。竞争对手定位的主要目的就是要让消费者相信，在重要的品质属性上，本企业的品牌要好过竞争对手。与竞争者相联系的定位，在美国的广告中提及对手和竞争者名字是一种通常的做法。例如百事可乐和可口可乐都打出比较性的广告，宣称它们品牌的味道比对方更好。Burger King 公司的广告争辩麦当劳的汉堡包牛肉少，味道也不如 Burger King，因为麦当劳的产品不是用火烘烤的。但是在中国，这种诋毁竞争对手的做法是违法的。

不少营销人员都明白，市场定位必须根据竞争的形势随机应变，而当企业面临竞争时，可以采取的市场定位类型主要有两种：回避性定位和冲突性定位。

（一）回避性定位

在竞争激烈的市场上，一些实力较小的公司根本无法与实力强大的公司抗衡。在这种情况下，小公司若想立足市场，应寻找被大公司遗忘的市场，这就是我们所说的回避性定位。

回避性定位，又称创新式定位。它是指企业回避与强大竞争对手的产品竞争，以这种策略对产品进行定位，它要求公司宣传产品时，要针对与竞争对手的产品不同的特点。因此，一般这种定位的产品能在顾客心目中留下特别的印象。

例如德国和日本的汽车制造商，就是采取避开与美国制造商在大型豪华车上争夺市场的定位策略，针对服务大众的小型汽车的空白市场定位成功的例子。石油危机后，美国人对节油的小汽车的喜爱不断升级，由此小型汽车在美国拥有了一个广阔的市场，促使德日两国在美国汽车市场上的营销成功。

（二）冲突性定位

冲突性定位是企业选择与竞争者相近或重合的市场位置，争夺同样的顾客。由于这种定位的产品，在其价格、分销及促销各个方面上竞争者区别不大。因此企业要冒很大的风险。但这种定位可以使企业一开始就与强大对手站在同一高度上，更能激发自己奋发上进，一旦成功，就会获得巨大的市场优势。如“奶味糖豆”，就是通过冲突性定位树立了自己在糖果市场的地位。

三、找到在消费者心智中区别于竞争对手的定位

问题 5：如何找到在消费者心智中区别于竞争对手的定位?

定位的本质是占有消费者心智资源，在消费者心智中完成注册。高露洁在消费者心智中注册的是没有蛀牙，沃尔沃的注册是安全，戴尔的注册是电脑，等等，所以他们都成功了。品牌定位在国外营销界早已成为共识，而在我国，直到王老吉品牌定位的成功，才正式掀开中国品牌定位的篇章。

一方面，在广东，传统凉茶因降火功效显著，被普遍当成“药”服用，无需也不能经常饮用。而“王老吉”这个具有上百年历史的品牌就是凉茶的代称。因此，王老吉受品牌名所累，并不能很顺利地让广东人接受它作为一种可以经常饮用的饮料，销量大大受限。

另一方面，加多宝生产的王老吉配方源自香港王氏后人，是经国家审核批准的食字号产品，其气味、颜色、包装都与广东消费者观念中的传统凉茶有很大区别，而且口感偏甜，“降火”药力不足。红罐王老吉拥有凉茶始祖王老吉的品牌，却长着一副饮料化的面孔，让消费者觉得“它好像是凉茶，又好像是饮料”，陷入认知混乱之中。

2002 年年底，加多宝找到成美营销顾问公司，委托其对红罐王老吉进行品牌定位。营销公司发现，广东的消费者饮用王老吉主要在烧烤、登山等场合，对王老吉并无“治疗”要求，而是作为功能饮料购买，购买的真实动机是“预防上火”。

再进一步研究王老吉的直接竞争对手，如菊花茶、清凉茶等，由于缺乏品牌推广，仅仅是低价渗透市场，并未占据“预防上火的饮料”的定位。而可乐、茶饮料、果汁饮料、水等明显不具备“预防上火”的功能，仅仅是间接竞争。

由此，王老吉的“凉茶始祖”身份、神秘中草药配方、175 年的历史等，显然是有能力牢牢占据“预防上火的饮料”这一定位。

在研究一个多月后，王老吉的品牌定位基本形成：首先明确王老吉是在“饮料”行业中竞争，竞争对手应是其他饮料；其品牌定位——“预防上火的饮料”，独特的价值在于——喝王老吉能预防上火，让消费者无忧地尽情享受生活，吃煎炸、香辣美食、烧烤、通宵达旦看足球……

确立了王老吉的品牌定位，就明确了营销推广的方向，所有的营销努力都将遵循这一标准，从而确保每一次的推广都对品牌价值（定位）进行积累。从此王老吉连续几年保持高速增长，2008 年销量突破 100 亿元大关，成为“中国饮料第一罐”。

凉茶行业中优质产品很多，有诸如邓老凉茶等众多优质产品，但唯独王老吉成功了，这值得我们深思。实际上，在“红罐王老吉”凭借“预防上火的饮料”这一品牌定位获得成功之后，出现了众多凉茶品牌千篇一律的跟风，它们成为“王老吉”的追随者，从罐体颜色、容量到产品名称，都非常雷同。包括了“三九”、“椰树”、“达利”等企业在内的众多品牌都进入凉茶行业，并不约而同地主攻“降火”这一概念。

然而，它们都没能提出一个在消费者心智中区别于“王老吉”的品牌定位。迄今为止，它们也没能撼动“王老吉”的强势地位，反而出现了不同程度的亏损。真正的品牌定位是找到在消费者心智中区别于竞争对手的定位，而不是盲目跟风。

四、寻位，定位，到位

问题 6：如何寻位，定位，到位？

对于什么是定位，人们的意见基本一致。定位是确定公司或产品在顾客或消费者心目中的形象和地位，这个形象和地位应该是与众不同的。但是，对于如何定位，可谓是仁者见仁，智者见智。绝大多数人认为，定位是给产品定位。

目前国内很多品牌还忙于追求物质价值阶段，没有意识到品牌精神价值的重要性。科特勒指出，精神层面的情感需求一旦在消费者的头脑里形成固定印象并被认可的话，就会加深消费者对它的品牌忠诚度。

那么，如何为品牌找到满足品牌精神价值的定位呢？营销竞争实践表明，仅有产品定位已经不够了，必须从产品定位扩展至营销定位。营销定位需要解决三个问题：满足谁的需要？满足谁的什么需要？如何满足这些需要？我们可以将其归纳为三步营销定位法。

1. 寻位：满足谁的需要？即选择目标市场的过程

在市场分化的今天，任何一家公司和任何一种产品的目标顾客都不可能是所有的人，同时也不是每位顾客都能给他带来正价值。事实上，诸多企业的营销成本并没有花在带来价值的顾客身上，浪费了大量的资金和人力。因此，裁减顾客与裁减成本一样重要。雪花啤酒将目标客户群定在20~35岁的人群，舍弃了其他年龄层的顾客，最大化了优秀顾客的价值。之后，我们需要进行第二步操作——定位。

2. 定位：满足谁的什么需要？即产品定位的过程

产品定位过程是细分目标市场并进行子市场选择的过程。这里的细分目标市场与选择目标市场之前的细分市场不同，后者是细分整体市场，选择目标市场的过程，前者是对选择后的目标市场进行细分，选择一个或几个目标子市场的过程。

如科特勒集团对雪花啤酒的定位，对目标市场的再细分，不是根据产品的类别进行，也不是根据消费者的表面特性来进行，而是根据顾客的价值来细分。顾客在购买产品时，总是为了获取某种产品的价值。产品价值组合是由产品功能组合实现的，不同的顾客对产品有着不同的价值诉求，这就要求厂商提供诉求点不同的产品。

3. 到位：如何满足需要？即进行营销定位的过程

在确定满足目标顾客的需要之后，你需要设计一个营销组合方案并实施这个方案，使定位到位。这不仅仅是品牌推广的过程，也是产品价格、渠道策略和沟通策略有机组合的过程。可见，整个营销过程就是定位和到位的过程，到位也应该成为广义定位的内容之一。

实际上，到位过程也就是一个再定位的过程。因为在产品差异化很难实现时，必须通过营销差异化来定位。今天，你推出任何一种新产品畅销不过一个月，就马上会有模仿品出现在市场上，而营销差异化要比产品模仿难得多。因此，仅有产品定位已经远远不够了，企业必须从产品定位扩展至整个营销的定位。

活动2：对本市的一个企业产品进行定位设计。

考试链接

1. 根据市场细分人群的不同需求进行定位。
2. 根据市场竞争战略进行定位。
3. 找到在消费者心智中区别于竞争对手的定位。

4. 寻位，定位，到位。

第三节 定位要诀

引导案例

森达的品牌崛起之路

1998年9月8日，江苏森达集团在人民大会堂宣布：意大利的尼科莱迪、百罗利、法尔卡三家著名鞋厂将定牌生产森达皮鞋。这标志着中国制鞋业开始向皮具王国意大利输出自己的名牌。森达从毫无名气的普通企业成长为名牌企业，靠的就是"实施名牌战略，创造名牌产品"。

森达品牌的崛起，源于公司董事长朱相桂受到的两次刺激。第一次刺激是在广州。有一年，广州某家商场搞展览，柜台前人头攒动，顾客争着选购一种皮鞋。朱相桂也拿起一双，一看竟是自己企业生产的产品，仅仅是贴上了一个外国的品牌，价格就比森达的出厂价高出6倍多。第二次刺激是在北京。当森达刚刚进入北京燕莎购物中心的时候，尽管售货员再三推荐，可顾客使劲摇头："没听说过这个牌子。"

这两件事使朱相桂思考很多，最终悟出一个道理：牌子没名气，再好的货也不会成为大众的消费热点。于是在1992年元旦前夕的员工大会上朱相桂提出，名牌是无形的财富，名牌是特殊的生产，森达要发展，就必须创名牌。从此，"打出中华民族的世界名牌"就成了森达人的追求目标。当年企业就拿出500万元投入广告宣传，几年来投资做广告、建卖场的资金累计达3亿多元。

终于，森达拿到全国皮鞋行业唯一的驰名商标。森达不仅叫响了自己的牌子，也获得了丰厚的回报，接连夺得"中国首届鞋王"、"畅销国产商品金桥奖第一名"、"中国驰名商标"等殊荣。森达皮鞋成为市场最具有号召力的品牌、名牌，连续多年成为行业第一。

资料来源：强宏. 总经理打理公司的200条成功经验 [M]. 北京：中国物资出版社，2009.

思考题：

森达走的是一条什么道路？

一、定位的关键在于挖掘某一方面的竞争优势

问题 7：为什么说定位的关键在于挖掘某一方面的竞争优势？

两位美国人弗雷德·克劳福德和瑞安·马修斯，通过对世界著名成功公司的研究，总结出他们成功的共同特征：产品稳定、价格诚实、距离便利、独特体验和服务践诺。这基本上与营销的4P要素相吻合。更令人惊奇的是，调查结果显示：最出色的公司也只是在五个属性中的一个属性方面有绝对优势，在另一个属性上保持领先，而在其他三个属性上保持平均水平。

换句话说，每一家公司面临着选择：把哪一个属性做得最出色，把哪一个属性做得优秀，而把哪三个做成平均水平。这是一个取舍的过程，也是营销定位的过程。营销定位成功的例子比比皆是，戴尔电脑成功于易接近性，星巴克成功于独特体验，沃尔玛成功于天天低价，而他们的产品并非与别人有多大的不同。

在现在这个技术高度发达、高度转移的经济时代，企业要当全能冠军几乎是不可能的，因此企业应该朝着某一两个方面发展自己的优势。我们可以认为，企业市场定位的全过程就是不断挖掘自己竞争优势的过程。一般来说，企业挖掘竞争优势可通过以下三大步骤来完成：

（一）识别可能的竞争优势

消费者所选择的总是那些能给他们带来最大价值的产品和服务。因此，赢得和保持顾客的关键是比竞争对手更好地理解顾客的需要和购买过程，以及向他们提供更多的价值。通过提供比竞争对手较低的价格，或者提供更好的质量和服务，企业需要找到机会使自己的营销区别于其他企业，从而赢得竞争优势。企业一般从产品差异、服务差异、人员差异和形象差异等方面进行区别。

（二）选择合适的竞争优势

对企业而言，并不是所有的品牌差异都是有意义或有价值的，也不是每一种差异都能成为很好的区别因素。每一种差异都有可能在给顾客带去利益的同时增加企业的成本。因此，企业必须仔细地挑选区别于竞争对手的竞争优势。一种竞争优势是否值得企业去建立应看它是否能够满足七条：

重要性：该差异能给目标购买者带来高价值的利益。

专有性：竞争对手无法提供这一差异，或者企业不能以一种更加与众不同的方法来提供该差异。

优越性：该差异优越于其他可使顾客获得同样利益的办法。

感知性：该差异实实在在，可以被购买者感知。

先占性：竞争对手不能够轻易地复制出此差异。

可支付性：消费者有能力支付这一差异。

可营利性：企业能从此差异中获利。

（三）显示独特的竞争优势

企业要通过一系列的宣传促销活动，使其独特的竞争优势准确传播给潜在顾客，并在顾客心目中留下深刻印象。

首先，企业应使目标顾客了解、知道、熟悉、认同、喜欢和偏爱本企业的市场定位，在顾客心目中建立与该定位相一致的形象。其次，企业需通过各种手段来强化目标顾客形象，保持对目标顾客的了解，稳定目标顾客的态度和加深目标顾客的感情，以巩固与市场相一致的形象。最后，企业还应注意目标顾客对其市场定位理解出现的偏差或由于企业市场定位宣传上的失误而造成的目标顾客模糊、混乱和误会，及时矫正与市场定位不一致的形象。

二、要规避错误的定位倾向

问题 8：需要规避哪些错误的定位倾向？

产品需要定位，但绝对是科学的定位，而不是对于产品营销没有任何益处的错误定位。错误的定位将给企业带来的不是利益而是巨大的损失。在这一方面，我国的红旗轿车就曾有过前车之鉴。

在国人心中，红旗一直是高档轿车的代表，是中国自主轿车品牌的代表，就连当年外国官员来中国的三大心愿是“见毛主席、住钓鱼台、坐红旗车”。从红旗的成长历程来看，“红旗”应该是尊贵、安全、权力和大方的象征，自然也是最高档的轿车。

然而，随着市场的发展，丧失竞争力的红旗车开始以低价进入市场。最便宜的红旗车现在只要十几万元，许多城市随处可见外观陈旧的红旗品牌的出租车。红旗轿车的品牌定位越来越模糊，原因就在于一汽主动放弃红旗多年来形成的高档车形象，进入所谓的中档车市场，模糊了自身的定位。

在汽车市场上，世界著名品牌都有自己的定位。宝马强调驾驶的乐趣；奔驰强调成功人士的坐驾；沃尔沃强调安全；劳斯莱斯则强调自己的贵族血统，是豪华、尊贵的房车；宾利则是集跑车与房车为一体的大型跑车。远远看去，你就能知道它们分别是什么车。

红旗则让人联想到什么呢？十年、二十年前还可以提到红旗就让人想起它的高贵、大方、威严以及代表中华民族自强不息的精神。而如今红旗的产品线从 130 多万辆的大红旗到 13 万多辆的普通红旗轿车，品牌跨度大，且因销量不好频繁降价。满大街外观陈旧的红旗出租车，因质量问题被出租司机和车主抱怨。

事实上，红旗这几年的表现也再一次证明了这个观点，高档品牌向低档延伸一开始会很成功，但以后这个品牌会逐渐沦落为中低档品牌，销量的增加是以利润和品牌价值的丧失为代价的，长远而言得不偿失。

轿车史上，因为定位不清导致的品牌价值丧失的例子太多了。通用轿车的旗下几大品牌就是明显的定位混乱。雪佛莱是低价便宜的家用车，但又想朝中高档进军；别克是中档车，偏偏又想抢占豪华车市场……品牌专家已经在之前提醒过他们，可他们并没有听。最终的结局，只能由市场来判定。

当然，因为品牌定位错误而影响品牌价值的事例绝不仅止于轿车市场。无论在哪个市场，定位的倾向直接决定企业影响的成本。科特勒告诫说，定位不当甚至于错误的定位，对产品来说是很危险的。企业在为自己的产品定位时应该避免以下四种主要的错误倾向：

（一）定位过低

如果企业发现目标顾客对企业产品只有一个模糊的印象，顾客并没有真正地感觉到它有什么特别之处，这种现象就是企业产品定位过低。这种典型的定位失败究其原因就在于企业没有准确地把握消费者最感兴趣的产品的独特属性，或者过于草率地宣传而没有精心突出本企业产品的与众不同，从而给目标顾客留下了“一般”、“不过如此”等的模糊印象。

（二）过分定位

消费者可能认为蒂万尼公司只生产5000美元的钻石戒指，而实际上，它同样生产900美元的普通戒指。消费者可能认为黑莓手机只生产价格昂贵的高端手机，然而，它的产品其实也包括大量的中低端手机。企业或产品的营销表现，使购买者对品牌形象的认识过于狭窄，使消费者的需求得不到真正的满足。

（三）定位混乱

红旗轿车就是一个典型。企业产品定位混乱，使得目标顾客对企业产品的印象模糊不清。这就是这种混乱可能是由于奉行多元化经营策略的企业，把过多的精力放在了每一个品牌或每一个品种的定位上，从而忽略了去保持企业产品整体形象的一致性，也可能是由于产品定位变换太频繁所致。

（四）定位怀疑

当通用汽车公司的凯迪拉克分部导入悉米路车时，它的定位是类似于豪华的宝马、奔驰和奥迪。该车真皮座位，有行李架，大量镀铬，凯迪拉克的标志打在底盘上，顾客们把它看成只是一种雪佛莱的卡非拉和奥斯莫比尔的菲尔扎组合的玩具车。这辆汽车的定位是“比更多还要多”，但顾客却认为它“多中不足”。顾客可能很难相信该品牌在产品特色、价格或制造商方面的有关宣传。

三、适时考虑产品再定位

问题 9：为什么要适时考虑产品再定位？

定位一旦确定之后，并非一成不变。营销人员有时必须为产品、商店或组织本身进行再定位，以改变产品、商店或组织本身在顾客心目中的形象或地位。正像科特勒所说，企业必须不时监督并调整产品定位，以适应消费者需求和竞争对手策略的改变。

随着市场经济的发展，企业的定位不能一成不变，也不能过于盲目，因为再定位比刚开始的定位要困难得多。杜邦公司作为一个大型的跨国科技企业，它对自己的再定位不是盲目的，而是进行了一系列的调查、研究，衡量了各方面的因素才确立的。

产品再定位也可称二次定位或重新定位。它是指企业变动产品特色，改变目标顾客对其原有的印象，使目标顾客对其产品新形象有一个重新的认识过程。

必须指出的是，产品再定位不仅要找出产品初次定位失误的原因，还应该在初次产品定位中寻找合理因素。挖掘这些合理因素，对于产品再定位同样有很大益处。也就是说产品再定位是一个扬弃的过程，它否定初次产品定位中不合理的因素，但这并不意味着要把初次定位的所有因素全部否定。

再定位是扩大潜在市场的良好策略。不过，科特勒也提醒企业要慎重考虑产品的再定位，因为改变原有的定位要比为一种新产品定位难度大。我们须视情况谨慎实行。

活动 3：找出一家品牌定位错误的企业，并且为之做出整改方案。

考试链接

1. 定位的关键在于挖掘某一方面的竞争优势。
2. 要规避的错误定位倾向。
3. 要适时考虑产品再定位。

案例分析

美国西南航空的独特定位

美国西南航空公司把自己牢牢地定位成短程、不提供不必要的服务、低价的航空公司。例如，航空公司不提供正餐，只提供花生。所有的飞机上都没有头等舱，只有三人座。西南航空公司的航班没有预订座位这一说，旅客拿到排序的登机卡，先来先得，每 30 个人一起登机。

其飞机的飞行时间只有一小时，单程平均费用也只花费顾客 76 美元。虽然西南航空公司的飞机旅行不那么舒适，但仍有很多旅客热衷于它，这要归功于西南航空公司在把旅客按时送到目的地这方面胜过其他航空公司。1992 年，西南航空公司因其最佳的准时服务、最佳的行李托运和最佳的顾客服务，获得美国交通部首届三角皇冠奖，并且又连续 5 年获此殊荣。

然而，除了以上这些基本方面，西南航空公司的稳固地位主要还是因为它准确的定位："不舒适……但廉价而有趣。"西南航空公司是高效低成本经营的典型。事实上，由于价格低廉，西南航空公司进入了一个新的市场：它吸引了本来要开车或者坐公共汽车的旅客，从而实际上增加了航空的总运输量。例如，西南航空公司推出路易斯维尔至芝加哥航线，单程机票只要 49 美元，而竞争对手的价格是 250 美元。结果，两个城市间航空旅客每周总运输量从 8000 人次增加到了 26000 人次。

然而，不提供不必要的服务和低价位并不意味着单调乏味。为了使气氛轻松起来，西南航空公司加入了另一个定位要素——大量好玩的、健康的娱乐。西南航空公司的雇员会把自己装扮成爱尔兰守护神节的精灵和复活节的兔子，而在万圣节就几乎什么都有。空姐把安全事项唱出来，有乡村音乐、布鲁斯和说唱音乐，让旅客互相做自我介绍，然后再拥抱、亲吻并向对方求婚。他们用这些方法给旅客带来惊喜和娱乐。就连公司首席执行官凯莱赫也曾经化装成猫王和顾客打招呼。

这个稳固定位的结果是，西南航空公司成为美国第四大航空公司。公司成功战胜了几家主要竞争对手的挑战。

资料来源：强宏. 总经理打理公司的 200 条成功经验［M］. 北京：中国物资出版社，2009.

问题讨论：

西南航空公司给我们的启示是什么？

本章小结

品牌定位战略管理包括：

（一）产品利益定位策略

消费者购买产品主要是为了获得产品的使用价值，希望产品具有所期望的功能、效果和效益，因而以强调产品功效为诉求是品牌定位中的常见形式。向消费者承诺一个功效点的单一诉求更能突出品牌的个性特点获得成功的定位。如洗发水飘柔的承诺是“柔顺”、海飞丝是“去头屑”、潘婷是“健康亮泽”等就是基于这一定位策略。

（二）情感利益定位策略

情感利益定位策略是将人类情感中的关怀、牵挂、思念、温暖、怀旧、爱等情感内涵融入品牌，使消费者在购买、使用产品的过程中获得这些情感体验，从而唤起消费者内心深处的认同和共鸣，最终获得对品牌的喜爱和忠诚。比如浙江纳爱斯的雕牌洗衣粉，借用社会关注资源，在品牌塑造上大打情感牌，其创造的“下岗片”就是较成功的情感定位策略，“……妈妈，我能帮您干活啦”的真情流露引起了消费者内心深处的震颤以及强烈的情感共鸣，纳爱斯雕牌就能更加深入人心。

（三）自我表达利益定位策略

自我表达利益定位策略是通过表现品牌的某种独特形象和内涵，让品牌成为消费者表达个人价值观、审美情趣、自我个性、生活品位、心理期待的一种载体和媒介，使消费者获得一种自我满足和自我陶醉的快乐感觉。比如夏蒙西服定位于“007 的选择”，对渴望勇敢、智慧、酷美和英雄的消费者极具吸引力。

深入学习与考试预备知识

品牌定位的内容

（一）对消费者进行定位

筛选目标消费群体，研究消费趋势，然后通过调研把握其消费习性、消费特点，分析总结其消费需求，找出需求中的共性，罗列出不同的尽可能多的消费动机，区分消费动机，然后再考虑其共性的消费动机具有多大的可引导空间。

（二）产品本身定位

对产品的基本功能，附加价值等进行详细的分解，深度剖析产品本身，挖掘其价值。然后以消费为主题，进行产品对接；或者是当消费动机及需求比较容易为我们所塑造或引导时，我们也可以把产品作为重点。

（三）进行市场定位

综合考虑当前市场、市场趋势、行业背景等方面，确定自己的位置以及将要扮演的角色。

（四）对分销渠道进行定位

论及渠道，无外乎专卖、商超、流通等，这就需要分析几种渠道的优劣，综合前面的分析，合理选择适合自己的渠道。

（五）传播途径的定位

(1) 对目标受众，渠道分销，产品卖点等需要再次进行整合。

(2) 选定具有代表性的试点市场。

知识扩展

契合消费者心理的四种模式

要让产品定位契合消费者的心理状态，就要熟悉消费者的心理诉求，为产品树立一种新的价值观，借以改变消费者的习惯心理，形成新的认识结构和消费习惯。一般情况下，可以通过以下四种模式来让产品契合消费者的心理状态：

(1) 着眼于产品带给消费者某种心理满足和精神享受，采用象征和暗示，赋予产品某种气质性归属，借以强化消费者的主观感受，如凯迪拉克、奔驰、宝马，都以其豪华气派营造名流象征。法国洋酒在中国市场推广中，为了撑起其价格昂贵的神话，在诉求上采取心理暗示，试图树立起高贵气派的观念，人头马、轩尼诗莫不如此，“人头马一开，好运自然来”，没有任何实质性承诺，完全是心理暗示。

(2) 采取反向思维方式，从消费者的否定中挖掘自己。著名的艾维斯出租车公司广告中，所采用的“我们只是第二”，就是一种逆向定位。

(3) 按照肯定或否定的简单模式把产品与市场进行最简单的逻辑区分，使之呈现为“是”或者“不是”状态，借以形成有利于自己的判断，如七喜，直接地将饮料分为两大类：可乐型和非可乐型，要么喝可乐，要么喝非可乐，而明确标举自己非可乐的只有七喜。

(4) 促成消费者从一种固有的观念模式转向另一种新的观念模式。当年宝洁公司在推出一次性尿布时，最初在市场上受到了阻碍。后来广告人员发现其中的障碍是消费者的固有观念在作怪，于是对一次性纸尿布进行了重新定位，在广告中强调使用它不是因为年轻的妈妈要贪图方便，而是因为娇嫩的宝宝需要更柔软、更安全、更卫生，换一种思想后一切便迎刃而解。

资料来源：谭慧，黄克琼. 商用心理学大全集［M］. 北京：中国华侨出版社，2011.

答案

第一节

六丁目以消费者需求为基础实行差异化，获得理解和认同。中原人爱吃面，并对价格敏感，价格成为消费行为的重要影响因素，所以，六丁目低价入市，为顾客创造实打实的利益和实惠，这样顾客才就乐于购买，乐于追随。

第二节

七喜的整体竞争策略得当。它以"不含咖啡因"作为整体形象定位，这正好迎合了当时消费者的心理需要。它知道自己在产品上不占优势，于是用良好的形象来吸引消费者，非常成功。

第三节

森达走的是一条从普通品牌定位、晋升为高端名牌的道路。品牌是每个企业都可以设计和拥有的，而名牌则是市场创造的，不是每个企业都能拥有的，甚至是望尘莫及的。品牌是市场竞争中最有力的法宝，没有品牌，就无法在市场中竞争生存。

案例分析

西南航空公司作为后来者，并没有同其他公司展开全面竞争，而是使自己的定位形成竞争优势。由于西南航空公司的低成本，但不舒适的定位适合短途航线，它最终取得了这方面的竞争优势并成为短途飞行之王。西南航空公司在坚持低成本定位的同时，在服务上又体现出高质量的原则，使顾客得到了更多的实惠，也得到了广大消费者的认同。

第五章

品牌广告战略

学习目标

知识要求 通过本章学习，掌握：

- 判定广告是否成功的三大标准
- 网络广告中的视觉盲区
- 明确广告目标
- 广告要抓住真正具备消费能力的人
- 广告策划所不能忽视的中国文化心理

技能要求 通过本章学习，能够：

- 利用新媒体降低广告成本
- 利用隐性植入式广告让品牌随着剧情深入人心
- 利用新媒体互动广告拉近与消费者的距离
- 利用软文广告进行润物细无声的品牌宣传
- 利用名人效应获取消费者的认同
- 把握好情感定位，打动消费者的心
- 调查广告效果，衡量对消费者的影响效果
- 定期评估广告效果，不断完善与改进广告营销

学习指导

1. 本章的主要内容包括判定广告是否成功的三大标准、网络广告中的视觉盲区、利用新媒体降低广告成本、利用隐性植入式广告让品牌随着剧情深入人

心、利用新媒体互动广告拉近与消费者的距离、利用软文广告进行润物细无声的品牌宣传、利用名人效应获取消费者的认同、把握好情感定位打动消费者的心、调查广告效果衡量对消费者的影响效果、定期评估广告效果及不断完善与改进广告营销等。

2. 学习方法：掌握最基本的理论，结合案例理解概念，并进行知识延伸，进行讨论活动等。

3. 建议学时：8 学时。

第一节 品牌广告战略成功的关键

引导案例

万宝路的广告为什么换成了西部牛仔

美国的万宝路香烟最初是专为女人设计的。这款烟的内涵是“男人记得爱只是因为浪漫”。广告的口号是“像五月的天气一样温和”。这种温情脉脉的定位从一开始就注定了无法满足男人的需求，所以尽管当时美国吸烟人数每年都在上升，但万宝路的销量始终不好。

为了走出窘境，他们请了策划大师李奥·贝纳来排忧解难。李奥·贝纳经过周密的调查和反复的思考之后，提出了大胆的“重新定位”策略：将万宝路香烟由女人香烟改为了男人香烟，让万宝路作为一种男子汉的香烟而吸引广大的男性烟民。为了找到一个具有阳刚之气的形象代言人，万宝路使用过邮递员、飞行员、伐木工、潜水员等角色，但最终锁定了西部牛仔。因为伴随着美国西部片的盛行，美国民众已经把牛仔当成了真正的英雄。

更难得的一点是，万宝路并没有使用演员扮演牛仔，而是一头扎进美国西部的各个大牧场去寻找真正的牛仔，直到有一天他们发现了自己要寻找的那个牛仔形象。不久之后，一个目光深沉、皮肤粗糙、浑身散发着粗狂、原始、野性、豪迈的男子汉气概的牛仔形象出现了。他袖管高高地卷起，露出多毛的手臂，手指间夹着一支冉冉冒烟的万宝路，跨着一批雄壮的高头大马驰骋在辽阔的美国西部大草原。这种强大的视觉冲击力让男人都渴望的气概、女人都欣赏的性感形象从梦中走进了现实，那种梦想中的浪漫生活方式极大地满足了消费者的心理诉求，万宝路的销售额一下子飞速上升。

在李奥·贝纳为万宝路作了重新定位之后的第二年，万宝路香烟在美国香烟品牌中销量一跃排名第10位。到了1975年，万宝路香烟的销量超过了一直稳居首位的云斯顿香烟，坐上了美国烟草业的第一把交椅。从20世纪80年代中期一直到现在，万宝路香烟销量一直居世界香烟销量首位。世界上每被抽掉的4支香烟中，就有一支是万宝路。

资料来源：谭慧，黄克琼. 商用心理学大全集［M］. 北京：中国华侨出版社，2011.

思考题：

万宝路的成功给我们的启示是什么？

一、把握好情感定位，打动消费者的心

问题1：如何把握好情感定位，打动消费者的心？

广告在以理服人的同时，更要以情动人。人人都有七情六欲，都有丰富的感情，包括亲情、爱情、友情等，企业要想让产品容易为顾客所理解、所喜爱、所接受。最好的形式是通过广告来传递感情，令大众产生心灵上的共鸣。

一则以情动人的广告，要选择恰当的角度，将感情的定位把握好，以有效的手段强化、渲染产品所特有的情感色彩，以打动消费者的心。在把握消费者情感定位的时候，我们应该注意三条：

（一）一定要有真情实感，避免虚情假意

情感广告依靠的是以情动人，如果广告中没有真情实感，只有冠冕堂皇的空话或者虚情假意，那么这样的广告不做也罢。

比如有一则礼品的广告，我们在里面看不见有亲情、友情或者任何一种情感在里面，我们看到的只是空洞的送礼片。它送老爸，送老妈，送叔叔，送阿姨，什么人都送了，仿佛就是一个礼品界的“狗皮膏药”，消费者就会想：凭什么要用你的产品去送礼呢？

（二）把握感情的限度，避免广告中出现不道德的内容

中国传统的情感都是比较含蓄和内敛的，表达爱情的时候或许只是一个充满爱意的眼神或者是一个拥抱，远远没有西方人那样奔放。所以在学习西方创意的时候一定要把握好度的问题。

比如有一则可口可乐的广告是这样的：女主角在家里和男友玩游戏机时，问男友是否想来一罐可口可乐。当她发现冰箱里只剩一罐可口可乐的时候，她决定和男友一起分享。但是男友竟然抢过可口可乐，准备自己一饮而尽。女主角愤怒之余，将自私的男友抛进窗外的游泳池，而她自己则站在窗口，独自享受着可口可乐。

该创意旨在告诉人们：现代年轻人对于生活中的一切都有自己的评判标准，不轻易妥协。但是我们中国人却很少能看出这个“不轻易妥协”的主题。相反的，大家看到的是一对年轻恋人为了一罐可乐而大打出手，女主角还将男友抛进游泳池，然后独自享受可乐。这个广告虽然名为“爱情篇”，实际上却因为没有把握好感情的限度，结果将爱情变成了不道德。

（三）避免文化的冲突

广告创意人员在做广告创意的时候，一定要先彻底了解当地的风俗人情，不要做出一个被消费者唾弃的广告，那样不仅损害广告主的利益，也伤害了消费者的情感。

前两年日本的某品牌汽车在中国犯了一个致命的错误，主要原因就是忽略了民族感情，忽略了历史和中国公民的民族精神。日本产品在中国销售原本一切都需要小心翼翼，但是那个品牌却偏偏犯了这样一个大忌，居然让中国代表王者的狮子给该品牌的汽车下跪，严重伤害了中华民族的感情。加上原本中日之间的微妙关系，因此该广告在媒体上一投放，立即掀起轩然大波，遭到无数消费者的反对，很快该广告就被禁止投放，并且制作该广告的广告公司和广告主都在媒体上公开道歉。这次事件对该品牌汽车在中国市场上的销售自然起了很大的负面影响。

二、明确广告目标

问题 2： 为什么说制定合理广告策略的第一步是明确广告目标?

企业要制定合理的广告策略，第一步就是明确企业做广告的目标，科特勒提醒企业，选择广告目标首先要透彻分析和了解当前的市场情况，企业要根据产品自身的特性和生命周期选择不同的广告目标。

在百威进军日本市场时，广告对象主要设定为25~35岁的男性，他们平常都喝啤酒以外的烈酒，对运动与时装非常有兴趣，喜爱各种各样的休闲活动。这个对象的设定与百威啤酒原本就具有的“年轻人的”和“酒味清淡”的形象十分吻合。

在设定目标后，百威把宣传重点放在了年轻人关注较多的杂志广告上，并推出特别精印的激情海报加以配合。广告的诉求重心则是着力于强化品牌的知名度，以突出美国最佳啤酒的高品质形象。在行销的一个阶段里，传播概念都建立在“全世界最有名的高品质啤酒”，视觉重点强调在标签和包装上。

百威广告在表现上运用了扣人心弦的创意策略，即将百威啤酒融于美洲或美国的气氛中，如辽阔的大地、沸腾的海洋或宽广的荒漠，使观众面对奇特的视觉效果，产生一种震撼感，令人留下深刻的印象。这种策略在第一个阶段里被运用得非常有技巧。在第二个阶段里，创意方向则针对美国风味加以渲染，以造成强大而新鲜的感觉，以勾起目标对象的渴望。

在第一阶段里，广告主题是："第一的啤酒，百威"，动人的标题是"我们爱第一"。到了第二阶段，主题改为"百威是全世界最好、最有名的美国啤酒"。广告标题则变成"这是最出名的百威"，标题还印在啤酒罐上，只要拿起罐子就可看到。

百威推出的多种不同广告，博得了消费者的好感，而且恰如其分的广告，也使在1981年才进入日本市场的百威，第二年就在日本进口啤酒中名列前茅，1982年销量更是比1981年增加50%，1984年就取得了销售200万瓶的业绩。

对企业来说，必须为自己的产品确立正确的目标。百威在进入日本市场之前对当地的啤酒市场、社会结构、不同年龄和阶层的消费者状况进行了细致的调查，把握了日本年轻人市场的变化，确立了以年轻人为目标的广告策略。然后，根据目标群体的需要，进行有针对性的广告宣传，最终获得了成功。

一般主要的广告目标可以分为三种：

1. 宣传广告

宣传广告的目标是要告诉顾客有关产品的信息。这是一种报道性广告，即通过向消费者介绍广告的性能、用途、价格等，以刺激消费者的初始需求。在推出新产品或新服务时，这是一种非常主要的广告目标。

2. 劝说广告

当目标顾客已经产生了购买某种产品的兴趣，但还没有形成对特定产品偏好时，劝说广告的目的是促其形成选择性需求，即购买本企业的产品。劝说广告突出介绍本企业产品的特色，或通过与其他品牌产品进行比较来建立一种品牌优势。

3. 提醒广告

有些产品在市场上销售多年，虽已有相当的知名度，但厂商仍需要推出提醒性广告来提醒购买者，不要忘了他们的产品。这是一种备忘性广告。这种广告有利于保持产品在顾客心目中的形象。

三、判定广告是否成功的三大标准

问题3：判定广告是否成功的三大标准是什么？

在商品同质化、消费个性化日益成为趋势的今天，要求企业通过各种方式及时、充分地向消费者提供关于产品的信息，以引起消费者的购买行为。广告是一个企业促销组合中的重要组成部分，是企业开拓市场的先导。一则好的广告可以使一个企业起死回生；相反，一则差的广告不仅会给消费者造成误导，还会使商品陷入无人问津的困境。所以，一个懂得营销的公司，必定会在制定合理的广告策略上下工夫，使自己的产品在同类产品中脱颖而出。

在耐克公司刚成立的时候，规模很小，随时都有倒闭的可能。在其迅速成长的背后有什么秘密呢？对此耐克创始人解释道：耐克公司注重沟通效果的广告，使耐克品牌深受众爱，迅速成长。

在1986年的一则耐克充气鞋垫的广告片中，耐克公司突破了一味宣传产品技术性能和优势的惯常手法，采用一个崭新的创意：由代表和象征嬉皮士的著名甲壳虫乐队演奏的著名歌曲《革命》，在反叛图新的节奏、旋律中，一群穿戴耐克产品的美国人正如痴如醉地进行健身锻炼……这则广告准确地迎合了刚刚出现的健身运动的变革之风和时代新潮，给人耳目一新的感觉。耐克公司原先一直采用杂志作为主要广告媒体，但自此以后，电视广告成为耐克的主要“发言人”，这一举措使得耐克广告更能适应其产品市场的新发展。

广告变法的成功，使得耐克公司的市场份额迅速增长，一举超过锐步公司而成为运动鞋市场的新霸主。耐克的长期竞争对手——锐步公司也不得不跟着效仿，像耐克一样强调沟通风格而不仅仅是产品功能，同时锐步公司改用Chiat Day公司作为广告代理商，以图重振昔日雄风。然而，这一切均无济于事，抢先一步的耐克公司产品的风格和优点已在消费者心中占据了不可动摇的地位。

耐克广告变法的成功为其赢得了市场和消费者，更重要的是耐克公司在变革中，逐渐掌握了广告沟通艺术，形成了自己独特的广告思想和策略——须致力于沟通，而不是销售诉求。这一策略与大多数美国公司的广告策略是根本不同的，但正是这一独特的策略和做法，使得耐克公司在市场中不断成功，迅速成长。

由此可见，在商品同质化、消费个性化日益成为趋势的今天，营销显现出强大的生命力。现代的市场营销活动，不仅要求企业产出符合市场需要的产品，还要求企业要通过各种方式及时、充分地向消费者提供关于产品的信息，以引起消费者的购买行为。而一则成功的广告无疑显得尤为重要。

那么，什么样的广告才算是成功的呢？这就要求其符合三个标准：

（1）要引起目标消费者共鸣，进而引起销售热潮。

（2）要有一个直接的、清晰的观点。很多企业高层，希望在一个仅仅15秒的广告里面放上几十个想要表达的东西，其实这就会造成信息传达的模糊、不准确。消费者很难记住你到底想说什么。

（3）要在创意表现形式上战胜竞争对手。

把握这三点，才能让你的广告一鸣惊人，使你的产品深入人心，最终成为同类产品中的赢家。

四、广告要抓住真正具备消费能力的人

问题 4：为什么说广告要抓住真正具备消费能力的人？

我们生活在一个传播过度的社会里，电视、报纸、杂志、网络、公交车站牌、公交车上、墙上……总之，抬头低头看到的都是广告。然而，人们的头脑却是过分的简单。除非违背自然法则，把每天的 24 小时翻上一番，人们才能向脑子里塞进更多的东西。因为普通人的大脑已经是一块满得滴水的海绵，吸纳不下太多的东西。

更令人失望的是，真正有消费能力的人，基本上没有太多的时间去看电视，看报纸杂志也是走马观花，上网更是没有时间。上网的大部分是高中生，看电视的大都是爸爸妈妈、儿子女儿，老婆可能也有时间看，但在外面天天忙的老公是没有时间看的。在这个时候，不小心把握住行业本质的人肯定就会成功。

有一天，诗人出身的江南春外出办事的时候被一张电梯门口的招贴画吸引住了。大家抱怨电梯很慢，等电梯时间往往很无聊。等电梯的人的一句话提醒了江南春，“如果有电视，人们在等电梯的时候就不会感到无聊了，效果也会比招贴画好很多。”江南春一下子被吸引住了，他想：我在电视上播广告怎么样？如果有比看广告还无聊的时间，我想大多数人还是会关注广告的。

发现了空白，江南春马上开始施行他的计划。2002 年 6 月到 12 月，江南春说服了第一批 40 家高档写字楼。2003 年 1 月，江南春的 300 台液晶显示屏装进了上海 50 幢写字楼的电梯旁。2003 年 5 月，江南春正式注册成立分众传媒（中国）控股有限公司，分众从此开始走上飞速发展之路。

分众传媒能够有效打中观众，就是因为它不小心打中了广告的本质——“分”和“无聊”。“分”是指，在高级办公大楼贴广告牌、贴液晶显示器的时候，不小心就把这些不太看电视、报纸、杂志，也没时间上网的具有高消费能力的白领精英给圈进来了。“无聊”是指这群人在等电梯的时候，人太多，他们不太方便打手机，因为他们讲的话可能都具有某些重要的或者不能透露的机密。他们也不可能闭上眼睛休息一下，因为时间太短。所以，这群人在电梯间里面好像就只能干瞪着眼无聊。分众传媒不小心把广告放在电梯里面，刚好给

了他们第二个选择。分众就在无意之中捕获了真正具有消费能力的大批白领精英、成功人士。

所以，短短19个月时间，分众传媒利用数字多媒体技术所建造的商业楼宇联播网就从上海发展至全国37个城市；网络覆盖面从最初的50多栋楼宇发展到6800多栋楼宇；液晶信息终端从300多个发展至12000多个；拥有75%以上的市场占有率。

广告不在于多，关键在于你有没有抓住有消费能力的人群。如果抓不住的话，打再多的广告也只等于是打水漂。

五、利用新媒体降低广告成本

问题5：如何利用新媒体降低广告成本？

新媒体是一个不断变化的概念，是相对于传统媒体而言的。只要媒体构成的基本要素有别于传统媒体，就可以称为新媒体。新媒体广告与传统媒体广告最大的区别是：新媒体广告仅仅借助不到一平方米的平面，就可以做到与传统媒体相同的宣传效果，可以大大降低投资成本。

美国密尔沃基市的威克酿造公司的竞拍活动引起了无数人的兴趣。威克公司市场部经理基特认为，这次活动有双重目的，该活动的主要受众是全国饮用啤酒的成人，他们可以自由参与商品竞标。该活动的设计目的很明确，就是要使用户和公司双重受益。2000年5月1日，众多美国的啤酒爱好者登录了www.WekeGetTheGoods.com，参与了这次竞标活动。参与者可以使用现金或者酒标进行商品竞标。所谓酒标，就是消费者购买Weke Lite或威克Genuine Draft产品所得的票券，这些票券的推广范围遍及全美39个州。在整个登记过程中，公司还要求用户自由选择一家他们认为可靠的慈善组织。

这是威克公司夏日推广计划的第一轮，这个计划将包括品牌和市场双方面的推广。而且，该公司在六七月间同时推出了电视广告、印刷品广告、户外广告及电台宣传活动，当然网络广告将作为市场重头。首轮网络广告的投放时期是5月20日~8月20日，投放站点包括CBSportsline、Sporting News、ESPN、Playboy、Rivals和Speed Vision等。品牌宣传活动所借助的重要工具是Unicast公司的Superstitials。Superstitials是一个编辑richmedia格式的工具，它可以适用的广告尺寸非常广泛，无论邮票大小的标识还是全频广告，它都游刃有余。在这些广告中，商家可以自由插入动画、声音等因素。Unicast在5月底至8月初共创作了三条以鼓励浏览者参与竞标为主旨的广告。

这次网络竞标非常成功，该活动的竞拍数达到了22000次，吸引了338497

个单独用户进行访问，单次访问数达到了602958次，平均用户会话时间超过了15分钟，所得的款项全部捐给了慈善机构。

每件拍卖品几乎有60次以上的出价，整个竞拍过程非常火爆。成交的热门商品包括：

BobbyRahal汽车：39000美元；

野外打猎、野餐、滑雪豪华游：22500美元；

PlayboyMansion的豪华午餐：18200美元；

RustyWallace剧院演出券：2800美元；

在TexasStadium参加一次虚拟游戏：1000美元。

这次耗资庞大的活动一共进行了六轮。在活动期间，有大量的啤酒爱好者对威克公司产生了极大的兴趣。Bussen称，他们对活动结束后的销售情况非常满意。

威克公司利用网络竞标，在使用户受益的同时，也很好地宣传了自己的企业，可谓两全其美。策划者推陈出新，利用新媒体通过吸引用户参与活动，造成良好的社会影响，以达到宣传自己的企业与产品的目的，这一成功经验确实值得中国商家学习。

目前的新媒体主要有三种形式：

（1）户外新媒体：目前在户外的新媒体广告投放包括户外视频、户外投影、户外触摸等，这些户外新媒体都包含一些户外互动因素，以此来达到吸引人气，提升媒体价值的目的。

（2）移动新媒体：以移动电视、车载电视、地铁电视等为主要表现形式，通过移动电视节目的包装设计，来增加受众黏性，便于广告投放。

（3）手机新媒体：手机媒体是到目前为止所有媒体形式中最具普及性、最快捷、最为方便并具有一定强制性的平台，它的发展空间将非常巨大。未来的2~3年内，3G手机逐渐普及，手机媒体将成为普通人在日常生活中获得信息的重要手段。

关键术语

广告成本

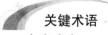

广告成本指按社会必要劳动时间核算和支付发生于广告活动中的物化劳动和活劳动耗费。

六、调查广告效果，衡量对消费者的影响

问题 6： 如何调查广告效果，衡量对消费者的影响?

广告主大手笔地投入广告费，自然是想要得到物有所值的产出。然而，广告投放与销售效果到底有怎样的关系却并不是每一个广告主都能明白的。因此，我们需要对广告效果进行科学的调查，了解广告投放产生的效果。

美国盖洛普·鲁滨逊公司（G&R）是广泛运用出版物调查广告心理效果的公司。其曾在调查广告心理效果方面，作出了重大贡献。截至 1990 年，该公司已对 120000 则印刷媒体广告和 6000 则电视广告进行了效果调查。通过案例分析，我们可以归纳出 G&R 公司进行广告心理效果调查时的步骤：

第一，评估市场上各广告的表现。

第二，分析整个广告策划活动及其策略的效果，并与该产品以前的广告宣传活动或者与其他相同产品的广告宣传活动作比较。

第三，针对同一类型产品或某一行业销售效果进行评估。

G&R 公司的调查人员每次抽样调查样本约 150 人（男女均有），年龄在 18 周岁以上，分布在美国各地。被调查者均可以选择自己常看的杂志广告接受调查，他们必须看过最近四期（杂志广告）中的两期，但没有看过最新的一期。调查人员不事先告诉媒体受众调查的内容，同时要求被调查者不要在访问的当天阅读有关杂志。在对受众进行电话访问时，询问被调查者在某一杂志的所有广告中，记得哪几则广告，以便确定这些广告的阅读率；媒体受众指出所记得的广告后，就可以问他们以下问题：

那则广告是什么模样？内容是什么？该广告的销售重点是什么？您从该广告中获得了哪些信息？当您看到该广告时，心理有何反应？您看完该广告后，购买该产品的欲望是增加了还是减少了？该广告中，什么因素影响您购买该产品的欲望？您最近购买此种产品的品牌是什么？

广告策划者通过将上述问题的答案汇总、整理、分析、综合以后，就可以衡量出该则广告的以下效果：

吸引读者记住（或想起）某则广告的能力（Proved Name Registration，PNR）；媒体受众对该广告的心理反应，或对该广告销售重点的了解程度（Idea com-munication）；广告说服媒体受众购买产品的能力（Persuasion），即媒体受众看了该广告后，购买该产品的欲望，受影响的程度。

大多数广告效果的衡量都有一种实用性质，如处理一些具体的广告和活动之类的问题。然而，如今的广告主倾向于将大部分钱投放在对某一广告的

预试方面，只有极小部分钱被用于广告效果的评价上。实际上，我们必须重视对广告活动的效果调查。营销专家建议，更恰当的方式是一个广告活动首先在一个或几个城市开展并评估其进行情况，然后再投入大笔预算在全国全面铺开。

我们在进行广告效果调查前，首先选定一两个试验地区刊播已设计好的广告，然后再同时观察试验地区与尚未推出广告的地区，根据媒体受众的反映情况，比较试验区与一般地区之间的差异，就可以对广告促销活动的效果作出调查。这是一种广告效果调查普遍采用的方式。当然，广告主可根据自己的实际情况灵活运用。

活动 1： 找出一个比较失败的电视广告，并分析其失败的原因。

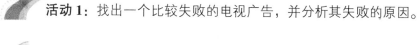

阅读材料

广告创意的思维方法

一般来说，广告创意的思维方式有四种：

1. 垂直思维法

垂直思维法是按照一定的思考路线进行思考，即在一定的范围内向上或向下进行纵向思考。其主要特点是思维的方向性与连续性。方向性是指思考问题的思路或预先确定的框架不能随意改变；连续性则是指思考从一种资讯状态开始，直接进入相关的下一状态，如此循序渐进，中间不能中断，直至解决问题。有人拿了两个比喻来形象地说明垂直思维的方向性和连续性：譬如挖井，只能从指定位置一锹一锹连续往下挖，不能左右挖，也不能中间漏掉一段不挖；又如建塔，只能从指定位置将石头一块一块向上垒，不能左右垒，也不能中间隔掉一段不垒。

2. 水平思维法

水平思维法是指创意思维的多维性和发散性。它要求尽量摆脱固有模式的束缚，多方向、多角度、多方位地思考问题，不断寻求全新的创意。和垂直思维法不同，水平思维法就像是跳出原有的洞，再去挖一个又一个的新洞；丢下原有的塔，再去垒一个又一个的新塔。

3. 会商思维法

会商思维法也叫集脑会商思维法、头脑风暴法、脑力激荡法或智力激励法，由美国 Bbdo 广告公司负责人奥斯本于 20 世纪 40 年代提出，当时称为动脑会议（brainstorming）。其方法是集中一批专家、技术人员和其他有关人员共同思考，集思广益，寻求最佳广告创意。参加会商的应当有各种知识类型和各种思维方式的人员。在会商思维过程中，大家相互启发，相互激励，相互补充，通过头脑激荡，使众人的智慧形成一种更高层次的智慧组合。目前，我国一些大型广告公司普遍采用的创意方法就是会商思维法。

4. 二旧化一新法

“二旧化一新”的基本含义：两个原来相当普遍的概念，可能是两种想法、两种情况或者两种事物，把它们放在一起，结果会神奇般地获得某种突破性的新组合；有时，即使是完全对立、互相抵触的两个事件，也可以经由“创意的行动”和谐地融为一体，成为引人注目的新构想。澳大利亚一家广告公司为吸引空中游客，打出了“下雨，免费旅游”的广告。下雨与旅游本是一对不可调和的矛盾，但这个不合常理、一反常规的荒唐组合却产生了极佳的广告效果，航空公司的年营业额增加了30%，且连续数年不衰。

资料来源：乔春洋. 广告创意的思维方法. 中国服装网，2011.

考试链接

1. 把握好情感定位，打动消费者的心。
2. 明确广告目标。
3. 判定广告是否成功的三大标准。
4. 广告要抓住真正具备消费能力的人。
5. 利用新媒体降低广告成本。
6. 调查广告效果，衡量对消费者的影响。

第二节　广告战略的分类

引导案例

《一起来看流星雨》的雷人广告植入

在《一起来看流星雨》开播后的前几集里，平均5分钟一次的与剧情毫无关联的广告频率，从健身房到越野车，从奶茶到电脑，从旅游景点到玩具公仔，真是吃穿住行，想植就植，中国网友的娱乐精神再一次被很好地发挥：观众们，《一起来看流星雨》喊你回家看广告！

芒果制造的H4们代替了风流倜傥的台湾版F4，山寨风格的《一起来看流星雨》被网友们从内到外批了个天翻地覆："服装土得掉渣就像地摊货，端木磊的上衣居然还有蕾丝边，上官瑞谦穿着国产品牌的过时篮球鞋还在那里炫耀；最可笑的是他们开的车也只是几万块的国产赞助车，还在惊叹'好棒的车子哟'；不见带有游泳池的豪宅，只见普通的公寓套房；H4们的业余娱乐就是在网吧里打电子游戏……我看这部剧应该叫《乡村花园》！"

无处不在的植入性广告也彻底雷倒了网友们，有人调侃这简直就是一部广告剧。据细心的观众统计，《一起来看流星雨》截止到第四集，剧中共出现了至少12个不同品牌的"30秒广告"，创下了国产电视剧广告植入数量之最。而植入广告出现的频率也创下了纪录——大致为5分钟1次。为了表现某款新车的越野与赛车功能，足足动用了8分钟的时间；为了宣传某GPS导航装置，主演还把半本书大小的这个装置带在身上……

在这部电视剧中，各类植入广告可谓无处不在：

（1）球鞋：男演员一个漂亮的转身投篮，获得了阵阵喝彩，他说："全靠了我这双鞋！"随后该鞋获得了长达30余秒的特写。

（2）汽车：第一集中，男主角拄着拐杖直奔汽车销售大厅，镜头给了汽车品牌特写。第二集中，只见男主角们驾驶4辆该款汽车，"风驰电掣"地飙车。

（3）洗发水：女主角在超市购物时，镜头里全是某品牌的洗发水。后来女主角被人浇了一身水，碰到了音乐老师，老师说："你有一头漂亮的头发，怎么能任由它乱糟糟的呢，你应该用蚕丝蛋白来护理。"接着老师就拿出一瓶洗发露，镜头给了该品牌大特写。

（4）服装：女主角走在大街上，路过一家商店，突然该店的员工吼了一句"×××××，不走寻常路！"

……

资料来源：谭慧，黄克琼. 商用心理学大全集［M］. 北京：中国华侨出版社，2011.

思考题：

《一起来看流星雨》给我们的启示是什么？

一、网络广告中那些令人意想不到的视觉盲区

问题7： 网络广告中那些令人意想不到的视觉盲区是什么？

人们在观察景物时，视觉的第一印象就是对色彩的感觉，色彩是最能吸引眼球的诱饵。同样，当面对纷繁的广告画面时，在第一时间最能吸引人的也是广告的色彩。恰当地运用广告色彩，对于提高和强化广告中产品或劳务的认知

性、情感性和审美性有着重要的作用。

然而，很多人都会忽视那些因为惯性认知行为所导致的令人意想不到的视觉盲区。Benway 和 Lane 研究小组研究的“广告盲区”课题结果表明：实际上，人们更容易忽视那些大幅的、闪动的、五颜六色的在页面顶端的广告。

“广告盲区”的研究证明，在预测人们的行为时，实地观察的重要性远远大于逻辑本身。人们往往只肯按照自己的惯性而不是我们的逻辑分析和主观愿望来作出反应。在大多数情况下，人们只服从于自己的利益、需求、情绪等内在因素。如果一个东西太大、太明显，反而容易被漏过。这一点其实早已被每一个了解神探福尔摩斯的人所熟知。

比如网络广告，很多人都会误以为把与“重要信息”的链接做成大号、粗体、五颜六色的模样就会引起消费者的重视。但在实际上只有很少的一部分人会去注意这些粗体的、显眼的、包含他们所需要找的信息链接。

大而显眼的东西似乎不能引起人们的注意，因为包含着重要信息的标志其实是被看到的，但是人们会迅速滚动鼠标绕过它们去看那些纤细的、单色的、不显眼的地方。事实上，是否忽视重要信息与大小、鲜艳程度并无多少关联，而是取决于人们的心理期盼和行为方式。

大多数人在一个网页寻找“重要信息”链接的时候，第一步通常是缩小范围，找到关注面，进而找到关注点。人们会通过潜意识和对当下环境的判断来指导自己的搜索。比如当你寻找眼镜的时候，你不会盯着天花板寻找，而是到地板上或者是桌子上去寻找。同样的道理，在寻找链接的时候，人们并不是朝着那些大幅朝他招徕的标语去寻找，因为那并不符合网页链接所应该在的位置。

人们的注意力模式在重要信息定位方面是极为出色的，可以用很少的信息来确定它们的最佳焦点。正常情况下，这套行为系统都会良好运转，如果有什么意外信号出现，人们往往容易忽略这些与既定模式不相匹配的信息。

那么，如果你想让你的广告显眼、位置突出，你应该怎么做呢？研究发现，人们阅读网页的习惯与阅读印刷物的习惯非常不同：在网页上，人们总是从头开始，但往往只读一点点就不再读下去了。因此网页设计者应该按照“倒金字塔”的结构来写作，即把最关键的点和结论先写，然后再写次要的，背景资料则放在最后。类似结构也应该适用于链接的列表，将最重要的置于顶端，最不重要的放在最后。

“广告盲区”的发现再次肯定了连贯性、一致性的规律，以及服从已有惯例的重要性。因此，网页广告的设计者们应该更好地服从一个清晰的、连贯的概念模式，与之保持一致。在这方面，运用首位法则来实现显著效果：就是说把最重要的内容放在第一位——最上面。

二、利用隐性植入式广告让品牌随着剧情深入人心

问题 8： 如何利用隐性植入式广告让品牌随着剧情深入人心？

目前，各电视频道纷纷以增加广告时长的方式维持收入增长，广告发布环境日趋复杂、环境噪音增大、广告接触率严重下降，形成了广告拥堵的局面。对于广告的受众来说，在广告轰炸下显示出愈来愈明显的离心倾向和逆反心理，充满了对广告的不信任感，对各种营销信息表现得越发麻木和冷漠。硬性的品牌形象广告很难持续激发消费者的热情，如果品牌联想缺少有效的更新，品牌容易被视作“老迈品牌”，失去年轻的消费群。

在这种情况下，植入式广告就成了进入受众心智的新形式。植入式隐性广告往往能起到比传统广告更好的效果，吸引消费者的注意力。有调查表明，美国 2/3 的电影电视业收入来自于增值部分，电视剧有 75%的资金来自植入式广告。一项市场研究报告亦显示，中国本土近 70%的观众不排斥电影、电视广告。在影视广告植入中，我们可以采取五种方式：

1. 直接上广告

比如电影《手机》中有一情节直接加播了中国移动的电视广告片段。

2. 产品露一脸

让广告产品出现在背景环境中或者出现在特写镜头中。如热门电影《40 岁处男》中就出现过男主角身穿 SMATTECH 牌 T 恤、电子游戏《超级玛丽》、索尼 CD 播放器等产品的背景和特写镜头。

3. 影片台词

让产品名字直接成为影片台词。如《阿甘正传》中的一句经典台词“见美国总统最美的几件事之一就是可以喝足‘彭泉’牌饮料”。

4. 产品在情节中出任角色

如 007 系列电影中，“阿斯顿·马丁”、“莲花”、“宝马”都扮演过 007 的坐骑。

5. 产品广告作为情节道具

如《廊桥遗梦》中传情达意的尼康相机，一共出现了 17 次；曾经轰动一时的韩国影片《恋风恋歌》不但刺激了济州岛的旅游，其中男女主角的围巾、服饰也引来大批影迷效仿，一时成为时尚。

不过需要注意的是，选择了不同的影视节目会带来不同的传播效果。品牌的传播效果既受影视节目自身的社会影响力的影响，也会受到节目情节与品牌

植入的关联度的影响，关联度高，观众容易接受，而且容易和剧情一起产生记忆，传播就会好；和剧情关联度太低，会显得生硬，容易引起反感。

关键术语

植入式广告

植入式广告是随着电影、电视、游戏等的发展而兴起的一种广告形式，它是指在影视剧情、游戏中刻意插入商家的产品或表示，以达到潜移默化的宣传效果。由于受众对广告有天生的抵触心理，把商品融入这些娱乐方式的做法往往比硬性推销的效果好得多。

三、利用新媒体互动广告拉近与消费者的距离

问题 9：如何利用新媒体互动广告拉近与消费者的距离？

较之于传统媒体，新媒体自然有它自己的特点。在我们新媒体广告互动传播中，需熟知新媒体的特点，以便达到更好的整合与传播效果：

1. 手机媒体

如今的手机已不再单单是通讯工具，它还担当起了“第五媒体”的重任。手机已经成为集合着通讯、视频、上网等功能的强大的掌中媒体。

2. IPTV

IPTV 即交互网络电视，一般是指通过互联网络，特别是宽带互联网络传播视频节目的服务形式。互动性是 IPTV 的重要特征，IPTV 用户不再是被动的信息接受者，可以根据需要有选择地收视节目内容。

3. 数字电视

作为新媒体之一的数字电视同样在吸引着人们的眼球，广电总局正式将 2004 年定为“数字电视年”，曾计划 2005 年完成 3000 万用户的目标。快速增长的数字电视用户为传媒的发展提供了新的发展平台。

4. 移动电视

移动电视具有覆盖广、反应迅速、移动性强的特点，除了传统媒体的宣传和欣赏功能外，还具备城市应急信息发布的功能。另外，对于公交移动电视来说，“强迫收视”是其最大的特点。移动电视正是抓住了受众在乘车、等候电梯等短暂的无聊空间进行强制性传播，使得消费者在别无选择时被它俘获，这对于广告的传播效果或许更佳。

5. 博客

从 2002 年博客正式在中国兴起以来，博客突破传统的网络传播受到了越

来越多的关注。由于博客个人性和公共性的结合特点，这一新媒体的商业价值正在被越来越深入地挖掘。

四、利用软文广告进行润物细无声的品牌宣传

问题 10：如何利用软文广告进行润物细无声的品牌宣传？

软文广告是相对于硬性广告而言的广告形式，由企业的市场策划人员或广告公司的文案人员来负责撰写的“文字广告”。与硬性广告的直白相比，软文广告追求的是一种“随风潜入夜，润物细无声”的传播效果。

广义的软文是指企业通过策划，在报纸、杂志或网络等宣传载体上刊登的，可以提升企业品牌形象和知名度，或可以促进企业销售的一种宣传性、阐释性的文章，包括特定的新闻报道、深度文章、付费短文广告、案例分析等。

史玉柱把软文炒作的要点，总结成了妙趣横生的八十字诀：

软硬勿相碰，版面读者多，价格四五扣（扣是商业上常说的“扣率”，是一种市场销售价为基准价的计算方式，类似于“折扣”的意思），标题要醒目，篇篇有插图，党报应为主，宣字要不得，字形应统一，周围无广告，不能加黑框，形状不规则，热线不要加，启事要巧妙，结尾加报花，执行不走样，效果顶呱呱。

例如在介绍脑白金的时候，史玉柱就用了许多带有夸张的说法，将新概念融入权威杂志中，甚至将脑白金搬到了国外，在报纸上出现了脑白金这样的新闻性软文报道：

人脑占人体的重量不足 3%，却消耗人体 40%的养分，其消耗的能量可使 60 瓦电灯泡连续不断地发光。大脑是人体的司令部，大脑最中央的脑白金体是司令部里的总司令，它分泌的物质为脑白金。通过分泌脑白金的多少主宰着人体的衰老程度。随着年龄的增长，分泌量日益下降，于是衰老加深。30 岁时脑白金的分泌量快速下降，人体开始老化；45 岁时分泌量以更快的速度下降，于是更年期来临；60~70 岁时脑白金体已被钙化成了脑沙，于是就老态龙钟了。美国三大畅销书之一的科学专著《脑白金的奇迹》根据实验证明：成年人每天补充脑白金，可使妇女拥有年轻时的外表，皮肤细嫩而且有光泽，消除皱纹和色斑；可使老人充满活力，反映免疫力强弱的 T 细胞数量达到 18 岁时的水平；使肠道的微生态达到年轻时的平衡状态，从而增加每天摄入的营养，减少侵入人体的毒素。

……

以上这篇文章，是经过史玉柱精心策划的，在读者眼里，这些文章的权威

性、真实性不容置疑，又没有直接的商品宣传，脑白金的悬念和神秘色彩被制造出来了。人们禁不住要问：脑白金究竟是什么？消费者的猜测和彼此之间的交流使“脑白金”的概念在大街小巷迅速流传起来，人们对脑白金形成了一种企盼心理，都想一探究竟，弄清真相。

脑白金的软文广告在南京刊登时，没钱在大报上刊登，就先登在一家小报上，结果南京的某大报竟然将脑白金的软文全部转载。脑白金软文的质量由此可见一斑。正是史玉柱这种登峰造极的新闻手法，让消费者在毫无戒备的情况下，接受了脑白金的“高科技”、“革命性产品”等概念。当这些软文广告实施一段时间，多数消费者已经在心理上认同脑白金之后，史玉柱就通过电视、广播等多种硬性广告渠道展开宣传。

史玉柱非常重视软文广告。他对软文广告的投放有严格的要求：选择当地两三种主要报纸作为软文的刊登对象，每种媒体每周刊登 1~3 次，每篇文章占用的版面，对开报纸为 1/4 版，四开报纸为 1/2 版，要求在两周内把新闻性软文全部炒作一遍。

另外，在软文的刊登方法上，他也做了十分细致的规定。例如要求软文周围不能有其他公司的新闻稿，最好刊登在阅读率高的健康、体育、国际新闻、社会新闻版，一定不能刊登在广告版；最好这个版全是正文，没有广告。软文标题不能改，要大而醒目，文中的字体、字号与报纸正文要一致，不能登“食宣”字样，不加黑框，必须配上如“专题报道”、“环球知识”、“热点透视”、“焦点透视”、“焦点新闻”等类似的报花，每篇软文都要配上相应的插图，而且每篇软文都要单独刊登，不能与其他文章混合在一起刊登。

更绝的还在后头，每炒作完一轮之后，史玉柱还要以报社名义刊登一则敬告读者的启事：“近段时间，自本报刊登脑白金的科学知识以来，收到大量读者来电，咨询有关脑白金方面的知识，为了能更直接、更全面地回答消费者所提的问题，特增设一部热线……希望以后读者咨询脑白金知识拨打此热线。谢谢！”而这部热线，自然是脑白金内部的电话。

软文广告的目的：用较少的投入，吸引潜在消费者的眼球，增强产品的销售力，提高产品的美誉度；在软文的潜移默化下，达到产品的策略性战术目的，引导消费群的购买。

活动 2：为一个产品进行一次广告策划。

考试链接

1. 网络广告中那些令人意想不到的视觉盲区。

2. 利用隐性植入式广告让品牌随着剧情深入人心。

3. 利用新媒体互动广告拉近与消费者的距离。

4. 利用软文广告进行润物细无声的品牌宣传。

第三节 品牌广告战略的施行

引导案例

阿迪达斯为什么要选体育明星做代言

作为国际上著名的体育运动品牌，阿迪达斯运动用品系列早已家喻户晓。每当打开电视机，观看精彩的体育节目时，你一定会注意到那些蜚声体坛、名闻全球的著名运动员大多数穿的都是各种颜色鲜艳、款式新颖、带有三瓣叶图案的运动衣——这就是阿迪达斯运动系列服装。

为了保持公司产品的世界知名度，阿迪达斯公司往往不惜血本，用巨额资金请来世界著名运动员对产品做广告宣传。阿迪达斯公司每年都要把产品总量的 3%~6%无偿赠送给世界各个国家的著名运动员和体育团体。

早在 1936 年柏林奥运会时，阿迪达斯公司就开始采用了这种促销策略。当时，阿迪达斯公司刚刚发明了一种新的短跑运动鞋。为了打开这种新鞋的市场，阿迪达斯公司将眼光瞄向了美国著名的短跑名将欧文斯。因为欧文斯在最近几年的田径赛场上几乎战无不胜，取得了令人瞩目的成就，如果能够和欧文斯签订协议，让他穿上阿迪达斯公司的跑鞋参加比赛，一旦欧文斯获得冠军，那么阿迪达斯公司就可以向世界宣称是自己公司的产品助了欧文斯一臂之力。经过联系，阿迪达斯公司终于和欧文斯签订了协议。结果，欧文斯一举夺得四枚短跑金牌，成为奥运会田径赛场上引人注目的明星。这样，阿迪达斯公司的新跑鞋成为体育爱好者的抢手货，立即畅销全球。

在 1984 年，阿迪达斯公司又给世界著名网球明星兰顿 50 万美元的巨款，作为他在比赛时穿用阿迪达斯网球鞋的报酬。

通过借助体育明星的宣传，阿迪达斯公司虽然支付了巨额费用，但是这些付出给公司所带来的回报却是无法估量的。它不仅帮助阿迪达斯公司推销出去了不计其数的运动服、运动鞋、运动帽等运动系列服饰，更重要的是，阿迪达斯公司向世界各国消费者宣传了自己的品牌，使阿迪达斯产品成为全球著名的品牌，也为阿迪达斯公司带来了更大的收益、更响的名气、更兴旺的生意。

资料来源：谭慧，黄克琼. 商用心理学大全集［M］. 北京：中国华侨出版社，2011.

思考题：

阿迪达斯的成功给我们的启示是什么？

一、利用名人效应获取消费者认同

问题 11： 如何利用名人效应获取消费者认同？

由于名人具有一定的公信力和偶像影响，消费者往往会对名人产生崇拜、信赖或者是消费观念上的追随心理，这种心理就是所谓的“名人效应”。企业可以利用消费者这种心理来促进产品的销售，这是一种有效的“借势”促销手段，能够消除一般消费者的提防心理，因此名人宣传的效果远远大于一般的宣传效果。

但是要注意的是，名人对于企业来说也是一把双刃剑，应该慎重行事，如果运用失当，其负面效应更不可低估，对此应当有清醒的认识和把握。选择合适的代言人是广告成功的关键。一般说来，好的形象代言人特征有三个：

（1）有较高的社会知名度和美誉度。一定程度上说，名人知名度的高低同广告效果的大小是成正比的，而名人的美誉度会给人以信任感，产品借名人扬名，名人与产品相得益彰。

（2）名人与所宣传的产品之间应该具有某种关联性，能建立一种名人形象与产品形象的和谐关系。

（3）慎重考虑名人本身的形象、特长、个性魅力等，以及是否与广告所要沟通的目标消费群相和谐。

关键术语

名人效应

名人效应是名人的出现所达成的引人注意、强化事物、扩大影响的效应，或人们模仿名人的心理现象的统称。名人效应已经在生活中的方方面面产生深远影响，比如名人代言广告能够刺激消费，名人出席慈善活动能够带动社会关怀弱者等。简单地说，名人效应相当于一种品牌效应，它可以带动人群，它的效应可以如同疯狂的追星族那么强大。

二、广告策划不能忽视中国文化心理

问题 12： 广告策划所不能忽视的中国文化心理有哪些？

1. 不要触到民族主义这根高压线

随着信息革命和全球化的深入，信息在全球的传播速度也是非常惊人的。而近年来，跨国企业在广告中触犯当地文化心理的现象在各国广告界也时有发生，并且往往迅速成为媒体焦点，直接冲击了企业形象、削减了品牌价值，严重影响了消费者对产品的消费感情。广告人在制作广告的时候，一定要遵守"全球化思考、本土化执行"的广告思路，不仅要考虑广告播放针对的市场的环境、文化、政治、法规，同时要兼顾其他市场乃至全球市场的认知和心理。尊重别国国民强烈的爱国感情，"动什么都别动民族情绪"这根高压线。

2. 不能让受众觉得受到了愚弄

整体来说，我们大体上属于一个中规中矩、有些严肃、自尊心也比较强烈的民族。在民族内部，各个地区民众的性格心理差距也比较大，这是我们必须整体兼顾的一个东西。所以在做广告策划的时候，大胆创意固然重要，但是不能让受众觉得受到了愚弄。

3. 不能违背正常的道德伦理

在众多广告载体中，效率最高、视觉冲击力最强、影响最直接的是电视广告。其包含的道德元素所造成的影响也不容小觑。为了吸引大众眼球，广告创意追求新颖无可厚非，但是为了赚取噱头而推出一些有悖社会公德的广告宣传只会让观者失望、望者寒心。价值失位的广告语、创意给人越深刻的感受，也越发伤害企业的公众形象。这是企业和广告人需要十分谨慎对待的问题。

4. 性感要适度，张扬正气的中国元素更容易获得好感

性感广告在创作中还要注意"度"的问题，广告可以性感，但不能"色情"。性感广告应坚持健康的原则，在追求视觉冲击力时，表现应含蓄，不可过于直露。如一则黑色护垫的网上广告，使用的是俊男脱衣秀，结果不仅被禁，还引来纷纷指责。一般而言，弘扬正气的中国元素广告更容易获得好感。

三、吸引媒体进行品牌炒作

问题 13： 如何吸引媒体进行品牌炒作？

广告教皇奥格威说，广告是一种纸上的推销术。引申开来，广告宣传就是为了卖货，树立品牌的目的无非为了多卖几年的货。

今天是一个信息爆炸的时代，每个人每天接触了无数与个人相关或无关的信息，神经已经麻木。在这个信息传播过剩的时代，仅仅一般化地传播信息，已经很难在众多同质重复、等质等效的信息竞争中脱颖而出，显示出其被“必选”的价值来。

普通消费者天生对广告有反感，这使得即使广告放在眼前，绝大多数人也会视而不见。更何况那些为了追求所谓的“效果”的广告被消费者过滤掉，新闻则反而成了最吸引人的地方了。那么如何才能“吸引”记者们来配合这种炒作呢？

（一）悬念式材料吸引炒作

悬念式吸引的前提有两条：要提炼1~2个所谓核心、神秘的卖点；根据进度，慢慢抖包袱，所有的资料不要一次放完，说一半留一半。

比如双网卡刚出现的时候，就以悬念式的炒作引发了公众的热烈关注。先是在《成都商报》上出现《手机黑客惊现太升南路》的新闻，紧接着是《手机黑客惊现太升路追踪：运营商不懂两网如何兼容》等报道，由于该新闻悬念十足，当时共有1200个媒体及网页进行了转载，哈慈四川代理商的双网卡在四川销售一路攀升。

当配图版的《成都手机黑客神秘现身》出现之后，成都商报新闻部的电话被打爆，要求破案者络绎不绝，电话延续至今。破案跟踪报道继续，《黑客王，短信害我》将悬念提至顶峰。

（二）傍名人吸引炒作

为了快速出名和达到一些商业目的，故意“惹”名人，不惜牺牲自己的某些利益傍到一个名人来制造事由，吸引媒体上钩，自己随名人出名而达到目的。

（三）反向式吸引炒作

古人云“反其道而行之”，以正引出反，以“邪”突出“正”。反向式炒作是把读者从一个概念引入到另一个概念。大自然和事物的发展都有它的规律性。为了吸引人们的好奇心理和打破传统规律，策划者反其道而行之，冲破人的惯性思维方式与人的定式规律相背驰。

（四）双簧式吸引炒作

在现实生活中，黑与白虽然是对立的，但对于爱看热闹的人们来说，投其所好，对立得越强烈则关注得越热烈。而差异化的心理感应让读者在不知不觉中对事件有一个完整的认识。结果不置可否，而炒作的意识已达到。比如“50万拍走600年窖池五粮液酒”这样的炒作题材。

（五）借事件吸引炒作

比如中国公民海上遇难，中国移动全球通用户凭借 GSM 网络海上覆盖通话帮助大使馆获救。

吸引媒体炒作只是一种提法，它的核心概念——先吸引媒体记者的眼球，才能吸引大众或者分众的眼球，花最少的费用，将消费者的注意力转化为记忆点，让知名度得到最大化的扩展。每次吸引炒作应有中心点，要以树立品牌理念为出发点，强化品牌 DNA，增加品牌亲和力。需要注意的是，吸引媒体炒作，如果片面盲目追求轰动效应，而忽视最本质的东西，是很难成功的。所以炒作要与其他营销动作相匹配，及时将公众的注意力转化为销售力。

四、利用新闻进行有效的品牌宣传

问题 14：如何利用新闻进行有效的品牌宣传？

“新闻造势”是公关中常用的手段，这不是无中生有地编造新闻，也不是不负责任地欺骗公众，而是善于利用一些偶然事件和突发事件，在一般人视为平凡的小事中挖掘出新闻价值点，吸引新闻媒介广为传播、连续报道。把公众的注意力深深吸引住了，自然也使得公司知名度深入人心。

企业可以通过报刊、电台、电视、会议、信函、支持公益事业等方式，使得企业知名度得到传播。良好的企业声誉能转化为产品的声誉，从而有利于促进产品的销售。一般来说，企业采用新闻进行品牌宣传具有四个优势：

（1）新闻价值高。新闻宣传的报道者都具有一定的新闻水平，可以在社会上引起良好的反响，并产生一定的销售潜力。企业在进行宣传活动时，常会邀请记者、专家或政府人员出席，与他们建立良好的关系，可以通过他们来介绍企业和产品的状况，公布企业对国家、社会和广大消费者所作出的贡献等。

（2）信誉度高。新闻报道经常是通过第三方进行宣传，可以在社会上引起良好的反响。通过这些社会团体的宣传报道，使社会公众对企业和产品产生良好的印象。

（3）改进促销质量。良好的公共关系能够鼓励和支持推销人员和经销商开拓市场，增加销售时的信心和勇气。企业通过培训专职公共关系人员，及时处理消费者和用户的信函和访问，而且尽力解决他们提出的不同问题，这些能最大限度地弥补企业在规模或市场知名度方面的不足。

（4）减少资金投入。开展品牌宣传活动要支付一定的费用，但比其他的方式费用要低得多。由于公共关系是通过第三方在传播媒体上发表企业产品的消息报道，与广告和推销相比的明显优势是节省开支。

五、避免出现广告违法行为

问题 15：需要避免出现哪些广告违法行为？

广告违法行为是指违反国家广告管理法律、法规而出现危害社会的行为。广告管理法律、法规不仅指那些专门约束广告活动的法律、法规和规章，而且还包括有关法律、法规中涉及广告管理内容的规定。广告违法事件并不鲜见。

上海某生物基因科技发展有限公司为推销一款渐变多焦视力镜医疗器械产品，于 2006 年 1~3 月多次利用报纸发布广告宣称“解决青少年近视有了新方法、沪上近视青少年有救了”、“有效治疗近视，恢复健康视力”等，超出监管部门核准的“有效控制青少年近视的发展”的相关内容。被上海市工商部门处罚 21.9 万元。

通过广告宣传，扩大企业的影响力是市场营销中的重要手段。在这个过程中，管理者需要避免出现广告违法行为。

（一）发布虚假广告及其法律责任

虚假广告是指以欺骗方式进行广告宣传。发布虚假广告包括：商品或服务本身即是虚假的；自我介绍的内容与实际不符；对产品、服务的部分承诺是虚假的。

《广告法》规定，利用广告对商品或者服务做虚假宣传的，由广告监督管理机关责令广告主停止发布，并以等额广告费用在相应范围内公开更正消除影响，并处广告费用 1 倍以上 5 倍以下的罚款；对负有责任的广告经营者、广告发布者没收广告费用，并处广告费用 1 倍以上 5 倍以下的罚款；情节严重的，依法停止其广告业务。构成犯罪的，依法追究刑事责任。

（二）发布违禁广告及其法律责任

违禁广告是指广告主或广告经营者违反《广告法》规定，使用国家机关和国家机关工作人员的名义做广告。对发布违禁广告的行为，《广告法》规定，由广告监督管理机关责令负有责任的广告主、广告经营者、广告发布者停止发布，公开更正，没收广告费用，并处广告费用 1 倍以上 5 倍以下的罚款；情节严重的，依法停止其广告业务。构成犯罪的，依法追究刑事责任。

（三）发布有产品获奖广告及其法律责任

《广告管理条例》第十一条第二款规定：“标明获奖的商品广告，应当提交本届、本年度或者数届、数年度连续获奖的证书，并在广告中注明获奖级别和颁奖部门。”第三款规定：“标明优质产品称号的商品广告，应当提交政府颁发的优质产品证书，并在广告中标明授予优质产品称号的时间和部门。”

《广告管理条例》第二十六条规定："广告客户违反《条例》第十一条规定，伪造、涂改、盗用或者非法复制广告证明的，予以通报批评，处五千元以下罚款。广告经营者违反《条例》第十一条第（二）、（三）项规定的，处一千元以下罚款。为广告客户出具非法或虚假证明的，予以通报批评，处五千元以下罚款，并负连带责任。"

（四）发布无合法证明或证明不全的广告及其法律责任

广告证明是指表明广告客户主体资格和广告内容是否真实、合法的文件、证件。根据《广告法》的规定，广告经营者代理、发布无合法证明或证明不全的广告，由广告监督管理机关责令负有责任的广告主、广告经营者、广告发布者停止发布，没收广告费用，并处广告费用1倍以上5倍以下的罚款。

（五）伪造、涂改、盗用或擅自复制广告证明及其法律责任

伪造是指广告主假造、制作广告证明文件；涂改是指广告主对广告证明文件证明的内容进行改制，变换其内容，以适合其需要；盗用是指广告主将不属于自己所有的广告证明窃为己有，非法使用；擅自复制是指广告主非法复制法律规定不能自行复制的广告证明。

根据《广告法》第四十四条规定，广告主提供虚伪证明文件，由广告监督管理机关处以1万元以上10万元以下罚款。伪造、变造或者转让广告审查决定文件的，由广告监督管理机关没收违法所得，并处1万元以上10万元以下的罚款。构成犯罪的，依法追究刑事责任。

要想使广告远离法律风险，管理者要做到以下三点：

（1）如实宣传。对产品品牌的广告宣传，应本着实事求是的态度，如实地宣传本企业的产品品牌，而不可采取夸大其词等虚假手段去宣传。诚实是最好的宣传方式，这是因为一旦消费者发现你的企业采取夸大其词等虚假手段去为产品品牌做广告宣传的话，就不会作出购买选择。所以，高明的企业经营决策者在对其产品做广告宣传方面，往往都会采取实事求是的诚信态度。

（2）表里如一。近年来，有关部门曾经多次组织人员对市面上所出售的一些袋装米、袋装食品、瓶装饮料等进行检查，结果发现不同程度地存在着分量不足的问题。高明的企业管理者不会在缺斤短两上做文章，而是通过切实提高产品质量、提升产品价格和销量来促进利润的增加。

（3）售后服务要符合广告承诺。说到就要做到是赢得消费者信任的一个重要因素。赢得消费者的信任，使消费者更乐意购买你的产品，从而提高产品的销售量，这对企业本身也有好处，才能在日趋激烈的市场竞争中站稳脚跟。

活动 3：策划一次对产品的新闻媒体炒作。

考试链接

1. 利用名人效应获取消费者认同。
2. 广告策划不能忽视中国文化心理。
3. 吸引媒体进行品牌炒作。
4. 利用新闻进行有效的品牌宣传。
5. 避免出现广告违法行为。

案例分析

美国橘汁的观念移植广告

橘汁本是美国市场上的一种公众早餐食品。这是一个味道好、热量低的天然健康食品。然而，美国人只是把它当成了早餐饮品，这样的话直接导致了橘汁市场很小不说，还处于停滞状况。

为了打开销量，橘汁的制造者开始向公众灌输一套新的观念。他们用“它不再只是吃早饭时饮用”这样的广告语暗示，传统用法仍然可以，但是在其他时间饮用也是合适的。为此，他们先后推出了三个广告：

第一个广告：一个年轻的女人在紧张的网球运动之后喝了一大杯橘汁提神，一个年轻男人在小跑之后也喝了一大杯橘汁，并通过特写镜头显示出这种饮料凉爽宜人。

第二个广告：一个八九岁的小男孩急躁地坐在教室里迫切等待午餐铃响，一心想着要喝橘汁。午餐铃刚响，他就立即跑进自助餐厅买了一大杯橘汁，心满意足地喝了起来；另一个场景是一个在自助餐厅的年轻人被一个小女孩吃饭时正在喝的橘汁所吸引，这个年轻人长时间沉溺于饮用橘汁的乐趣之中，最后终于要了一大杯橘汁。这个广告进一步扩大了橘汁的饮用范围。

第三个广告：一位少女和她的祖母在花园中劳动的时候，进屋休息时喝了一杯橘汁。这位老太太不是那种喝牛奶、吃面包和坐摇椅的老祖母，而是一位经常在户外活动的健康老太太。她回顾了自己喝橘汁的优点：“我自己一棵树也没栽，因为佛罗里达（橘汁产地）的种植者为我栽了。”然后她也喝了一杯橘汁。

一个中年女人做完一个大蛋糕后喝了一杯橘汁而神清气爽。

一名中年卡车司机从车上下来兴致勃勃地走向餐车，喝了一大杯橘汁。

这个广告进一步强调了橘汁天然、有益于健康、清热提神的特点。

这些广告一步一步巧妙地向消费者提供着这样的信息：喝橘汁的可以是儿童、年轻人、中年人和有活动的老年人，橘汁不仅可以在早餐时饮用，还可以在午饭时饮用，甚至在休息时也可以喝一杯提提神。广告的诉求点着眼于——橘汁不只是天然的和有益于健康的，且味道也好，喝了神清气爽，随时可喝。

紧接着，橘汁又提出了新的口号：喝橘汁会让你更潇洒。

这一浪高过一浪的广告攻势终于逐渐改变了橘汁在消费者心目中的印象。

资料来源：谭慧，黄克琼. 商用心理学大全集［M］. 北京：中国华侨出版社，2011.

问题讨论：

橘汁的广告成功在哪里？

本章小结

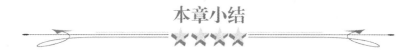

广告战略指的是广告发布者在宏观上对广告决策的把握，以战略眼光从企业长远利益考虑，为产品开拓市场着想，也就是所谓“放长线钓大鱼”。研究广告战略的目的是提高广告宣传效果，使企业以最低的开支达到最好的营销目标。广告战略的制定，不是市场战略的简单翻版，而应根据市场目标的总要求，在认真分析与研究产品（或企业）情报、市场情报、消费者情报及与之相关的各种环境资料的基础上，拟定多种方案，反复比较推敲。只有这样，才有可能制定出正确的、科学的、创造性的广告战略。

深入学习与考试预备知识

广告战略由哪几部分组成

一般说来，广告战略是由五个部分组成的。

一、战略目标

广告最普通的目标就是增加利润，增加销量。除了广告，还应该有其他市场推广活动的配合，才可以达到目标。很多广告活动的成功，并不是立刻出现的，而需要一段时间的发展才可以在销售数字上表现出来。所以，销售的增加可以说是一个攻势的最终目标，但必须有其他比较长远及非数字性的目标作为支持，而非以短期及立刻反映的销售数字作为目标。

二、表现战略

主要是选取最有效的表现角度与手法。广告媒介的种类繁多，如何选择有效的媒介，拟定各媒介的配合、广告出现量及其频率等十分重要。现代广告战略往往要求广告宣传采用“立体战争”中各“军种”、“兵种”的大力配合，并力求集中于一致的攻击目标，广告要最大限度地打动广告对象的心。

三、商标战略

在广告宣传中，对商标的宣传常常占有极其重要的地位。因为人们购买生活资料，特别是日用消费品时，往往只识商标。所以在宣传中，对商标的宣传地位、突出表现的方法等，都是十分讲究的。

广告战略的制定，不是市场战略的简单翻版，而应根据市场目标的总要求，在认真分析与研究产品（或企业）情报、市场情报、消费者情报，及与之相关的各种环境资料的基础上，拟定多种方案，反复比较推敲。只有这样，才有可能制定出正确的、科学的、创造性的广告战略。

四、媒介战略

广告媒介的种类繁多，如何选择有效的媒介，拟定各媒介的配合、广告出现量及其频率等十分重要。

五、广告战略

广告要最大限度地打动广告对象的心。

知识扩展

垃圾时间里的广告效益

出生于俄罗斯的美国企业家雅各布·巴罗斯基是阿德尔化学工业公司的总裁。他之所以闻名于世，与其说是研发了液体洗涤剂，不如说是因为开发了电视非黄金时段的广告效益。他被公认为是一位广告业的领路人。

第二次世界大战以后，巴罗斯基发明了一种称作莱斯托尔的家用液体洗涤剂。产品一问世，他就通过报纸和广播做广告，但效果不太好。后来，他将眼光转向了电视。20 世纪 50 年代末期的美国，电视机已较为普及。做电视广告需要相当的财力，尤其是在晚上 6~10 时的黄金时间里做广告，费用要数倍于晚上 6 时以前及 10 时以后的垃圾时间。

面对费用昂贵的黄金时间和阿德尔公司的有限财力，巴罗斯基没有气馁。他毅然取消了一切报刊和广播广告，集中财力同公司所在地的霍利约克电视台签订了一个 1 万美元的合同，为期一年，每周 30 次垃圾时间，高密度大做莱斯托尔洗涤剂的广告。连续播出两个月后，市场销量大幅度上升。巴罗斯基立即向银行贷款，在临近的斯普林菲尔德和纽黑文两大中心城市进行电视广告宣传，使企业和产品的知名度大大提高。

次年，巴罗斯基把垃圾时间电视广告大战从点推向面。他在曼彻斯特、波特兰、普罗维登斯等一些中型城市里，展开了高密度闪电式的垃圾时间电视广告宣传。调查表明，广告所涉及的这些城市，80%的家庭主妇选择和使用了莱斯托尔洗涤剂。

巴罗斯基善于把握商机，之后两年，他又雄心勃勃地凭高密度广告宣传挺进大城市，攻克大市场。一方面，他集中销售力量横扫费城、克利夫兰、巴尔的摩、底特律等特大中型城市；另一方面，他将战线从东扩大至西部、南加州，建立起庞大的销售系统。4年时间里，巴罗斯基的垃圾时间广告宣传总量遥遥领先于多年居于广告大户榜首的可口可乐公司。

在被美国广告界称为“4个不可思议的电视年”里，莱斯托尔家用洗涤剂的销售额激增到2200万美元。巴罗斯基从高密度饱和式的电视非黄金时段中赢得了扩大销售4万倍的黄金效益。电视本身也因为巴罗斯基的开发而提高了垃圾时间的价值和效益。

要想使电视广告手段达到宣传目的，无非是通过绝佳的广告引起人们的注意，或者是占据大量的广告时间频繁上镜，让消费者熟悉我们的产品。垃圾时间里的广告费用相对于黄金时间里的广告费用便宜得多。

资料来源：谭慧，黄克琼. 商用心理学大全集［M］. 北京：中国华侨出版社，2011.

答案

第一节

万宝路的口味和品位都没有变，甚至连万宝路“像五月阳光一样温和”这样充满了脂粉气的名字都没变，只是因为一个西部牛仔的广告就让万宝路成为英雄、浪漫和性感的代名词，满足了顾客心理层次上的需求，所以它几乎在兵不血刃之间就在竞争极为激烈残酷的烟草业中独占鳌头。消费者的需求只有针对具体的对象，才会转化为消费动机，才有可能物化为购买行为。因此广告的主题定位一定要重视，把广告定位建立在对消费者的心理研究上，要更加注重确立产品的独特地位。同时，提供针对性诉求，引导消费者的购买心理向认牌购买方面转化。

第二节

吃喝穿戴住行用，只要是人用的，没有《一起来看流星雨》不植入的。高明的地方在于，这次不是古天乐喝一口百事可乐，张柏芝拎一款名牌包包那么简单的植入，而是直接植入到了剧情。为符合植入品的特质，男主角变成赛车狂人，女主角的妈妈开起了奶茶店，云海与瑞谦为一双篮球鞋上演飞人大战，这些情节的设置使得植入物品的出镜率以几何倍数递增。虽然雷倒了不少观众，但是其广告效果还是非常明显的。比如清华同方就是因为剧中女主角使用的同方笔记本而在市场上掀起了此款笔记本的疯狂销售。

第三节

名人名字对运动产品有特别的效应，阿迪达斯不惜血本聘请世界著名运动员做广告宣传，最终为公司迎来了更大的收获。对于企业促销来讲，最重要的是充分利用名人效应，发挥名人在普通消费者心目中的地位和影响，引导消费者认可和接受企业的产品，最终达到产品促销的目的。

案例分析

橘汁通过广告的引导，让许多关心食品健康和营养价值的美国人通过比较，认为可口可乐等碳酸盐化合物没有营养价值，咖啡和茶含有咖啡因，只有橘汁是纯天然的、有营养价值的，可以让人身心舒畅并且在任何时间都可以饮用，所以纷纷转向了购买橘汁。由此可知，通过广告的再定位，引导消费者的固有消费理念是扩大产品消费层次、消费范围以及引发销量大增的重要途径。

第六章 品牌延伸战略

学习目标

知识要求 通过本章学习，掌握：

- 范围经济的概念
- 品牌延伸战略的概念
- 细分品牌价值链才能精准地进行品牌延伸
- 企业需要规避的品牌延伸风险

技能要求 通过本章学习，能够：

- 考察品牌延伸的前景
- 规避品牌延伸风险
- 通过细分品牌价值链精准地进行品牌延伸

学习指导

1. 本章的主要内容包括范围经济的概念、品牌延伸战略的概念、细分品牌价值链才能精准地进行品牌延伸、企业需要规避的品牌延伸风险、考察品牌延伸的前景、规避品牌延伸风险、通过细分品牌价值链精准地进行品牌延伸等。

2. 学习方法：掌握最基本的理论，结合案例理解概念，并进行知识延伸，进行讨论活动等。

3. 建议学时：8 学时。

第一节　范围经济与品牌延伸

引导案例

雀巢的金字塔形品牌体系

闻名于世的雀巢公司始创于19世纪中叶。公司建立以后，发展非常迅速，产品线不断拓宽和加长。然而在这种情况下，雀巢公司并没有一味采用当时所通行的品牌延伸策略，将Nestle品牌应用到其所有的产品上。因为它清醒地认识到：在食品行业，当品牌过度扩展到太多不相关联的领域时，消费者的品牌联想力和品牌认知度就可能逐渐减弱，从而削弱品牌原有的内在魅力，最终使公司的品牌成为一个没有特色和竞争力的简单符号。

基于这种认识，雀巢公司实施了一种颇具特色的品牌策略，建立起公司品牌和产品品牌既相互促进又相对独立的金字塔形品牌体系。

雀巢公司的品牌分三个层次：

第一层次是公司品牌"Nestle"。在公司所有产品的外包装上都或大或小地印有这一品牌名称，从而使其良好的品牌形象和极大的品牌魅力扩展到公司所有的产品，为它们提供信任、质量保证和竞争能力等。

第二层次是家族品牌。家族品牌为它所包括的一系列产品提供信任、信誉、质量保证和竞争能力等；同时家族品牌的良好业绩也强化了公司品牌的形象，提升了公司品牌的市场地位。随着其产品线的拓宽，公司内家族品牌的队伍不断扩大。

第三层次是产品品牌。产品品牌由家族品牌加具体产品名称组成，提供口味、感觉等特殊的价值和个体经验以吸引消费者；同时，产品品牌的经营成功又可以加强家族品牌和公司品牌的良好形象。

这三个层次相互作用、相互促进、相辅相成，在整体上提高了雀巢公司的竞争力和市场形象。同时，各家族品牌之间又相对独立，"权责范围"划分清楚，"分工"明确，只在各自的产品领域内进行延伸，从而避免了消极因素的恶性蔓延。

雀巢公司非常重视品牌管理工作。它专门设立了战略经营总部来负责雀巢各品牌的连续发展和在相关领域的效能。采取不同的品牌定位方式为家族品牌定位，并利用家族品牌的力量进行延伸。经过多年的发展，公司的各种产品品牌力量不断壮大，市场形象不断提升，使得这个品牌金字塔的塔基更加坚实，从而也使得位于塔尖的“Nestle”品牌日益耀眼夺目。

资料来源：梁素娟，王艳明. 科特勒营销思想大全集［M］. 北京：企业管理出版社，2010.

思考题：

雀巢公司给我们的启示是什么？

一、范围经济的概念

问题1：什么是范围经济？

范围经济是指厂商的产品范围带来的经济，即当同时生产两种产品的费用低于分别生产每种产品时，所存在的状况就被称为范围经济。只要把两种或者多种产品合并在一起生产比分开来生产的成本要低，就会存在范围经济。如果企业生产或经营的范围扩大，出现平均成本不变，甚至升高的状况，则存在范围不经济。

范围经济有七种优势：

1. 分摊固定成本、降低变动成本
2. 分摊固定资产的折旧费用，从而降低单位产品的固定成本
3. 通过降低采购成本、提高资源利用率等方式降低变动成本
4. 提高差异化优势

范围经济形成的差异化优势特别明显，差异化一方面满足了顾客“多样化、个性化、差别化”的需求；另一方面差异化也是企业寻求范围经济的出发点和追求的目标。

5. 获得市场营销优势

范围经济形成的成本优势和差异化优势体现了企业在产品、品质和价格方面的竞争能力。在内部建立的营销平台上，利用原有的渠道销售多种产品，还能更好地利用企业已经形成的品牌优势，为新产品开拓市场，使消费者更容易接受，同时也对跟进者形成巨大的进入障碍。

6. 具有技术创新优势

范围经济能促使管理者对新产品、新工艺的开发更加重视。范围经济的利益驱动也会形成科技创新的良性循环，持续的创新活动将使企业在应用新材料、采用新工艺、培养创新团队、加强市场调研等方面获得突破，最终将形成企业强大的核心竞争优势。

7. 抵御风险的优势

范围经济在成本、差异化、市场营销和技术创新等方面获得的竞争优势能增加企业抵御风险的能力，同时也强化了企业的“新陈代谢”和互补性。

关键术语

品牌延伸

品牌延伸即企业将某一知名品牌或者某一具有市场影响力的成功品牌扩展到与成名产品或原产品不近相同的产品上，凭借现有成功品牌推出新产品的过程。品牌延伸策略是把现有成功品牌用于新产品或者是修正过的产品上的一种策略。

二、品牌战略延伸

问题 2：什么是品牌延伸战略?

当一个企业的品牌在市场上取得成功之后，这个产品的市场影响力会给企业创造超值利润。企业在推出新产品的时候可利用该品牌的市场影响力进行品牌延伸，不但可以省去许多新品牌推出的费用和各种投入，还可以通过借助已有品牌的影响力，将消费者对品牌的认识和评价扩展到品牌所要涵盖的新产品上。

品牌策略包括三种：

1. 在产业上延伸

(1) 可向上、向下或者同时向上、向下延伸，能为材料来源、产品销路提供很好的延伸方式。

(2) 采取平面延伸，这种延伸一般适用于具有相同或相近的目标市场和销售渠道，相同的储运方式，相近的形象特征的产品。平面延伸有利于新产品的行销，也有利于品牌形象的巩固。

2. 在产品质量档次上延伸

(1) 向上延伸：在产品线上增加高档次产品生产线，使商品进入高档市场。

(2) 向下延伸：在产品线中增加较低档次的产品，利用同品牌高档产品的声誉，吸引购买力水平较低的顾客慕名购买这一品牌中的低档廉价产品。但是需要特别注意的是，如果原品牌的知名度非常高，这种延伸没把握好幅度非常容易损害品牌的声誉，会对原品牌造成很大的风险。

(3) 双向延伸：原定位于中档产品的企业掌握了市场优势以后，分别从产品线上下两个方向延伸：一方面增加高档产品；另一方面增加低档产品，扩大市场阵容。

3. 扩散法延伸

（1）单一品牌扩散延伸到多种产品上去，成为系列品牌。

（2）一国一地的品牌可扩散到世界，成为国际品牌。

（3）一个品牌再扩散衍生出另外一个品牌。

（4）品牌产品扩散延伸到企业，使企业成为名牌企业。

活动 1： 搜集国内外一些在品牌延伸方面做得比较好的企业，并对其成功原因做深入分析。

阅读材料

霸王凉茶 重蹈品牌延伸覆辙?!

以中药世家闻名遐迩的霸王集团，近期投资 4.8 亿港币在广州推出霸王凉茶，高调挥师进军凉茶领域，同时，由功夫巨星甄子丹出任代言人，一系列大手笔动作，预示着霸王凉茶将以行业搅局者姿态一争市场。

众多品牌前赴后继倒在品牌延伸之上，霸王集团此次祭起品牌延伸之术，究竟深陷泥潭抑或异军突起?

王老吉以“预防上火”为定位，带旺凉茶饮料行业，一些品牌看中其巨大潜力，纷纷染指此行业，和其正、上清饮、潘高寿、万吉乐等品牌均试图分得一杯羹，都无一例外地兵败城下。作为第一个切入行业的品牌，王老吉已等同于凉茶饮料的代言词，其定位早已牢牢嵌入消费者心智，无论后进者再如何模仿及跟进，都无法超越。

而霸王，作为洗发水代表性品牌，已等于洗发水的代言词，其品牌优势只停留在“洗发水”这一领域，这时候再推出霸王凉茶只会破坏受众的心智，削弱霸王洗发水的概念。

请记住这句话，越想什么都是，就越什么都不是!

资料来源：王凯. 霸王凉茶 重蹈品牌延伸覆辙?!. 慧聪食品工业网，2010.

考试链接

1. 范围经济的概念。
2. 品牌战略延伸。

第二节 品牌延伸的战略决策

引导案例

宝洁聪明的定位策略

宝洁公司在进入中国市场之前，通过市场研究，有针对性地了解到中国洗涤用品的市场状况，包括品牌种类、售价、市场占有率以及销售额。同时又通过大量的问卷调查仔细研究了中国人的头发特点、洗发习惯、购买习惯等情况，发现洗发市场上高档、高质、高价的洗发用品是个空白，于是研制出适合中国人发质的配方，推出新品“海飞丝”，迅速占领了这一市场空白，并成功地成为中国洗发市场上的领导品牌。

宝洁之所以成功，是因为它几乎细分并垄断了行业中所有最主要的心智资源。例如洗发水——海飞丝占领的心智资源是“去头屑”。这么多年来，海飞丝所有的广告无论怎样变化，但万变不离其宗，这个宗就在三个字上：去头屑。不光广告如此，它的任何一项经营活动都是为了强化这一点，所以消费者想买去头屑的洗发水时会首先想到它。而且，当你占据一个定位之后，消费者还会附加其他的利益在你头上，这就是光环效应。一个代表着去头屑最好的洗发水，同时也意味着质量好、名牌、时尚等其他附加价值。

飘柔占领的是“柔顺头发”的心智资源，虽然当你去买飘柔时未必会思考它是“柔顺头发”才购买，也不一定会因为它是洗发水的领导品牌才购买。但飘柔正是因为抢占了洗发水市场的最大特性即“柔顺头发”而成为领导者的。

潘婷则代表了“营养头发”；沙宣代表了“专业”。这四块心智资源，导致了宝洁在中国一度占据近七成的份额，主导了洗发水市场。这就是宝洁模式的最大秘诀。

资料来源：吴腾飞. 论宝洁的定位. 引进与咨询，2004（8）.

思考题：

宝洁给我们的启示是什么？

一、品牌延伸的前景

问题 3：如何考察品牌延伸的前景?

对于任何一家公司而言，识别品牌延伸的机会对于品牌的可持续发展战略都是不可缺少的。在品牌延伸的决策过程中，需要对多个层面的因素进行考虑，包括品牌和目标产品类别的关系、品牌属性和消费者需求，这些因素是至关重要的。同样关键的是衡量和延伸目标类别有关的品牌杠杆，而且要时刻不能忘记品牌延伸可能给品牌带来的稀释风险。那么，如何考察品牌延伸的前景呢?

（一）消费者前景

消费者前景被认为是决定品牌延伸成败的关键因素，每个品牌都可以被想象成一个放在消费者认知力里的“文件柜”，里边存放的是该品牌的品牌联想和品牌含义。一方面，品牌资产或者品牌实力越大，“文件柜”就越大；另一方面，该品牌和新的产品类别相适性越高，新的产品类别就越有可能被放在“文件柜”里。品牌实力和相适性之间的关系很重要，显而易见，更大的“文件柜”能容纳更多的、不同的品牌联想。品牌实力很强、品牌和新产品类别的相适性很好，品牌延伸就会水到渠成。

（二）市场前景

我们需要基于目标市场的容量和细分程度来判断品牌延伸的潜在市场份额，以了解品牌延伸的经济潜力。除此之外，我们还要对公司的实力进行全面的考察，包括公司的企业文化和资源状况。因为公司的实力往往决定了品牌延伸的成败。

（三）品牌和目标产品类别的相适性

通过直接询问的方式评估消费者是否认为该品牌适合新的产品类别。为了更全面地了解品牌和可能延伸的产品类别之间的相适性，还应该以直接和间接两种方式对相适性进行衡量。间接衡量是指延伸的目标产品类别和延伸品牌在某些属性上的关联程度。同时，必须考虑品牌延伸可能对品牌在原有的产品类别上造成的负面影响或稀释效应。

1. 协调相适：直接相适性（高）+ 间接相适性（高）

这种情况，可以得到消费者的肯定，也可以达到品牌联想的相关要求。比如多芬原来是个人清洁产品类别里的一个品牌，通过延伸进入洗发水领域是合适的。并且以多芬香皂产品为基础，有关多芬的品牌联想包含了滋润等关键属性，这些属性为多芬延伸到洗发水市场提供了间接相适。

2. 低度相适：直接相适性（低）+ 间接相适性（低）

比如哈雷·戴维森摩托车品牌试图延伸进入女士香水行列，从直接意义上说就根本不合适，并且哈雷·戴维森阳刚、力量、强壮、男性化、叛逆、自由的品牌联想也不适合女士香水阴柔、性感的联想。

3. 非协调性相适：直接相适性（高）+ 间接相适性（低）

当品牌的实力很强，但是品牌联想和目标产品类别不协调的时候，会发生这种情况。在这种情况下，应当深入了解这种不协调能在多大程度上对原有的品牌联想造成负面影响。比如这方面的案例是本杰瑞是冰激凌品牌，它想从冰激凌延伸到酸奶冰激凌类产品。虽然冰激凌和酸奶冰激凌之间有一定的自然关系。但是由于本杰瑞的品牌联想是高档、很棒的味道、浓厚的口感和犒劳自己，侧重于口味和自我；而酸奶冰激凌的联想是健康和适合全家分享，所以这二者之间是不协调的。

4. 品牌障碍：直接相适性（低）+ 间接相适性（高）

当品牌和目标产品类别之间的直接相适性较低而间接相适性较高的时候，这种情况就会出现——品牌延伸有一定的可能，但是品牌本身不适合新的产品类别，进而限制了品牌在目标产品类别被接受的程度。

二、细分品牌价值链才能精准地进行品牌延伸

问题 4：为什么细分品牌价值链才能精准地进行品牌延伸？

市场上同类产品那么多，如何在激烈的角逐中找到属于我们自己的一席之地呢？这就要求我们要学会把市场细化。

如今的客户面对的不是一两件商品，而是琳琅满目的商品，让人感觉挑花了眼。同类产品如此之多，我们究竟该如何吸引到客户的眼球呢？

这个棘手的问题大概是令许多企业特别头痛的，尤其是对于产品研发、设计人员来讲。比如一位客户想买一台数码相机，面对那么多的品种，怎样才能让他挑中你的呢？

市场细分的概念是由美国市场学家温德尔·史密斯于 20 世纪 50 年代中期提出来的。当时美国的市场趋势已经是买方占据了统治地位，满足消费者越来越多样化的需求已经成为企业生产经营的出发点。为了满足不同消费者的需求，在激烈的市场竞争中获胜，就必须进行市场细分。这个概念的提出很快受到学术界的重视并在企业中被广泛运用，目前已成为现代营销学的重要概念之一。

如今的企业都在喊利润越来越小，生意越来越难做。但是我们如果能从那

么多相似的产品中，找到一块尚未被他人涉足的空白，那么我们的产品将有可能占领这一块制高点。

这就好比当初手机品种多得令人眼花缭乱，但如果你的是带广播或摄像头、Mp3 等功能，一定可以吸引到不少年轻、时尚的消费者。但如今已经没有哪个手机品牌不具有这些功能，那么就需要我们更进一步，利用技术上的革新来彰显我们产品的独特个性。

“海尔”在这方面就先人一步，其做法值得各大企业借鉴。海尔的研究人员发现夏天的衣服少、洗得勤，传统的洗衣机利用率太低，于是推出小容量的“小小神童”，大受市场欢迎；他们还发现有些地区的农民用洗衣机来洗地瓜，排水道容易堵塞，于是又生产出既能洗衣服，又能洗地瓜的“大地瓜”洗衣机，满足了这一细分市场的需求，迅速占领了当地的农村市场；海尔还对家用空调市场进行调查，发现随着住宅面积的不断增加，壁挂空调和柜机已不能满足所有居室的降温，于是提出“家用中央空调”的概念，开发出新产品，获得了良好的回报。

当然，需要注意的是，细分目标市场不是随心所欲地划分，而是需要事先进行严格、周密的市场调研。

关键术语

品牌价值链

品牌价值链就是以企业向用户承诺的最终品牌价值为导向和目标，从企业经营的整个业务链入手，梳理和改善每一个环节，使之符合品牌价值的要求。这样的价值链贯彻企业经营的所有环节，包括产品研发、采购、生产、分销、服务、传播等。

活动 2：搜集国内外一些在品牌延伸方面做得非常失败的企业，并给出整改方案。

考试链接

1. 品牌延伸的前景。
2. 细分品牌价值链才能精准地进行品牌延伸。

第三节 品牌延伸的风险控制

引导案例

红塔木地板为什么没成功

前几年的时候，木地板行业的利润非常丰厚。眼光奇准的红塔集团立即投资 33 个亿进入这个行业，并请了专家进行品牌策划。专家提出要去掉“红塔”这个品牌名，策划新的品牌。因为当人们看到红塔的第一反应就会是：烟草！红塔已经在消费者的心目中定性成了烟草，就很难再改变他们的认知了。

但是这一建议遭到了强烈的反对，专家们还没讲完，华北区的营销总监立即从座位上站了起来，愤怒得满脸通红：“如果你们再要继续鼓动老板拿掉红塔品牌的话，我就要上来掐死你！”看到专家们诧异的眼神，他又补充道：“红塔这个品牌已有 460 亿元的资产，我们拿着这 460 亿元的品牌资产不用而用新的品牌，这不是犯罪吗？而且我们进入木业最大的优势就是品牌。现在整个行业听说红塔即将进入都在发抖。”与华北区总监的观点一致，红塔的管理高层也持这种观点。他们大刀阔斧地按照原设想执行，收购了好几家工厂，引进了世界上最先进的生产线，盖了最漂亮的厂房，买了大片的森林。然而，红塔的木地板却始终没有做起来。

资料来源：邓德隆. 2 小时品牌素养［M］. 北京：机械工业出版社，2009.

思考题：

红塔木地板的品牌延伸为什么会失败？

一、企业需要规避的品牌延伸风险

问题 5： 企业需要规避哪些品牌延伸风险？

科学的品牌延伸能够给品牌带来诸多的好处，但是如果把握不当的话就会给企业带来很多的风险。所以企业在进行品牌延伸时要谨防八种情况对企业活动产生的不利影响：

（一）损害原有品牌形象

强势品牌在消费者心目中会有特殊的形象定位，甚至成为该类产品的代名词。将强势品牌延伸后，因为近因效应会对强势品牌起到巩固或减弱的作用。如果品牌延伸运用不当，就会弱化原有强势品牌的形象信息。比如施乐在顾客心中的形象定位是复印机，然而施乐美国公司收购了一家电脑公司就把该公司品牌改名为施乐资料系统，消费者无法接受没有复印功效的施乐电脑，施乐美国公司因此损失了8400万美元。

（二）有悖消费心理

一个强势品牌取得江湖地位的过程，就是消费者对品牌的特定功用、质量、形象等产生品牌识别、认知、定位的一个过程。如果企业把强势品牌延伸到和原品牌不相容或者是毫不相干的产品上时，就会有悖于消费者的心理定位，有可能导致品牌延伸的失败，甚至影响到原有强势品牌在消费者心中的特定心理定位。

（三）容易形成此消彼长的“跷跷板”现象

当延伸品牌的优势超过原有品牌的时候，消费者就会将原有品牌的心理定位转移到延伸品牌上，削弱了原强势品牌的优势。这种原强势品牌和延伸品牌竞争态势此消彼长的变化，即为“跷跷板”现象。

（四）株连效应

如果品牌延伸的产品与原品牌在质量、档次上悬殊太大，即把高档产品品牌用到了低档产品上有可能会产生灾难性的株连效应。比如美国的派克钢笔曾以质优价昂闻名于世。但是1992年的时候，刚上任的新经理为了扩大销售额将派克品牌延伸到仅卖3美元的低档笔上。结果不仅没有在低档笔上站稳脚跟，还失去了很大一部分高档笔的市场份额。

（五）品牌延伸时把握不准产品种类、数量的适度性

品牌延伸过多会导致管理上的不便，如果其中任何一个产品出现问题都会导致原有品牌形象的损害，并且如果品牌延伸的种类过多有可能会冲淡原有品牌在消费者心中的定位、情感，所以品牌延伸还是应该量力而行。

（六）淡化品牌特性

强势品牌在消费者心目中会有特殊的形象定位，消费者的注意力也会因此集中到该产品的功用、质量等特性上。如果企业用同一品牌推出功用、质量相差无几的同类产品，会使消费者晕头转向，该品牌特性就会被淡化。

（七）品牌延伸的不一致性

要尽可能地避免在类别差异较大的产品间进行品牌延伸，在同类产品之间做品牌延伸的时候，如果品牌有很强的市场影响力，并且品牌和产品已经能够画上等号的时候，最好不要将该品牌延伸到其他同类产品上。

（八）产品定位与品牌定位的差异化

如果延伸品牌不与原强势品牌定位一致，就会动摇消费者对原强势品牌的思维和情感定势。如果这种状况得不到及时纠正，会给消费者不利于原强势品牌的混乱信息，影响品牌的市场影响力，甚至危及品牌的市场地位。

二、规避品牌延伸风险的方式

问题 6：如何规避品牌延伸风险？

（一）在品牌已经比较成熟的基础上进行品牌延伸

一般情况下，成熟品牌需要具备这些条件：市场占有率较高，且具有足够的实力可以应对入侵者；有很高的知名度和美誉度，为广大公众熟悉和认可；品牌忠诚度高，占据并控制了行业主要的销售渠道。品牌延伸应该在品牌已经成熟的基础上进行，如果在没有多少知名度和美誉度的品牌下不断推出新产品，这些新产品与上市新品牌几乎没有多大区别，同时也会分散企业的资源，削弱企业的竞争优势，很难取得成功。一个企业如果高估或在无法把握自己品牌实力的条件下，将品牌扩张战线拉得过长、过宽，就会由于精力过于分散，而最终适得其反。

（二）要避免与同类产品的强势品牌特别是核心品牌的冲突

与同类强势品牌冲突，就会成为模仿和复制的牺牲品，产品将很快会被市场抛弃；与核心品牌冲突，在同一企业中，延伸的品牌肯定无法与核心品牌的力量抗衡，不是被核心品牌吃掉就是与核心品牌共同受伤至共同没落。

（三）界定品牌延伸适用范围，防止产生心理冲突

如果企业跨行业进行品牌延伸，更应注意使品牌保持稳定，不引起消费者反感。例如开采石油的企业，不能以现有品牌生产化妆品。由于在某行业品牌定位较成功，成为消费者心目中某一类别的代名词，那么延伸到其他类别是不理智的。例如拜耳就是药品阿司匹林的代名词。此时可选择为新产品命名的品牌名，走多品牌的策略。在一定程度上品牌的定位宽度就决定了延伸的范围大小，所选择的延伸品类别必须符合原品牌的定位，或者具有较强的相似性。

（四）制定严密的识别和产品区隔保护体系，防止被同类企业复制和模仿

应针对该延伸品牌的推广、传播等进行深化，避免品牌建设中的人力、财力、物力的严重浪费。有的企业认为品牌就是产品名称的转化问题，这个新产品打不开就另外重新开发产品替代，其结果是因市场投入成本的重复性费用增加或浪费，加大了企业经营的风险。

（五）恰当地维护品牌原有定位

恰当地维护品牌原有定位并不是要保持品牌原有定位的一成不变，而是根据新产品的需要对品牌原有定位进行适当的调整和丰富。知名品牌都是在市场定位上获得成功的品牌，在消费者心目中占有较高的位置，并已经形成了固定的、难以动摇的模式。进行品牌延伸时，应以定位作为延伸的依据：品牌延伸遵循品牌定位中已形成的核心价值要素，在延伸中坚持并发扬已有的品牌核心价值，为企业创建名优品牌提供稳定动力；否则将动摇其原有品牌的定位，导致消费者的困惑与挫折感，进而造成丧失市场份额。

（六）要加强对延伸品牌的建设和维护力度

像建设核心品牌一样加大投入力度，以确保其成功地进入市场并产生预期的市场业绩，在总体开发成本上最大限度地降低风险，以确保企业整体风险的降低。

（七）注意延伸产品和核心品牌的相似性

美国著名品牌理论专家 Aaker 和 Keller 的研究认为，品牌延伸成功的关键是要使消费者形成并体验到延伸品牌与原品牌之间相似的程度。延伸产品与核心品牌的相似性决定了品牌实际能否或多大程度上可延伸到延伸的产品中去。在延伸产品与核心品牌存在相似性的条件下，品牌延伸效果越明显，品牌延伸越容易成功。延伸产品与核心品牌之间如果缺乏相似性，不但会妨碍正面联想的转移，而且会刺激负面联想的滋生。所以在进行品牌延伸时，应尽量选择和原有产品相关性大的产品，这样才能使品牌真正能够得到延伸。

（八）以战略的高度对企业的品牌开发进行长期规划

充分挖掘和利用品牌资源的潜力，避免人为的品牌资源的浪费和企业运营成本的增加。特别是在核心品牌与注册商标、识别系统等一致的情况下，更应注意品牌资源的有效保护和利用，否则会对整体形象产生冲击和损害。

活动 3： 组织一次讨论：如果一家企业已经出现了企业延伸的风险，你将如何帮他们规避这个问题。

考试链接

1. 企业需要规避的品牌延伸风险。
2. 规避品牌延伸风险的方式。

案例分析

奥克斯的品牌延伸为什么会失败

“奥克斯”是一家以家电起家，以生产空调为主业的家电生产企业。2003年前后，当国内汽车市场行情井喷时，奥克斯将品牌延伸到了完全陌生的汽车领域。

2003年7月，奥克斯与沈阳农机集团达成协议，出资4000万元收购双马汽车95%的股权，从而获得了SUV和皮卡等车种的生产许可证。2004年2月24日，奥克斯在北京正式宣布将大举进入汽车业：计划在4年之内投入80亿元资金，最终实现45万辆的年产能。

但是，消费者也许会问，空调企业生产出来的汽车能有真正品质保障吗？与此同时，面对强势品牌如云、竞争激烈的汽车市场，奥克斯从一开始也显得“力不从心”：2004年2月，奥克斯SUV在销售了几千辆之后就匆匆宣布了退市，不但前期投入的4000万元打了水漂，而且还因对产品质量和售后服务等问题处置失当引发了社会各界和新闻媒体的广泛关注，这些更严重地损害了奥克斯原来在空调行业建立起来的品牌形象，最终成了品牌随意延伸的一大败笔。

与“奥克斯”相反的是，“格力”则坚守“空调”这一领域，并取得了巨大的成功。从1995年至今，专注于空调领域的“格力”已经连续14年产销量、市场占有率稳居中国空调行业第一的宝座。2008年，“格力”的全球用户超过八千多万。

资料来源：梁素娟，王艳明. 科特勒营销思想大全集 [M]. 北京：企业管理出版社，2010.

问题讨论：

奥克斯失败的原因是什么？

本章小结

品牌延伸决策需要考虑品牌核心价值与个性、新老产品的关联度、行业与产品特点、产品的市场容量、企业所处的市场环境、企业发展新产品的目的、市场竞争格局、企业财力与品牌推广能力等。

如果一个成功品牌具有独特的核心价值与个性，并且这个核心价值能包容延伸产品，就可以大胆地进行品牌延伸。品牌延伸的时候要尽量不跟品牌原有核心价值及个性相抵触。要进行品牌延伸时需要注意五个原则：

（一）新老产品之间有较高的关联度

关联度较高、门类接近的产品可共用同一个品牌。不过关联度高只是表象，关联度高导致消费者会由于同样或类似的理由而认可并购买某一个品牌才是实质。可以说，这是品牌核心价值派生出来的考虑因素。

（二）品牌的技术与质量保证是消费者与客户购买产品的主要原因

当品牌符合这个条件时，品牌可以延伸如电器、产业用品等。而那些可细分、个性化、感性化和细腻化的产品则很难与别的产品共用同一品牌。

（三）竞争者的品牌策略——主要竞争对手也开始品牌延伸，延伸的风险就会被中和掉

品牌延伸，尽管新产品在成名品牌的强力拉动下起来了，但原产品的销售却下降了，即产生了“跷跷板效应”。娃哈哈的品牌延伸之所以基本未出现此类现象，除娃哈哈品牌核心价值能包容新老产品外，其在儿童乳酸奶行业“半斤八两”的对手乐百氏也在搞类似的品牌延伸也是重要因素。康师傅、统一这些竞争品牌之间的产业结构基本雷同且都在延伸，各自的风险就随之降低。

（四）考虑企业发展新产品的目的

如果企业发展新产品的目的只是为了发挥成功品牌的市场促销力，搭便车卖一点，那么不是很符合品牌延伸原则的产品也可以进行适当的延伸。不过新产品发布广告要尽量避免破坏产品的原有个性。比如娃哈哈的平安感冒液就与娃哈哈的个性有所抵触，但都是搭便车卖的产品，广告活动很少，仅有少数专业人士知道这些产品，不足以破坏娃哈哈的品牌形象。

（五）市场竞争不激烈的品牌延伸有助于品牌延伸的成功

如果延伸产品的市场竞争不激烈，不存在强势的专业大品牌，那么就可以大胆地进行品牌延伸，反之，则不宜。

深入学习与考试预备知识

品牌延伸的有效对策

（一）树立“概念品牌”，奠定品牌延伸基础

当一个品牌被塑造出包含了产品物质功能之外的意义时，这个品牌可称为“概念品牌”。“概念品牌”的存在使品牌具有了独立的生命，即使品牌所代表的产品消失了，品牌仍具有生命力，它可以顺理成章地用于它所涵盖的一切产品之上，并被市场所认同。

（二）进行市场定位，确定品牌适用的范围

企业在品牌延伸之前，就必须进行准确的市场细分，以界定品牌的适用范围。一旦品牌定位确立，在实施品牌延伸策略时，就要考虑延伸品牌产品与原产品的一致性和兼容性。

（三）分析现有品牌，认清品牌实力

品牌延伸的前提就是这一品牌具有较高的知名度，在消费者心目中有较高的地位。企业在进行品牌延伸前，必须对自身品牌作出适当的实力评估，当品牌的主导产品成熟并获得良好声誉后才能进行之后的品牌延伸。

（四）确保品牌延伸的新产品与原有品牌保持核心价值相一致

一般来说，若该品牌的核心价值能包容延伸产品且产品属性不相冲突，就可以大胆地进行品牌延伸。也就是说，品牌延伸不能与品牌核心价值相抵触。

知识扩展

品牌延伸要考虑的因素

成功的品牌延伸主要来自于品牌形象的扩展，也就是新品牌能得到原品牌的无偿增值。新品牌的占有率是从原品牌的市场中挖过来的，也即拆东墙补西墙，不会有增值产生。

在制定品牌延伸策略的时候，一定要考虑到消费对原品牌的信赖、信心、第一反应等非常重要的因素。另外，还需要考虑两大因素：

（一）品牌延伸力

主要指受原品牌资产的影响。据研究表明，如果某些品牌与特定产品类别的连接过于紧密，延伸力就会减弱。要想让品牌延伸力得到替身，品牌结构要素就要从产品、成本、专有技术等因素向利益、价值理念和自我体验等因素方向发展。

（二）品牌杠杆力

品牌杠杆力与品牌延伸的作用成反比关系。如果消费者给某品牌很大的延伸力，则其杠杆力一定很低。反之，一个具有强有力意义联结的品牌，一般很难有延伸的空间。这个需要在品牌决策中认真掂量。

一般情况下，品牌延伸的产品关联性即告诉经营者原品牌与延伸产品之间相适合的时候，品牌延伸就容易取得成功。品牌意义联想越丰富，品牌信誉越高，产品延伸的宽度就可能越大，在市场上成功的可能性也就越大。

资料来源：谭慧，黄克琼. 商用心理学大全集［M］. 北京：中国华侨出版社，2011.

答案

第一节

如果进行了科学的、全方位的品牌延伸，形成了一个巨大的品牌体系，企业就可以在各个分支上享受品牌扩张的既得利益。

第二节

企业通过市场调查研究进行市场细分，可以了解到各个不同的消费群体的需求情况和目前被满足的情况。在被满足水平较低的市场，就可能存在最好的市场机会。

第三节

因为品牌必须是一种明确的产品，代表着一个品类，这方面是丝毫不能妥协的，这比保持品牌焦点还要坚定。专才能做得精，专业化是宝洁等很多外企成功的秘诀。而红塔集团进入木业属于品牌延伸，已经进入需要承担风险的程序了。品牌延伸的初衷原本是让一个子品牌依靠着母品牌得到更多成长的机会，借着母品牌的知名度和熟悉度成为一匹闯入市场的黑马。可惜的是，如果这批黑马儿子跟黑马妈妈的差距太大了，那消费者就很不大容易把它认出来了。人们只认红塔的烟草不认红塔的木地板，看似平坦的道路就难免会变得坎坷了。烟草与木地板之间给人的心理差距实在是太大，太依赖母品牌只会让子品牌被迫湮没在母品牌的巨大光环里，相反没了出路。以红塔的实力，完全可以依据专家的意见，抹去红塔的光环，重新塑造一个不同的品牌。

案例分析

奥克斯轻率地涉足汽车与空调这两个在消费者心目中并无太多相关性的企业，盲目进行品牌延伸，只会透支品牌的影响力，带来负面影响。因此，企业是否应该进行品牌延伸，必须建立在充分的市场调查与分析的基础上。

第七章 品牌扩张战略

学习目标

知识要求 通过本章学习，掌握：

- 规模经济的概念
- 品牌扩张的概念
- 单一品牌扩张的概念
- 母子品牌扩张的概念
- 品牌并购的概念
- 市场细分模式

技能要求 通过本章学习，能够：

- 掌握运用品牌扩张的步骤
- 进行人口细分
- 进行心理细分
- 追踪顾客购买行为作出更精确的细分
- 通过市场细分更精准地选择目标市场
- 控制并购风险

学习指导

1. 本章的主要内容包括规模经济的概念、品牌扩张的概念、单一品牌扩张的概念、母子品牌扩张的概念、品牌并购的概念、市场细分模式、品牌扩张的步骤、人口细分、心理细分、追踪顾客购买行为作出更精确的细分、通过市场细分更精准地选择目标市场等。

2. 学习方法：掌握最基本的理论，结合案例理解概念，并进行知识延伸，进行讨论活动等。

3. 建议学时：8 学时。

第一节 规模经济与品牌扩张

引导案例

迪斯尼的品牌扩张之路

迪斯尼，它的知识产权是米老鼠，10 次、20 次以上地使用在不同的领域，米老鼠及其伙伴是将整个迪斯尼王国连成一体的基石。以米老鼠及其伙伴为主题的形象出现在包括电影、电视节目、音乐剧、巡回演出、主题公园、录像、零售店以及版权转让等多个方面。每一种形式都为迪斯尼带来了丰厚的利润。简单而言，企业最大限度地从知识产权中获取利润，这就是轮次收入模式。

开始，迪斯尼制作动画、影视片，如《白雪公主和七个小矮人》、《人猿泰山》等，通过发行出售，赚取第一轮利润；再通过媒体网络赚取第二轮利润。迪斯尼公司的媒体网络业务包括拥有 226 家附属电视台的 ABC 电视网络、拥有超过 8900 个节目和 4600 个附属广播台的 ABC 广播网络和数家网站。在这两轮利润赚取的过程中，又为第三轮、第四轮利润作了铺垫：通过把电影和动画片里看到的故事变成了可玩、可游、可感的游乐园（迪斯尼乐园），赚取第三轮利润（游客可以在这个奇幻国度共享欢笑，在乐园里找到他们最心爱的迪斯尼人物，在探险世界里亲身感受亚洲及非洲地区的原始森林旅程，在明日世界里尝试充满科幻奇谈及现实穿梭的太空幻想，还可以在迪斯尼乐园酒店举办真正的迪斯尼特色的婚礼）；通过玩具、文具等消费品的出售，赚取第四轮利润。此外，迪斯尼还通过米老鼠、唐老鸭、皮特狗等卡通形象申请专利，在法律保护下进行特许经营开发，获取利润。

在共同品牌的引领下，迪斯尼的产业关联度比较强，赢利点比较多，极大地发挥了品牌与产业互动的乘数效应。2007 年，迪斯尼的营业收入超过了 300 亿美元。

资料来源：宿春礼. 思路决定出路［M］. 北京：陕西师范大学出版社，2009.

思考题：

迪斯尼的成功给我们的启示是什么？

一、规模经济的概念

问题1： 什么是规模经济？

规模经济是由于生产专业化水平提高等原因，使企业的单位成本下降，从而形成的企业长期平均成本随着产量增加而递减的经济。

（一）实行规模经济的原因

（1）专业化，从亚当·斯密的著作开始，人们认识到分工可以提高效率。规模越大的企业，其分工也必然越详细。

（2）学习效应，随着产量的增加，工人可以使熟练程度增加，提高效率。

（3）可以有效地承担研发费用等。

（4）运输、订购原材料等方面存在的经济性。

（5）价格谈判上的强势地位。

（二）规模经济的类型

（1）规模内部经济，指经济实体在规模变化时由自己内部所引起的收益增加。

（2）规模外部经济，指经济实体在规模变化时由外部所引起的收益增加。

（3）规模结构经济，指各种不同规模经济实体之间的联系和配比，形成一定的规模结构经济，如企业规模结构、经济联合体规模结构、城乡规模结构等。

（三）规模经济的作用

（1）实现产品规格的统一和标准化。

（2）通过大量购入原材料使单位购入成本下降。

（3）有利于管理人员和工程技术人员的专业化和精简。

（4）有利于新产品开发。

二、品牌扩张的技巧

问题2： 品牌扩张的技巧有哪些？

（一）品牌扩张可向上、向下或同时向上向下进行

比如石油加工业向原油开采业扩张是向上扩张，向石油精加工或者是销售流通业的扩张是向下扩张，同时向原油开采和精细加工或流通业的扩张是既向上又向下的双向扩张。

（二）平行扩张

即向同一层面的扩展。比如果奶向鲜奶、酸奶的扩张。平行扩张一般应具有相同或相近的目标市场或销售渠道，特别是与主力品牌相竞争的品牌或行业。

（三）档次上扩张

（1）在产品线上增加高档次产品项目，使产品、品牌进入高档市场。目前许多发展中国家从发达国家引入先进的高档生产线，在高档次上扩张，均是采用这一技巧。

（2）在产品线里增加较低档的产品，使品牌向下发展。这种技巧主要是利用上游高档品牌的声誉，及人们的慕名心理，吸引购买力水平较低的顾客，购买这一“名牌”中的低档廉价产品。但是这种做法容易损害名牌高品位的信誉。

（3）档次双向扩张，即一方面增加高档产品项目；另一方面增加低档产品项目。比如日本精工在20世纪70年代就采用了这种扩张技巧。一方面推出一系列低价表渗透低档成品市场；另一方面收购了一家瑞士公司，推出一系列高档表，甚至有一款售价高达5000美元的超薄型手表进入了最高档手表市场。

（四）扩散法扩张

（1）单一品牌扩散延伸到多种产品上，打造名牌系列。比如金利来开始只是领带名牌，后来扩散到金利来皮鞋、服装、箱包等一系列商品上。

（2）一种品牌向不同行业扩散，在一个总的品牌树下形成品牌集群。比如联想品牌向高、中、低档发展，也向金融业等其他行业发展。

（3）一国一地的品牌扩散到世界市场，成为世界名牌。比如可口可乐的市场由美国的一个小城逐渐扩散到全美，然后成为世界性品牌。

（五）单一品牌扩张

即品牌扩张的时候，多种产品使用同一品牌。按照其单一程度的不同，可以将单一品牌细分为产品项目品牌策略、产品线品牌扩张策略和伞形品牌扩张策略。

（1）产品项目品牌扩张策略，即在品牌扩张的时候，使用单一品牌对企业同一产品线上的产品进行扩张。比如山西东湖集团在山西久负盛名的“老陈醋”这一产品下，进行产品项目的扩张，开发出了饺子醋、面食醋、姜味醋、保健醋等多种产品，使“东湖”这一品牌在同一产品线内进行了强势的扩张。

（2）产品线品牌扩张策略，即不同产品线中的产品使用同一个品牌。

（3）伞形品牌扩张策略，是一种宣传上使用一种品牌扩张的策略，即企业所有产品不论相关与否均使用同一品牌。比如菲利浦公司生产的音响、电视、灯壶、手机等产品，都冠以同一品牌。结果菲利浦公司的成功经营使“菲利浦”畅销全球。

（六）多品牌策略

随着消费需求的多元化，单一的品牌策略往往不能迎合偏好的多元化，且容易造成品牌个性不明显甚至品牌形象混乱。多品牌策略的原则是一个品牌只适合一种产品，一个市场定位，最大限度地实现品牌的差异化与个性。要强调品牌的特色，并使这些特色伴随品牌深深地植入消费者的记忆中。比如宝洁的产品有洗衣粉、香皂、洗发水等，不同产品使用了不同的品牌。洗衣粉有汰渍、碧浪等品牌，香皂品牌有舒肤佳，洗发水品牌有飘柔、潘婷、海飞丝等。

（七）复合品牌策略

在一种产品上同时使用两个或两个以上的品牌。根据品牌间的关系可将复合品牌策略细分为注释品牌策略和合作品牌策略。

（1）注释品牌策略，在一种产品有两个或两个以上品牌，其中一个是注释品牌，另一个是主导品牌。主导品牌强调品牌的功能、价值和购买对象，注释品牌则为主导品牌提供信用和支持。其中，注释品牌通常是企业品牌，在企业的众多品牌中均有出现。比如吉列公司的刀片品牌名称为“Gillette，Sensor”，其中“Gillette”是注释品牌，表明它是吉列公司的产品，为该产品提供吉列公司的信用、品质支持。而“Sensor”是主导品牌，显示该产品的特点。

（2）合作品牌策略，指两个或两个以上企业的品牌同时出现在一个产品上。比如“一汽大众”、“上海通用”、“松下—小天鹅”等就是使用这种策略。

关键术语

品牌扩张

品牌扩张是指运用品牌及其包含的资本进行发展、推广的活动。它包括品牌的延伸、品牌资本的运作、品牌的市场扩张等内容，具体指品牌的转让、品牌的授权等活动。同时，也是指现有品牌进入完全不相关的市场。

三、品牌扩张需要具备的条件

问题3：品牌扩张需要具备的条件有哪些？

品牌扩张不是毫无方向、目的而盲目地开展，品牌扩张首先得具备一定的条件：

（一）有共同的主要成分

品牌扩张时，要扩张的品牌与原有品牌要有一定的相关性，即双方应当有共同的成分，让消费者能够理解两种产品存在于同一个品牌之下的原因，而不觉得牵强附会。比如春都牌鸡肉肠、猪肉肠延伸出的鱼肉肠、腊肉、烤肉等产品，人们就不会感到勉强。因为它们都是肉制品。而如果春都牌延伸到保健品，比如补肾品，就会失去春都牌原有的意义及定位，不能很好地利用品牌扩张的优势。

（二）有相同的销售渠道

如果销售渠道不同，核心品牌与扩张品牌的目标消费者也就不同，也就没有了品牌扩张"由此及彼的效果"。比如著名的宝马公司主打的是汽车，但是宝马也有表、服装等产品。由于宝马的表和服装跟宝马车不能用同一个销售渠道，直接导致宝马品牌的扩张无形中增大了更多的投入。同时，宝马车的宣传投入也不能惠及宝马表、宝马服装。

（三）有相同的系统

品牌扩张要找到主力品牌与扩张品牌相联系的地方，联系部分越多扩张越容易成功。相同的服务系统让扩张更容易被人接受。比如雅戈尔从衬衣扩张到西装、领带，香脆肝干扩张到宜人月饼等，是因为寻找到了营销和服务的共同之处，利用服务系统的相同而取得了成功的扩张。

（四）相似的消费群

在同一消费层面和背景下，品牌扩张更容易获得成功。比如皮尔·卡丹从服装到皮包都围绕着成功人士进行定位、扩张，理所当然获得同一消费群的认可。

（五）技术上密切相关

新品牌与主力品牌技术上相近，容易使人产生信任感。如果差距悬殊，就会失去了艺术上的认同效果。比如日本本田在发动机技术上非常优秀，就可以将之扩张到摩托车、赛车等多种产品上。但是春兰空调与其春兰虎、春兰豹摩托车的扩张，就很难让人们将对春兰空调技术的认同感延伸到春兰摩托车上。

（六）质量档次相当

如果原有品牌在质量、档次上已经得到认同，那么与其质量档次相当的新品牌也容易使人形成联想，增加成功的可能性。比如金利来从领带到腰带、衬衣、皮包，都紧紧围绕高质量、高档次的定位，得到了白领和绅士阶层的认同，使得品牌扩张获得了成功。

阅读材料

卓越亚马逊深化品牌扩张战略

随着消费者需求的转移，电子商务、网购已在市场上大行其道。为更好地满足消费者的需求，中国最大的正品网上综合商城卓越亚马逊日前不断扩充商品种类、深化品牌扩张战略，始终为消费者提供天天低价的最丰富的商品及最便捷的购物体验。

继 2009 年在中国首度推出亚马逊自有品牌亚马逊倍思后，今年 1 月，卓越亚马逊再度发力，将其扩充成为刻录光盘、光纤电缆、数码配件三大类、上千件商品的专卖店。近日，卓越亚马逊又宣布亚马逊倍思专卖店正式上线。专卖店提供 HDMI 连接线、刻录光盘、手机配件、相机配件、电脑配件和其他配件共六大类基本消费电子类商品。卓越亚马逊的自有品牌发展战略为用户提供了更多优质低价的基本电子消费产品选择，也为中国基本电子消费市场注入了新的动力。

除了表现抢眼的光线电缆类商品，亚马逊倍思的数码配件类商品和刻录光盘也受到了国内消费者的青睐。

目前，亚马逊倍思为国内消费者提供上千件商品，自年初扩充商品以来，亚马逊倍思硬质小型电器通用便携包取得了月销量增长 200%的好成绩。虽然亚马逊倍思在中国尚属起步阶段，但其一直致力于为消费者提供最佳购物体验，除了行业同类产品的最高质量标准，亚马逊倍思同样坚持不断创新。

在亚马逊倍思专卖店上线之际，iPhone 4 和 iPad 的硅胶套、保护包等商品将全线上线，有望吸引大量苹果粉丝的关注。

面对目前国内基本电子消费市场电子产品良莠不齐的现状，亚马逊倍思坚持高标准的产品质量和“天天低价”原则，所有产品线产品均在中国制造，并享受 30 天无条件退换货、一年之内进行质量问题维修的服务，为基本电子消费市场注入了一针强心剂。

有关专家表示，随着网购群体的急速扩大和网络平台的逐步开放，众多网上商城均以加强深化品牌战略来满足消费者的需求。卓越亚马逊在与供应商合作扩充商品的同时，与全球同步大力发展自有品牌，不断提升和优化消费者的网购体验，其商业模式正成为业界的榜样。

资料来源：金朝力. 卓越亚马逊深化品牌扩张战略. 北京商报，2011.

活动 1：调研本市企业是如何进行产品扩张的？

考试链接

1. 经济规模的概念。
2. 品牌扩张的技巧。
3. 品牌扩张需要具备的条件。

第二节　单一品牌扩张与多品牌扩张

引导案例

海尔最失败的品牌扩张

“海尔，抗击糖尿病，真诚到永远！”

“科学治疗糖尿病，海尔真诚到永远！”

“只要你是糖尿病患者，你就可以亲自感受海尔的真诚。海尔桑枝颗粒，实现了人体胰岛素自我分裂，激活胰岛素活性的自我控糖方式……从此拉开了新一代控糖革命的序幕。”

是的，这的确是海尔的广告词。只不过广告的内容不是海尔电器，而是海尔的药品。

2010 年 3 月，自从武汉市食品药品监督管理局发出“青岛海尔药业有限公司的‘桑枝颗粒’广告，不科学地表示功效的断言或者保证，严重违法”的公告之后，全国多个省市药监部门也陆续对海尔“桑枝颗粒”发布了相同内容的禁令。

海尔药业是海尔集团 1996 年成立的全资子公司，也是海尔集团多元化战略的核心业务板块之一。海尔药业曾经依靠“采力”保健品让其在短短的一年多时间内创造出 1 个亿的销售业绩。2004 年，海尔药业曾高调宣布全面进入药品流通领域，并成立了海尔医药有限公司，一度拥有涉及十几个省近百个城市的销售网络，销售网点多达 5000 余个。

然而，海尔医药的业绩在此后的数年时间内却一直徘徊在 1 亿元左右，离他们设定的 100 亿元销售目标差之甚远。1998 年，海尔医药出现亏损并尝试用股权转让等方法脱离医药行业。到 2007 年 7 月为止，海尔集团已累计出售了海尔医药 60%的股权，这是海尔集团自 2006 年撤离微波炉业务之后，又一次重大的业务撤离。这一计划，被海尔称之为“1000 天流程创新”。

所谓的“1000 天流程创新”，实际上是海尔多元化战略失控、品牌扩张过快和海尔泛品牌化迷失的亡羊补牢之举。

资料来源：品牌扩张：鱼和熊掌如何兼得?. 中国经营网，2010.

思考题：

海尔医药的多品牌扩张为何会失败？

一、单一品牌扩张的方式

问题 4： 单一品牌扩张有哪几种方式？

按照其单一的程度不同，可以将单一品牌扩张分为三种：

（一）产品项目品牌扩张

主要是指品牌再扩张的时候，使用单一的品牌对本企业同一产品线上的产品进行扩张。同一产品线的产品面对的往往是同一个消费群，产品的生产技术在很多方面存在着联系，在功能上也相互补充。所以产品项目的品牌扩张相关性较强，容易取得成功。

（二）产品线品牌扩张策略

主要是指品牌扩张跨越产品线，不同产品线中的产品使用同一个品牌。在使用产品线品牌扩张的时候，需要注意四个方面：

（1）要寻找品牌间的相关性，使品牌的基本元素相似或者相同。

（2）由于产品线是相对有限的，所以又可能会限制已有品牌资源的扩张范围。

（3）由于产品线品牌策略要求产品间有相近或相关的联系，所以会使有重大创新的突破性新产品在扩张中受到影响，阻碍企业创新。

（4）由于不同产品使用同一个品牌，如果其中一种产品的广告出现问题，其他产品也会受到不良影响。

（三）伞形品牌扩张策略

主要指宣传上使用一种品牌扩张的策略，即企业所有产品无论是否有关联都使用同一个品牌。比如飞利浦公司生产的音响、电视、手机等产品，都使用同一个品牌。但是使用这个品牌的时候也要注意不要太牵强了。比如三九集团的“999”这一品牌给人们的定位是一种药用品牌，但是它却推出了“999 冰啤酒”，进行伞形品牌扩张，使人们把啤酒与药品联系到一起，引起反感。

关键术语

单一品牌

单一品牌扩张就是在品牌扩张的时候，多种产品使用同一品牌。

二、母子品牌战略扩张

问题 5: 什么是母子品牌的战略扩张?

虽然单一的品牌延伸能让企业形象统一，资金、技术集中，减少营销成本。但是单一品牌容易在消费者的心目中形成固定的印象，不利于产品的延伸和扩大。并且，单一品牌容易一荣俱荣、一损俱损，企业所承担的风险也不小。

母子品牌战略是将品牌延伸的多样化与经营的差别化相结合而形成的一种市场战略，利用母品牌已有的形象来树立品牌形象，也可用子品牌的细分化来加强母品牌的专业化形象，让品牌形象得到更进一步的统一和强化。比如，倘若告诉消费者新上市的一种洗衣粉叫“熊猫”，消费者肯定会把它当成一种普通的洗衣粉，引不起多大的兴趣。但是如果在广告中告诉消费者“熊猫”是“宝洁公司优质产品”的时候，大多数消费者都会关注一下的。很显然宝洁这个母品牌给子品牌以有力的支持。在缺乏外在信息输入的情况下，消费者对延伸子品牌的评价在很大程度上是从母品牌上推断而来的。

企业也可以利用多个子品牌从功能、价格、包装等各方面划分出多个市场，满足不同层次、不同需要的各类顾客的需求，培养消费者对本企业的母品牌偏好，提高其忠诚度。

母子品牌战略的扩张应该注意五个方面：

(1) 实施母子品牌战略的企业，必须有一个在市场上拥有优势地位的品牌，然后企业可以紧紧围绕着这个母品牌进行定位，发展子品牌。

(2) 当产品的使用周期比较短或者是客观上需要更换品牌的时候，可以采取母子品牌的战略。因为如果产品的使用周期很短，更换还比较频繁的时候，就很容易让消费者产生“品牌转换”的心理。但是依靠母品牌所建立的子品牌认知率较高。

(3) 在从单一品牌向母子品牌过渡之后，要赋予新品牌不同的定位，让子品牌之间能区分开来，以便建立差异化。如果没有差异化，不仅会造成顾客的心理混乱，还会加大企业的生产、行销成本。

(4) 在成长的过程中，母子品牌应该相互支持，避免彼此之间的恶性竞争，直到子品牌日渐强大起来。

（5）子品牌的管理应该集中品牌、分类管理，重点放在有市场吸引力和市场规模的品牌上，不能一碗水端平，走“平均主义”路线。可以将不同子品牌形成一个战略组合，既有统一调配，又有良性竞争，充分发挥每一个品牌在母子品牌战略中的作用，在实现企业品牌收益最大化的同时，有效阻击竞争对手。

三、不能为了差异化而差异化

问题6：为什么不能为了差异化而差异化？

自从管理大师迈克尔·波特提出差异化战略后，很多企业懂得了主动差异化是领导品牌封锁跟随者的利器，差异化是挑战者或后来者争夺更多市场的利器。于是他们就开始渴望用独一无二来打造自身的竞争优势，迫切地寻找自己的与众不同之处。但是有些企业对差异化的僵化理解是“有差异就好”，所以市场上出现了很多没有意义的差异化。

企业管理者首先想清楚：你的企业真的需要差异化吗？差异化是个相对的概念，没有必要为了差异化而差异化。谈起差异化，企业领导者首先要用战略的眼光审视自己，尤其是要清楚自己企业在行业内的地位和在竞争中的定位。

行业领导品牌一般情况下是行业标准的制定者，所提供的产品和服务要锁定主流市场。假如企业刻意去找差异化，可能会丧失总成本优势，最终为此付出惨痛的代价。作为行业的领导者，你谈的问题更多的不应是差异化，而是如何做到边际成本最低化。比如，假如你是羊毛衫市场的主导品牌，那么你考虑的最大问题应该是如何降低羊毛衫成本，保持合理的毛利率，而不是如何在羊毛衫里加入纳米成分、羊毛衫要保暖耐脏等问题。因为那些市场目前尚不是主流，主流市场消费者关心的是你的羊毛衫是否物美价廉，而不是能否拿你的羊毛衫去当羽绒服或者工作服。所以，行业领头羊如果错误使用差异化战略，必定会得不偿失。

但是，如果你的身份是行业的挑战者，并且你具有一般领导者不具备的优势，那么你就可以考虑差异化了。但前提要慎重，因为你的差异化很可能遭遇领导品牌价格上的或者其他因素上的猛烈袭击。所以你要找的差异化策略，必须是领导品牌短时期内无法攻克的东西才可以。否则，一旦给予行业领头羊还手的机会，必然会被击败。比如博客网和门户之争，当年博客网凭借“博客日志”这一差异化产品，进军互联网行业，迅速获得网民的密切关注。但是当新浪、搜狐等门户网站看到博客的重要性之后，他们大举进攻博客领域，致使博客网黯然收场。

差异化是十分有效的竞争战略，但并不是所有的企业都适合差异化战略，也不是所有的企业实施差异化战略都能获得成功。领导者要意识到，市场的需求是第一位的，市场需求推动了新业务的发展。顾客真正想要的，是更好的产品和服务，而不是更多的差异化，他们不会单纯地因为你的产品具备某些特性而大方地掏腰包。他们购买一种产品，是因为这种产品能够满足他们某种需求，并且这种产品拥有比竞争对手更多、更好的品类利益。

需求永远是比竞争更重要的原点，差异化不是为了避开竞争，差异化是为了满足对手所没有满足的顾客需求。所以，千万不能为了差异化而差异化，在思考差异化之前首先要问的是顾客目前没有满足的需求是什么，找到了那个点，这样的差异化才能给顾客带来价值。否则，你差异化了之后，顾客觉得和他没关系，不会为企业的差异化而自掏腰包。

比如健力宝曾经重拳推出的第五季饮料。这个饮料品牌曾被健力宝集团轰轰烈烈地宣传过，无论是在产品名称上，还是在包装上都采取了与常规不同的差异化战略，然而并不成功，消费者并不认可，最终惨遭市场淘汰。这是为什么呢？一年只有四季，“第五季”这个名称确实够新鲜，够差异化。但是，仅仅是名称差异化，品质并没有与竞争对手区别开来，尽管它的宣传很卖力，消费者不会为这个差异化名字而埋单。为差异化而差异化，注定要失败。

活动 2：分别找出一个进行单一品牌扩张和母子品牌扩张的企业，并分析它们之间的区别。

考试链接

1. 单一品牌扩张的方式。
2. 母子品牌战略扩张。
3. 不能为了差异化而差异化。

第三节 品牌并购

引导案例

联想的品牌并购之路

2004 年 4 月 1 日，联想集团的英文名称由“Legend”改为现在的“Lenovo”。“Lenovo”是个合成词，“Le”来自“Legend（传奇）”，“-novo”是一个假的拉丁语词，从“新的”（nova）而来。联想总裁杨元庆称：联想之所以换标，是为联想国际化做准备。

同年，联想以 17.5 亿美元的价格收购 IBM 的 PC 事业部，并获得在 5 年内使用 IBM 品牌权，成为全球第四大 PC 厂商。柳传志说：“一家来自中国的公司收购 IBM 这本身就是一个让世界震惊的消息，这是对联想品牌的一次宣传。”

宣布收购 IBM 之后，联想的任务就是整合全球业务，达到协同效应。北京申奥成功恰好为联想送来了天赐良机。

在花费了 6500 万美元后，联想成为中国首家“国际奥委会全球合作伙伴”。在成为 TOP 赞助商之后，联想知名度通过奥运得到迅速提升。据联想集团提供的资料显示，通过 3 年多的奥运营销，联想在中国市场上的知名度上升了 15 个百分点，美誉度上升了 19 个百分点；在英国、澳大利亚等海外市场的品牌知名度和美誉度也同样大幅提升。另根据中国品牌研究院提供的数据，在常规年份，联想品牌美誉度的增幅约为 20%。而借力北京奥运会展开营销，联想确实获得了较好的回报，2007~2008 年，品牌美誉度增幅达到 54.79%，成为少数几个品牌并购成功者之一。

资料来源：梁素娟，王艳明. 科特勒营销思想大全集 [M]. 北京：企业管理出版社，2010.

思考题：

联想是如何进行品牌战略扩张的？

一、品牌并购的概念

问题 7： 什么是品牌并购？

品牌并购是指企业通过购并其他品牌，获得了其他品牌的市场地位和品牌资产的一种极为迅速的品牌组合建立方法。

（一）品牌并购的益处

在品牌经营时代，并购往往带有品牌扩张的目的。如果被并购的企业有较好的资源，并购企业将获得五项益处：

（1）有利于扩大原有品牌所涵盖产品的生产规模。

（2）可以借此绕道贸易壁垒进入其他国家和地区。

（3）可以加快并购企业进入市场的速度，实现品牌的快速区域扩张，特别是海外扩张的需要。

（4）可以收购并购企业的产品作为本企业品牌的延伸产品，实现产品多元化的需要。

（5）企业可以利用被并购企业的品牌资源进行经营，获取更大的市场力量，重构企业的竞争力范围。

（二）品牌并购的形式

（1）强势品牌兼并强势品牌。比如 1998 年德国戴姆勒—奔驰购并美国克莱斯勒公司，获得了对方庞大的市场地位，在业界树立起了一个更为强大的品牌形象。

（2）强势品牌兼并弱势品牌。这种方式主要是为了扩大市场份额和实现技术、品牌优劣互补，将市场中的各种杂乱品牌收归到一个强势品牌下面，让市场竞争集中到几个强势品牌之间。比如思科公司在 20 世纪 90 年代，通过近百次的并购，将企业的产品由路由器的制造拓展到了 25 种网络设备的生产，并且在每个产品领域都获得了数一数二的地位。

（3）弱势品牌兼并强势品牌。比如联想通过收购 IBM 的 PC 事业部，获得了 IBM 的全球 PC 业务，在很短的时间内就成为全球第三大 PC 制造商。

二、善意收购赢利又博名

问题 8：为什么善意收购赢利又博名？

关于善意收购，金融专家曾指出，善意收购和恶意收购是依据与被收购公司的合作态度来区分的。所谓善意收购，是指收购人与被收购公司之间通过双方协议，达成一致后，以此作为基础，由被收购公司主动出让或者配合出售公司股份给收购人，或者由收购人通过其他途径收购股份而被收购公司不提出任何反对意见。善意收购行为也被称为友善收购。与善意收购相对的，是恶意收购，又称敌意收购。敌意收购常因引起被收购公司反感，从而会对第一收购的实施设置种种障碍。所以，敌意收购的价格经常超出市价很多。

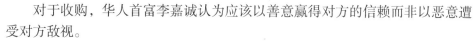

对于收购，华人首富李嘉诚认为应该以善意赢得对方的信赖而非以恶意遭受对方敌视。

有人戏称，要挫败李嘉诚的收购计划很简单，只要说一声“我不愿意”，李嘉诚就不会再做任何行动了。虽然有些夸大，却不能不看出李嘉诚对于“善”的态度。同时，善意收购往往能让彼此受益，从而达到了兵不血刃便取其江山的境界。

李嘉诚收购对方的企业，必与对方进行协商，尽可能通过心平气和的方式谈判解决。若对方坚决反对，他不会强人所难。他的收购，从不情绪化，没有把被收购企业当做古董孤品非买不可的心理。若持这种心理，往往会付出过昂的代价。李嘉诚遇到阻力，权衡利弊后，会不带遗憾地放弃。收购九龙仓、置地，他都持这种态度。无论成与不成，通常都能使对方心悦诚服。收购成功，他也不会像许多新进老板一样，进行一锅端式的人事改组与拆骨式的资产调整。他尽可能挽留被收购企业的高层管理人员，照顾小股东利益。股权重组等大事，必征得股东会议通过。收购未遂，李嘉诚也不会以所持股权为“要挟”，逼迫对方以高价赎购，以作为退出收购的条件。

收购作为一种特殊的经营行为，通常既可以是收购方企业的特定经营行为，也可以是被收购方企业的一种经营选择。根据买卖双方对收购行为的态度，企业收购可分为敌意收购和善意收购。其中，善意收购是可以在一次企业收购行为中，同时使收购方和被收购方各自实现其战略目标或财务目标的行为选择。

善意并购的进行方式，除了公开投票、磋商方式外，还包括一些“标购”。善意并购有利于降低并购行为的风险与成本，使并购双方能够充分交流、沟通信息，目标公司主动向并购公司提供必要的资料。同时，善意行为还可避免目标公司的抗拒而带来额外的支出。但是，需要注意的是，善意并购使并购公司不得不牺牲自身的部分利益，以换取目标公司的合作。而且漫长的协商、谈判过程也可能使并购行为丧失其部分价值。

关键术语

收购

收购是指一个公司通过产权交易取得其他公司一定程度的控制权，以实现一定经济目标的经济行为。收购是企业资本经营的一种形式，既有经济意义，又有法律意义。收购的经济意义是指一家企业的经营控制权易手，原来的投资者丧失了对该企业的经营控制权，实质是取得控制权。从法律意义上讲，中国《证券法》的规定，收购是指持有一家上市公司发行在外的股份的30%时发出要约收购该公司股票的行为，其实质是购买被收购企业的股权。

三、控制并购风险

问题 9：如何控制并购风险？

企业要在激烈的市场竞争中占领一席之地，就必须考虑通过扩张使得企业的实力大增。扩张已经成为企业做大做强的必由之路。合理的扩张则如虎添翼，能够极大地推动企业快速发展壮大。扩张的过程是一个多方博弈的过程。同时，企业扩张面临的风险也很大。扩张后面临着众多的问题，要投入大量的精力进行重新整合，结果还要受到多方的制约，诸如技术的消化、管理方式的调整、资产的重组等。扩张不当的情况经常会导致企业的消化能力低下，出现消化不良综合征。因此，警惕扩张的风险，采取有效措施规避风险就显得非常重要。

（一）从增强企业核心竞争力这一战略考虑是否并购

如果并购符合企业战略布局，有利于企业长远的发展，即使价格很高，也值得收购；如果并购不符合战略布局，只能满足短期利益，即使是价格很低，也尽量不要轻易涉足。特别是在跨行业混合并购中，更要对新行业从战略的高度进行宏观、微观审慎的考察，对目标企业的竞争优势、弱点和增长潜力进行客观评估和判断。

（二）全面搜索和分析目标企业信息

在选择并购目标的时候，企业要大量搜集对方企业的产业环境信息、财务状况信息、高层领导信息、生产经营、管理水平、组织结构、企业文化、市场价值链等各个方面的信息，以防止并购时信息不对称造成的风险。

（三）严格制定并购资金需求量及支出预算，以保证企业进行并购活动所需资金的有效供给

（四）主动与债权人达成偿还债务协议

这是为了防止陷入不能按时支付债务资金的困境，企业对已经资不抵债的企业实施并购时必须考虑被并购企业债权人的利益，与债权人取得一致的意见时方可并购。

（五）要让并购企业在被并购后的核心生产能力跟上企业规模

建立统一的生产线，使生产协调一致，取得规模效益，稳定上下游企业，保证价值链的连续性。

关键术语

并购

并购的内涵非常广泛，一般是指兼并和收购。兼并又称吸收合并，即两种不同事物，因故合并成一体。指两家或者更多的独立企业、公司合并组成一家企业，通常由一家占优势的公司吸收一家或者多家公司。收购指一家企业用现金或者有价证券购买另一家企业的股票或者资产，以获得对该企业的全部资产或者某项资产的所有权，或对该企业的控制权。与并购意义相关的另一个概念是合并，是指两个或两个以上的企业合并成为一个新的企业，合并完成后，多个法人变成一个法人。

活动 3：找出一个被国外公司并购的民族企业，并分析原因。

考试链接

1. 品牌并购的概念。
2. 善意收购赢利又博名。
3. 控制并购风险。

第四节　市场细分

引导案例

可口可乐——瞄准新市场

早在 20 世纪 70 年代初，可口可乐公司就开始尝试在办公室设置机售系统，但终因系统占用场地太多和需要巨大的二氧化碳容器来产生碳酸而告吹。其他公司进入办公市场的尝试也屡屡受挫，因为他们要求工作人员自己来调和糖浆与水。

在市场份额日益缩减的紧迫形式下，可口可乐公司加快了开发的步伐，并着手开发一个新产品——“休息伴”。“休息伴”的原则应是使用方便、占地不大、可放于任何地方的机售喷射系统装置。为完成这项计划，可口可乐公司特邀德国博世—西门子公司加盟制造这种机售喷射系统装置，同时为“休息伴”

申请了专利。

可口可乐研制出的“休息伴”同微波炉大小相似，装满时重量为78磅。顾客可以把自我冷却的“休息伴”连接在水源上或是贮水箱上。机器上装有3个糖浆罐与“休息伴”匹配，同时还配有一个可调制250份饮料的罐体，只要一按按钮水流就从冷却区流入混合管，同时二氧化碳注入就形成了碳酸饮料。由于每一次触键选定的糖浆量需要配以合适数量的苏打，西门子公司在机器上安装了一个指示灯，在二氧化碳瓶用空时亮灯显示。机器上还装有投币器，在买可乐时，可以投入5分、1角或2角5分的硬币。由于机器输出的饮料只有华氏32度，因此也无须另加冰块。

1992年7月，经历了20多年研制的新型可乐分售机在30多个国家推广试用，耗资巨大，被产业观察家称为软饮料史上史无前例的一项开发。全美范围内的小型办公场所安装了35000个“休息伴”（Breakmate），办公室人员足不出户就可以享用可口可乐饮料。

可口可乐公司继续发展着“休息伴”的细分市场。经过3年的市场试销，可口可乐公司在分销渠道的设计、市场的细分等方面积累了大量的经验。在试销过程中，可口可乐公司为寻找“休息伴”的最终目标市场，不断改进其细分策略。最初的一项调查表明，将“休息伴”置于20人或20人以上的办公场地可以获得相当的利润，因此公司欲以20~45人的办公室作为目标市场。然而，这就意味着可口可乐公司将丧失掉100多万个不足20人的办公室这一巨大市场，显然这一目标市场不合情理。可口可乐公司通过进一步调研、分析，发现小型办公室的数量大有增长之势，并证明对于那些经常有人员流动的办公室，“休息伴”只需5人使用就可赢利。加上分销商还可将机器安装在大型办公室里，使得雇员们随时可以得到可口可乐的饮料。

资料来源：许晖. 可口可乐：瞄准新市场. 业务员网，2010.

思考题：

1. 可口可乐成功的原因在哪里？
2. 市场细分需要具备什么条件？

一、人口细分

问题10：如何进行人口细分？

年龄、性别、职业、收入等都是人口统计学中的典型指标。由于人口是构成消费品市场的基本要素之一，同时具有易区分、易衡量的可操作性，因而人口细分已成为市场细分常用的和最重要的标准。

目前，企业中常用的人口细分变量主要有三个方面：

(一) 年龄

购买者对产品的需求和购买能力常因年龄而有所不同，因此年龄常常是一个重要的市场细分化变数。

虽然用年龄区分人口特征，进而进入目标市场的做法有很大的作用，但科特勒仍然提醒企业采用这种方法时必须当心落入俗套，因为同样是 70 岁的老人，有的坐在轮椅上，有的却是活跃在运动场上。

(二) 性别

男女在购买动机和行为上常有很大的差异，因此性别也是很重要的细分变数。

(三) 收入

对汽车、住宅、服饰、化妆品、旅游等产品和服务而言，收入一直是一个重要的市场细分化变量。以汽车而言，有针对高收入家庭设计的奔驰、凯迪拉克，也有针对一般中上等家庭的神龙富康、赛欧等。

关键术语

人口细分

人口细分是指总体市场以不同消费者和家庭需求为载体，因年龄、性别、职业、收入、宗教信仰以及国籍、民族的差别，形成一个个有差别的消费群体。不同消费群的偏好、购买力和需求重点不同，同一消费群中的不同消费者既有共性，又有特性和差别，但其共性大于特性。由于人口细分的具体标准很多，总体市场可分为几十个甚至上百个细分市场。

二、心理细分

问题 11： 如何进行心理细分？

营销学者发现，即便在同一人口群体中，也可能表现出差异性极大的心理特性。那么，就需要按照心理细分的方式对他们区别对待。

(一) 社会阶层

社会阶层是指在某一社会中具有相对同质性和持久性的群体。处于同一阶层的成员具有类似的价值观、兴趣爱好和行为方式，不同阶层的成员则在上述方面存在较大的差异。很显然，识别不同社会阶层的消费者所具有的不同特点，对于很多产品的市场细分将提供重要的依据。

（二）生活方式

通俗地讲，生活方式是指一个人怎样生活。人们追求的生活方式各不相同，如有的追求新潮时髦；有的追求恬静、简朴；有的追求刺激、冒险；有的追求稳定、安逸。

（三）个性

个性是指一个人比较稳定的心理倾向与心理特征，它会导致一个人对其所处环境做出相对一致和持续不断的反应。俗语说："人心不同，各如其面。"每个人的个性都会有所不同。通常，个性会通过自信、自主、支配、顺从、保守、适应等性格特征表现出来。因此，个性可以按这些性格特征进行分类，从而为企业细分市场提供依据。在西方国家，对诸如化妆品、香烟、啤酒、保险之类的产品，有些企业以个性特征为基础进行市场细分并取得了成功。

关键术语

心理细分

心理细分是根据购买者的社会阶层、生活方式、个性特点或偏好，将购买者划分成不同的群体。属于同一人口群体的人可能表现出差异极大的心理特征。

三、追踪顾客购买行为，作出更精确的细分

问题 12： 如何追踪顾客购买行为作出更精确的细分？

市场细分分析是一种对消费者思维的研究。谁能够首先发现更好的划分客户的依据，谁就能获得丰厚的回报。于是，消费者的忠诚度、购买时机、使用状况等都成为可以作为市场细分的标准。消费者行为细分方式也就应运而生。

近年来，随着商品经济日渐发达，广大消费者的收入水平不断提高，这一细分标准越来越显示其重要地位。不过，行为细分标准比其他标准要复杂得多，也更加难以掌握。不过，营销学者还是给出了五项标准作为参考：

（一）购买习惯

即使在地理环境、人口状态等条件相同的情况下，由于购买习惯不同，仍可以细分出不同的消费群体。如购买时间习惯标准，就是根据消费者产生需要购买或使用产品的时间来细分市场的。

（二）寻找利益

消费者购买商品所要寻找的利益往往是各有侧重的，据此可以对同一市场进行细分。一般来说，运用利益细分法，首先，必须了解消费者购买某种产品

所寻找的主要利益是什么；其次，要了解寻求某种利益的消费者是哪些人；最后，要调查市场上的竞争品牌各适合哪些利益，以及哪些利益还没有得到满足。通过上述分析，企业能更明确市场竞争格局，挖掘新的市场机会。

（三）产品使用者

使用者可以区分为使用者、非使用者、初次使用者、超前使用者、潜在使用者、偶尔使用者、固定使用者。对于这些使用者类别，必须采用不同的销售和沟通方法。

（四）使用量

在许多市场，较低比例的消费者代表着全部销量中的较大比例。通常，大约 20%的使用者占了 80%的消费量。在很多情况下，区分重度使用者、轻度以及非使用者是非常有用的。重度使用者，或者说关键贡献者需给予特殊的对待。

（五）忠诚程度

对于现有的消费者，可以区分为绝对忠诚、轻度忠诚和品牌转换者。香烟、啤酒以及牙膏通常是品牌忠诚市场。保持忠诚用户是关系营销的目标。可开发的营销策略是吸引竞争者的用户或增加转换者的品牌忠诚。

四、通过市场细分，更精准地选择目标市场

问题 13： 如何通过市场细分，更精准地选择目标市场？

市场细分的最终目的是确定企业的目标市场。目标市场是通过市场细分后，企业准备以相应的产品和服务满足其需要的一个或几个子市场。由于企业能够生产的产品是有限的，而消费者的需求是无限的，因此，企业只能在市场细分的基础上，选择部分消费者群体作为目标市场。

寻呼网公司是一家开发寻呼系统的小公司。它不能靠鼓吹特有的技术使自己有别于主要对手（如西南贝尔和太平洋电信系统）。而且，该企业早已在价格上展开竞争，其价格比竞争对手约低 20%，因此，寻呼网公司通过适当的市场细分来充分利用其竞争优势。

首先，寻呼网公司采用地理细分法，在俄亥俄州和它所在的得克萨斯州选择易进入的市场作为目标市场。在这两个地区，寻呼网公司的进攻性价格战略击败了当地的对手。这两个市场得到巩固后，就立刻将产品打入在地理上更分散，但具有最大增长可能性的 13 个细分市场中。但是，寻呼网公司的细分化战略并不以地理细分告终。

接下来是研究寻呼服务系统主要使用者的特征，并选择最有潜力的使用者

群体作为目标市场。作为目标的最初使用者群包括：销售人员、邮递人员和服务人员。

面对成功，寻呼网公司戒骄戒躁，继续前进，争取最大可能的寻呼系统市场份额。为了达到75%的市场渗透率，寻呼网公司运用生活方式市场细分法，附加一些消费者群体为目标市场。例如，把孩子交给临时保姆照看的父母，一个人住但其家人想照看他的老年人等。

当观众接触面的扩大有利于进一步拓宽其细分市场时，寻呼网公司便开始通过凯马特、沃马特连锁店和家庭仓库商店的电子产品部门分销其产品。它给这些部门非常诱人的折扣，以换得已售出的任何寻呼系统上每月服务费的收益权。根据将增加80000位新用户的销售预测，寻呼网公司的管理人员计算出：来自服务费的巨额潜在收益将超过由于折扣所带来的利润损失。

企业为什么要选择目标市场？因为不是所有的子市场对本企业都有吸引力，任何企业都没有足够的人力资源和资金满足整个市场或追求过分大的目标。只有扬长避短，找到有利于发挥本企业现有的人、财、物优势的目标市场，才不至于在庞大的市场上瞎撞乱碰。

通过市场细分，有利于企业明确目标市场；通过市场营销策略的应用，满足目标市场的需要。因此，通过市场细分，确定本企业的目标市场，明确企业应为哪一类用户服务，满足他们的哪一种需求，是企业在营销活动中的一项重要策略。

关键术语

市场细分

市场细分（Market Segmentation）是企业根据消费者需求的不同，把整个市场划分成不同的消费者群的过程。其客观基础是消费者需求的异质性。进行市场细分的主要依据是异质市场中需求一致的顾客群，实质就是在异质市场中求同质。市场细分的目标是为了聚合，即在需求不同的市场中把需求相同的消费者聚合到一起。这一概念的提出，对于企业的发展具有重要的促进作用。

五、可供选择的市场细分模式

问题14：有哪几种可供选择的市场细分模式？

大多数公司已经知道市场营销中市场细分的必要性，然而，更大的问题是，我们应当如何进行市场细分、市场细分一般有哪几种细分方式？我们可先看看某显微镜生产商的细分过程：

某显微镜生产商所具有的生产力包括显微镜、测量投影仪等光学相关仪器。经过对本行业的细致的调查和分析，该厂商发现，显微镜的潜在市场巨大。同时，由于显微镜是专业性较强的测量仪器，因此，该市场对于显微镜测量的专业性具有相当高的需求。

于是，该公司决定采用产品专业化的细分模式，对自己的生产线做出调整。公司准备向不同的顾客群体销售不同种类的显微镜，而不生产实验室可能需要的其他仪器。在接下来的营销活动中，公司主要围绕着大学实验室、政府实验室和工商企业实验室推广和销售显微镜来进行。

由于该公司在显微镜生产方面的精细化，以及他们所提供的服务的专业化，他们的产品在行业内树立起了很高的声誉。

不过，在对产品进行专业化细分之后，虽然短期内公司在业内树立起了较高声誉，但这一营销模式的风险性也一直是营销者所担忧的——假设公司目前生产的显微镜被一种全新的显微技术代替，整个公司会面临着滑坡的危险。

案例中的显微镜公司集中生产一种产品，并向各类顾客销售这种产品，采用的就是市场细分模式中的产品专门化模式。这种细分模式的利弊当然也在显微镜公司的营销过程中显现出来，一方面，有利于公司专业化的口碑与品牌树立；另一方面，也面临着产品单一化造成的巨大风险。

那么，我们在市场细分中，还有哪些模式可供选择呢？营销学者长期研究发现，除了产品专门化模式，我们还有四种市场细分模式可供选择：

（一）密集单一市场

最简单的模式是公司选择一个细分市场集中营销。与产品专门化不同，市场的集中营销针对的专业化是一个细分市场。在该细分市场上，公司通过密集营销，更加了解本细分市场的需要，并树立特别的声誉，因此便可在该细分市场建立巩固的市场地位。另外，公司通过生产、销售和促销的专业化分工，也获得了许多经济效益。如果细分市场选择得当，公司的投资便可获得很高的报酬。但是，密集市场营销同样面临着较大的风险，个别细分市场可能会出现一蹶不振的情况，或者某个竞争者决定进入同一个细分市场。

（二）有选择的专门化

公司采用此法选择若干个细分市场，其中每个细分市场在客观上都有吸引力，并且符合公司的目标和资源。但在各细分市场之间很少有或者根本没有任何联系，然而每个细分市场都有可能赢利。这种多细分市场覆盖优于单细分市场覆盖，因为这样可以分散公司的风险，即使某个细分市场失去了吸引力，公司仍可继续在其他细分市场赢利。

（三）市场专门化

公司可以专门为满足某个顾客群体的各种需要服务。例如案例中的显微镜公司可为大学实验室提供一系列产品，包括显微镜、示波器、本生灯、化学烧瓶等等。公司专门为这个顾客群体服务，从而获得良好的声誉，并成为这个顾客群体所需各种新产品的销售代理商。不过，当这个顾客群体——如大学实验室，突然发现经费预算已经削减，它们就会减少从这个市场专门化公司购买仪器的数量，这也将是这一细分模式需要面临的风险。

（四）完全市场覆盖

公司采用完全市场覆盖模式，就是用各种产品满足各种顾客群体的需求。只有大公司才能采用完全市场覆盖策略，例如国际商用机器公司（计算机市场），通用汽车公司（汽车市场）和可口可乐公司（饮料市场）。大公司可用两种主要的方法，即通过无差异市场营销或差异市场营销达到覆盖整个市场。

活动 4： 分析调研国外企业是如何进行市场细分的？

考试链接

1. 人口细分。
2. 心理细分。
3. 追踪顾客购买行为作出更精确的细分。
4. 通过市场细分，更精准地选择目标市场。
5. 可供选择的市场细分模式。

案例分析

顾维军为什么会失败

2001 年是顾雏军带领格林柯尔一举成名的年份。在这一年，顾雏军控股的顺德格林柯尔公司以 5.6 亿元人民币收购了当时为中国冰箱产业四巨头之一的广东科龙电器，2002 年 5 月正式完成对科龙的收购。

“科龙易帜”后，顾雏军采取的正是暴风骤雨式的内部革命。最为明显的就是收缴下属公司的财政权和人事权，将营销 From EMKT.com.cn 公司的财务部和人事行政部撤销，统一由集团指挥。2002 年 5 月到 9 月，科龙内部设置由 11 个部门缩为 7 个，科室从 34 个变为 22 个；财务方面实行集权式管理，收回小家电公司、营销系统等产生现金流较大部门的财务管理职能，财务系统由 80 人精简到 60 人。

由于科龙在当地的关系错综复杂且根深蒂固，顾雏军为有效运转科龙花费了不少心思。一方面是培养自己的子弟兵、安插亲信进入各部门核心层，从生产到售后、从决策层到基层管理人员，几乎每个部门都有顾雏军领导下的格林柯尔系的人马。在董事会方面，6名执行董事中，除了担任副董事长的李振华原来的身份就是容桂镇官员外，其余的全部是具有格林柯尔背景的人。同样，本来用于制衡董事会的监事会，也形成了顾氏人马以多对少的控制局面；相反，虽然工商银行旗下顺德经济咨询公司持股高达6.92%，但在公司内部根本找不到话语权。另一方面是开展整风运动，树立个人权威。同时还人为地制造出一些内部矛盾，离间原科龙的关系网。当时，顾雏军认为科龙企业病的根源在于科龙电器内部存在严重的派别小团体，因此发起整风运动。从2002年开始到2004年，每到七八月份，科龙都会如期开展整风运动。据介绍，整风运动首先从科龙空调公司开始，后波及上百位分公司经理、售后主任、传播科长；白天互相揭发、自我揭发，晚上写检讨、自我反省。整风运动后，科龙电器员工的面貌发生了变化。除副总裁王康平外，科龙电器副总裁兼冰箱生产业务主管蔡拾贰、科龙空调公司总经理陈少民、科龙空调公司营销本部总监张铸、科龙空调公司生产经营副总经理郑碧林、科龙电器技术副总裁黄小池等众多高管相继离职。十几个分公司经理、26个传播科长、十几个售后主任也被揪斗之后宣布“下课”，直接导致科龙电器史上第三次离职高潮……

资料来源：肖南方. 并购风来袭　寻找家电企业并购后的最佳发展模式. 搜房风，2007.

问题讨论：

顾雏军并购失败的原因有哪些？

本章小结

品牌扩张分为单一品牌策略，多品牌策略和复合品牌策略。品牌扩张对企业发展有着重要的意义：

（一）借助品牌忠诚，减少新品“入市”成本

消费者在购买商品的时候，会多次表现出对某一品牌的偏向性行为反应。这种忠诚心理，可以为该品牌新产品上市扫清心理障碍。当企业进行品牌扩张的时候，就可以利用消费者对该品牌已有的知名度、美誉度、信任度及忠诚心理，以最少的广告、公共、营业促销等方面的投入，迅速进入市场，提高新产品走向市场的知名度。比如海尔在空调、冰箱行业建立了知名度、美誉度、信任度和追随度，当海尔的品牌扩张到彩电、空调、电脑、手机等新产品的时候，借助“海尔”的知名度、美誉度和信任度，迅速打开了市场。

（二）品牌扩张能给品牌以新鲜感，使其更丰富，从而提高市场占有率

品牌内容一成不变，消费者就会移情别恋。品牌扩张能使品牌概念不断增加新的内涵，让消费者有了新鲜感，也为消费者提供了更多的选择对象，增强了品牌的竞争力。比如小天鹅集团是波轮式洗衣机的国内“老大”，为了进一步占领国内洗衣机市场积极地进行品牌扩张，一方面与武汉荷花洗衣机厂实行强弱合作，定牌生产双缸洗衣机；另一方面选择与西门子、惠尔浦、梅洛尼3家国际知名企业合作，定牌生产滚筒式洗衣机。此举一出，使“小天鹅”自由翱翔于各种型号的洗衣机领域。

（三）增强企业实力，实现收益最大化

品牌扩张在一定程度上会让企业规模扩大，合理进行闲置资源配置，形成规模经济，增强企业的实力。同时企业在品牌扩张中，实现了多条腿走路，降低了单一经营带来的风险，抵御外界变动的能力也得到增强。品牌扩张也就是在某种程度上发挥核心产品、品牌的形象价值，充分利用品牌资源，提高品牌的整体投资效益，使得企业产销达到理想的规模，实现收益的最大化。比如恒源祥公司利用老字号品牌资源，先后与30多家绒线生产企业结成“战略联盟”，统一品牌销售，使资源配置得到了最大程度的优化。

深入学习与考试预备知识

品牌扩张的步骤

正如科特勒所言，在西方品牌发展战略已经发展得较为完善和成熟的现在，包括中国在内的亚洲企业的品牌发展却才刚刚起步。中国企业做大做强后最终是要走向国际的，我们该如何进行品牌战略扩张呢？企业在品牌扩张过程中需要经过六个步骤。

（一）品牌有无战略

一般来讲，现代企业都有自己的品牌和商标。以前的产品现今已不是单纯意义上的产品，大部分没有本质区别的产品现在因为品牌而被高度区分了。

（二）品牌的使用者战略

企业究竟是使用制造商品牌还是经销商品牌，必须全面地权衡利弊。在制造商具有良好市场声誉，拥有较大市场份额的条件下，多使用制造商品牌；在制造商资金能力薄弱，市场销售力量相对不足的情况下，可使用经销商品牌。

尤其是那些刚进入市场的中小企业，往往借助于中间商品牌打开市场。如果中间商在某一市场领域中拥有良好的品牌信誉及庞大完善的销售体系，利用中间商品牌也是有利的。

（三）品牌统分战略

如果企业决定其大部分或全部产品都使用自己的品牌，那么还要进一步决定其产品是分别使用不同的品牌，还是统一使用一个或几个品牌。

（四）品牌扩展战略

与产品线扩展策略的“加长”相对应，品牌扩展是以现有品牌名称推出新的产品线，即产品组合的“加宽”。日本本田汽车企业在产品成功之后，又利用“本田”的品牌推出了摩托车、割草机、铲雪车等多种产品线，使企业规模得到迅速的扩大。品牌扩展具有多种优势，著名品牌可以令新市场迅速接受新产品，吸引新用户、扩充经营范围。

（五）多品牌战略

这种策略为建立不同的产品特色和迎合不同的消费者提供了一条捷径。不过，这一策略使每种品牌只能获得一小部分的市场份额。针对这种情况，科特勒建议企业建立几个较高利润水平的品牌，而不要把资源分摊在所有的品牌上。

（六）新品牌战略

当企业决定推出一个新的产品时，如原有品牌名称不适用于这一新产品，或是新产品会伤害品牌形象，最好创造一个新的品牌名称。但科特勒也提醒，太多新品牌也会导致企业资源的过度分散，因此，在引入新品牌时，应慎之又慎。

知识扩展

外资并购洗牌，本土企业如何应招

自20世纪90年代以来，熊猫、活力28、小护士等一批国人耳熟能详的民族名牌，先后在海外资本强势并购下，渐渐淡出人们的视野，即使少数“幸存”下来的民族品牌，也远不复当年之勇。

随着中国加入WTO过渡期的结束，外资越来越多地倾向于以并购的方式在中国投资，而其青睐的对象集中于发展前景非常好的行业、能带来垄断或超额利润的行业，以及壁垒较少的行业。在具体并购手段上，外方最常使用的有四招。

第一招：“斩首行动”，目标直指行业龙头。并购完成后，外资一般会以种种理由将中方的品牌搁置，然后利用中方的渠道来大力推广自己的产品，使中方品牌逐渐丧失生命力，进而达到取而代之的效果。比如我国的美加净，曾经多年创下行业第一。1990 年，已经进入巅峰的美加净被折价 1200 万元与联合利华合资。合资后，为了推行联合利华的洁诺，联合利华把美加净的价格从 4.5 元一支压到了 3 元一支。这迫使合资公司改动美加净的配方，换成比较低档的原料，使得原来处于中高档的美加净品牌下跌，而大多数从美加净上游离出来的顾客也成为“洁诺”的用户。

1991 年，美加净的年销售额一落千丈，从前一年的 2.5 亿元跌至 600 万元。曾经的“第一护肤品牌”仿佛一夜蒸发，而联合利华旗下的“洁诺”则在市场上突飞猛进。

上海家化不忍眼睁睁地看着自己的品牌逐渐萎缩，经过多次谈判，1994 年，上海家化花费 5 亿元巨资收回了美加净，而此时，它已奄奄一息。

第二招：“拖垮蚕食，争夺大股东地位”。跨国公司凭借自身优势，利用中方急于招商引资的心理和行政压力，提出种种不平等条件，如：坚持与中方企业最具核心技术和最盈利的优质资产合资；要求控股、独资；压低中方股权估价；控制企业经营权等。

签订霸王条款之后，外方先通过合资并掌握控股权，然后再使合资企业长期处于亏损或微利状态。这个时候，外资再提出“增资扩股”建议，迫使中方出让全部股权，将公司变成外资独资企业。最后，再“神奇地”使独资公司恢复盈利。比如福建南平的南孚公司，多年来一直是全国电池生产行业的翘楚。而进入中国的美国吉列公司，却长期无法打开局面，其市场份额不及南孚的 10%。然而令人意外的是，就在 2003 年，南孚电池已占据中国电池市场半壁江山之时，南孚却突然被竞争对手美国吉列公司收购了，舆论一阵哗然。

原来，早在南孚发展的黄金时期，南孚电池在南平市吸引外资政策的要求下与外方进行了合资。随后，南孚一度出现巨额亏损，不堪压力之下，南孚随即向外方股东出让了股份。令南孚万万没有想到的是，控股南孚的外方股东居然将持有的全部南孚电池股份出售给了美国吉列公司，并从中狂赚 5800 万美元。2003 年 8 月 11 日，美国吉列公司宣布，已经买下中国电池生产商南孚电池的多数股权——南孚成了它的子公司，大半个中国市场唾手而得。

第三招：瞄准中国庞大的中低端消费人群，通过并购处于品牌链下端的本土成功品牌，大举占领中国市场。比如我国的大宝被强生公司用 23 亿元人民币收购了之后，广大中国百姓很难再“大宝天天见”了，强生却借着收购大宝牢牢抓住了中国的中低端市场。

第四招：大搞地方政府公关。外方利用地方政府和企业冗员、缺乏资金、需要技术升级等弱点，以及急于招商引资的心理，和地方政府搞好关系，然后通过地方政府官员对企业施压，达到合资的目的。

民族品牌在并购中被外资消灭，这无疑是中国企业的一个悲剧。如何才能避免类似的悲剧上演呢?

(一) 要建立完备的对外资并购行为的评价体系和标准

其内容应包括而不限于：被并购的内资企业在行业中的地位、作用和影响，外资并购对产业安全和国家安全的影响；被并购的内资企业在国内市场所处的地位，外资并购是否会形成垄断；被并购的内资企业生产的产品其技术是否处在行业高端，外资并购对产业结构升级是否会造成影响；被并购的内资企业现有资产的实际情况，有无造成流失；等等。

(二) 应对外资并购，作为中国企业要积极学习、勇于实践

大量实例表明，凡是引进外资获得成功的企业和行业，都是自我发展和创新意识较强的。做大做强应对并购，关键是增强国内企业自主创新的能力。20世纪80年代，日资在美国大举并购，美国企业并未惊慌，而是在IT技术方面不断创新，并率先取得突破，在新一轮的全球竞争中成为赢者。企业只有尽快拥有更多的自主知识产权、核心关键技术和自主品牌，才可能在国际竞争中发展壮大，产业安全也才会有坚实的基础。

(三) 确定限制、禁止外资进入的行业部门

通常对涉及国家安全和经济技术全面进步的战略产业应当限制较严，甚至完全禁止。除此之外，对受进口竞争压力不大的产业也应多加限制，因为这类行业基本上已经实现了规模经济，企业并购的积极意义不大，反而容易形成垄断和共谋等行为，从而损害消费者利益；对国际竞争较为激烈的产业则可以管制较宽，甚至可以给予鼓励。

(四) 借鉴国外经验，立法规范外资并购活动

美国等西方国家对重要行业的跨国并购一直实行严格的管制，包括制定完善的法律规定和严格的审查程序，实行积极有效的行政和法律干预等。我国目前并没有单独制定外资并购的产业政策和相关的法律，对于外商并购投资的监管还缺少法律依据，因此，更要注意借鉴国外经验，完善体制机制，加强法律规范。

(五) 提高品牌意识，保持品牌独立使用权

品牌是企业的实力所在，如果企业没有了自己的品牌，就谈不上长远的发展。在并购实际操作中，我国企业一定要提高品牌意识，准确评估品牌价值，保持品牌使用的独立性。中方企业必须采用先进的品牌价值评估体系来准确评估其品牌价值，尽量避免品牌资产流失。除此之外，还要努力保持品牌使用的独立性。即使在并购后中方企业因实力所限不能取得合资企业的绝对或相对控

股权，应当努力做到掌握如渠道和促销等关键环节，以免被外方完全控制。同时，也应权衡利弊，不要轻易把自己的品牌转让给外方，而应尽量将品牌所有权和使用权控制在自己手中。

（六）企业应学习和借鉴国外企业的防御并购的策略，防止恶意收购

国外企业的并购防御策略包括两大类：第一，并购要约前的并购防御策略，如董事轮换制、绝对多数条款、双重资本重组等；第二，并购要约后的防御策略，包括特定目标的股票回购、诉诸法律、资产收购与剥离等。这些策略都值得我国企业研究、学习、借鉴和运用。

（七）中国企业在并购中尽可能地掌握控制权

针对在并购过程中，中方往往因无力追加资本而将控股权易位于外方的普遍现象，中方可以采取引入另一家或几家中方企业追加投资的做法，从总体上依然掌握合资企业的控制权；构造跨国公司产业控制的屏障，即在同一行业内引入一定数量的竞争者，利用不同国家的跨国公司为争夺生存和发展空间的相互竞争来削弱垄断；同时根据市场差异，实行产品差异化战略来抵御跨国公司的产业控制。

（八）适时“走出去”，熟悉国际惯例

如果国内企业只局限在中国市场，而竞争对手却在全球范围内配置资源，这显然对国内企业是不利的。为了发展和壮大实力，有必要在更大的范围内整合资源，在世界市场上出售商品和服务，充分利用全球资源和市场，进一步优化资源配置，塑造竞争优势，提高企业核心竞争力。实践证明，通过走出去积极参与跨国并购，可以拿到一些国外企业的核心技术或上游生产能力。例如，京东方通过海外并购取得了液晶显示器的技术与生产能力。同时，海外并购投资的目的不仅能扩大规模和开拓国际市场，更重要的是提高盈利能力、提升市场地位和增强品牌影响力。通过海外并购投资可以充分利用自身比较优势，达到提升综合竞争力的目标，对于要应对外资并购的企业来说，还可以更多地积累参与并购或防止恶意并购等方面实际运作的经验。

资料来源：马赛. 本土企业如何应对外资并购. 中国经济网，2006.

答案

第一节

在一个主题品牌之下涉猎多个行业，通俗地说就是“一鱼多吃”，即多品牌扩张策略，能在多条产品线中获得利润。一个强势品牌的品牌效应是巨大的，借助这个品牌效应，可以让更多的内部产业得到扩张与发展。这是一个非常有潜力的发展方式，值得众多中国企业深思、借鉴。

第二节

因为海尔在白色家电行业中所表现出来的专业化特征，已经在市场和客户心目中留下了根深蒂固的形象。客户对海尔的认同绝大部分也都来源于他们在家电领域的专业水平和完善的服务。当一个被客户广泛认同的专业形象，一旦进入与其专业完全不同的领域时，客户对海尔的专业性就会产生质疑，海尔的品牌价值也就不知不觉地被稀释了。当妇孺皆知的“真诚到永远”的海尔家电专业形象被强加到“抗击糖尿病”的医药领域时，客户的错愕和品牌价值的贬值也就不足为奇了。

第三节

联想通过收购联合整合国外品牌进行品牌战略扩张。

第四节

（1）可口可乐的成功在于进行了正确的市场细分。它的细分是具有可量性、可接近性和可实施性的。可口可乐通过一系列的营销活动及不断改进，在市场细分中取得了巨大的成就。可口可乐的成功经验告诉我们，企业面对错综复杂的市场和需求各异的消费者时，不可能满足所有顾客的整体要求，并为其提供有效的服务。所以，企业要在分析市场的基础上进行细分，并选择一部分顾客作为其服务对象。

（2）不同产品市场需求量和它的满足程度是有差异的，同一类产品的不同规格型号也是如此。没有得到满足的消费者需求就是企业的环境机会，这种环境机会能否成为某企业的最优市场机会，取决于以下三项条件：第一，该企业的资源潜力能否去满足这种需求；第二，该企业能否捷足先登；第三，如有若干个企业都可能进入这个市场，则要看该企业利用这个机会是否比其他企业占优势。

经过对消费者进行差异化细分及上述三个方面的衡量与比较，就可以使企业发现最优的市场机会。

案例分析

因为顾雏军在并购后的企业运营特别是在人事管理方面暴风骤雨式的改革，以及顾雏军进入科龙后，在压缩成本、整治企业腐败以及在采购和配套方面的大刀阔斧的改革，令很多老科龙人、顺德人颇有怨言，从而形成了新旧势力的针锋对峙。加上随着顾“借鸡生蛋”的做法和决策上的失误，如扩张过快、战线过长等，使得顾陷入了四面楚歌之境，综合因素的作用下，终于让顾雏军轰然倒塌。

第八章

品牌文化战略

学习目标

知识要求 通过本章学习，掌握：

- 品牌文化的概念
- 品牌文化的作用
- 品牌的内涵在于消费者认同

技能要求 通过本章学习，能够：

- 运用产品精神这个武器
- 进入顾客心智

学习指导

1. 本章的主要内容包括品牌文化的概念；品牌文化的作用；品牌的内涵在于消费者认同；顾客购买的不是“产品”，而是一种需要的满足；产品精神武器、进入顾客心智等。

2. 学习方法：掌握最基本的理论，结合案例理解概念，并进行知识延伸，进行讨论活动等。

3. 建议学时：8 学时。

第一节 什么是品牌文化

引导案例

念慈庵的品牌文化魅力

在品牌文化的建设上，首先念慈庵对产品的包装、商标进行了精心的设计。设计采用以红、黄为主色调的中华民族传统风格，极力贴近目标消费者的审美心理，同时也增强了产品所具有的古方秘药的色彩。其次念慈庵把川贝枇杷止咳膏这一古方的始创者怎样为医治病中的母亲而四处奔走，后终于得清代名医叶天士指点，求得秘方治愈母病的故事附在产品说明书的背面，通过对始创人优秀传统美德的宣传，折射出品牌背后深厚的真、善、美文化底蕴。它从另一个角度表达了品牌“治病救人、扶弱救危”的经营理念，与某些药品企业急功近利、道德沦丧的经营行为形成鲜明的对比。念慈庵这种打造品牌文化的做法使品牌最大限度地深入了人心，消费者在选择购买的时候，首先便能感受到来自品牌的魅力和吸引力。由此看来，将无形的文化价值转化为有形的品牌价值，把文化财富转化为企业竞争的资本，是品牌文化建设的终极目的。

资料来源：品牌文化让品牌具有吸引力. 批发网，2010.

思考题：

念慈庵从哪些方面打造品牌文化?

一、品牌文化的概念

问题 1： 什么是品牌文化?

品牌文化指通过赋予品牌深刻而丰富的文化内涵，建立鲜明的品牌定位，并充分利用各种强有效的内外部传播途径形成消费者对品牌在精神上的高度认同，同时创造品牌信仰，最终形成强烈的品牌忠诚。

品牌是在经营中逐步形成的文化积淀，代表了企业和消费者的利益认知、情感归属，是品牌与传统文化以及企业个性形象的总和。品牌文化突出了企业外在的宣传、整合优势，将企业品牌理念有效地传递给了消费者，进而占领消费者的心智。品牌文化是凝结在品牌上的企业精华。

品牌文化的核心是文化内涵，即品牌所凝聚的价值观念、生活态度、审美情趣、个性修养、时尚品位、情感诉求等精神象征。如美宝莲提出“美来自内心”的文化理念。一旦某种品牌文化在消费者心智上建立起来，选用该品牌已成为了消费者理解、接近该种文化的方式的一种途径。

二、品牌文化的作用

问题 2：品牌文化有什么作用？

（一）通过品牌文化来加强品牌影响力

消费者是社会人，具有复杂的个性特征，但由于同一经济、文化背景的影响，其价值取向、生活方式等又有一致性。这种文化上的一致性为塑造品牌文化提供了客观基础。在市场细分基础上确立目标市场之后，有必要对目标市场消费者的文化心态进行深入调研，并将它与商品的效用联系起来，为品牌塑造典型的文化个性，达到促销的目的。

（二）品牌文化满足了目标消费者物质之外的文化需求

品牌文化的建立，能让消费者在享用商品所带来的物质利益之外，还能有一种文化上的满足。在这种情况下，市场细分的标准就是以文化为依据。“在这个世界上，我找我自己的味道，口味很多，品味却很少，我的摩卡咖啡。”这是一则摩卡咖啡的电台广告，它就有基于文化细分上的鲜明的目标市场：不赶时尚、有自己品味的少部分人，同时暗示他们选择摩卡咖啡就是坚持这样生活方式的体现。

（三）品牌文化的塑造有助于培养忠诚消费者群，是重要的品牌壁垒

由于市场竞争十分激烈，往往会有大量的消费者从坚定者转变为不坚定者和转移者。要让消费者心理上在众多的品牌中再能鲜明地识别一个品牌，有效的方法是让品牌具有独特的文化。对一种文化上的认同，消费者是不会轻易加以改变的。这个时候，品牌文化就成了对抗竞争品牌和阻止新品牌进入的重要手段。这种竞争壁垒存在时间长，不易被突破。

活动 1：找一家品牌文化做得比较好的企业进行深入调研，并写出调研报告。

阅读材料

深耕品牌文化——七匹狼品牌经济战略凸显

近日，一则充满“男人味儿”的全新时尚广告大片在国内各大电视台、网站正式上演。孙红雷、张涵予、胡军、陆川、张震，五大魅力男星的倾情献艺，使得该广告一经推出，便备受关注。仅仅数日，在视频网站优酷的点播量，就超过了七万多次。

“七匹狼 TVC 的优秀品质，它的时尚度和品牌文化内涵的深度，引起了受众共鸣，恐怕这才是它受到广泛关注的重要原因。”

“七匹狼未来的品牌发展，希望能够代表一种中国精神，引领主流文化时尚。”七匹狼董事长周少雄简述了七匹狼 TVC 全新内涵升级的意义所在。他表示，“七匹狼品牌之所以能长期获得中国的消费者的认可，就是因为七匹狼品牌文化内涵相比其他品牌，具有独一无二的优势，它代表了许多消费者的时尚体验和内心诉求，体现了中国新时代主流精神的变化和发展。”

然而，就目前中国服装品牌文化建设的发展情况来看，中国服装品牌文化普遍停留在表层阶段，尚未形成深层次的独具品牌个性的文化符号。

七匹狼董事长周少雄表示：“品牌的背后是文化，文化是明天的经济。‘以文化人’是七匹狼长期坚持的重要品牌经济战略。”

营销专家认为，一直以来，七匹狼都十分注重品牌文化建设，这是高瞻远瞩之举。事实证明，通过不断提升自身品牌文化建设，七匹狼一方面满足了时代及社会的文化需求；另一方面，也为其自身品牌发展、品牌价值转化为经济价值奠定了坚实基础，从而确保了其长久以来的市场领先地位。

资料来源：深耕品牌文化——七匹狼品牌经济战略凸显. 东方早报（上海），2010-11-27.

考试链接

1. 品牌文化的概念。
2. 品牌文化的作用。

第二节 为品牌熔铸文化内涵

引导案例

星巴克的文化战略

经过十多年的发展，星巴克已从昔日西雅图一条小小的“美人鱼”进化到今天遍布全球40多个国家和地区，连锁店达到一万多家的“绿巨人”。星巴克的股价攀升了22倍，收益之高超过了通用电气、百事可乐、可口可乐、微软以及IBM等大型公司。

今天，星巴克公司已成为北美地区一流的精制咖啡的零售商、烘烤商及一流品牌的拥有者，它的扩张速度让《财富》、《福布斯》等世界顶级商业杂志津津乐道。

在一个没有喝咖啡传统的国度，卖咖啡的星巴克却遍地开花。朋友聊天去星巴克、亲友聚会去星巴克、商务谈判去星巴克，于是，早早地便有了那句“我不在星巴克，就在去往星巴克的路上”的具有小资情调的话。然而星巴克的咖啡就一定很好喝吗？答案可能是否定的。但星巴克始终吸引着人们慕名而来，并且成功地改变了无数人的饮品习惯，重塑了消费者的消费观念。更重要的是，深刻地影响了我们的文化触觉。

正如《星巴克：一切与咖啡无关》的作者、星巴克的北美总裁霍华德·毕哈所说，星巴克的成功其实与咖啡无关，而在于星巴克“以人为本”的文化精髓。这一简单的理念在星巴克被做得很到位。“从本质上讲，我们都只是人。”霍华德·毕哈的这句话可谓一语道破天机。在《星巴克：一切与咖啡无关》中，这位星巴克功勋卓著的副总裁提到：“没有人采购、运输、烘焙和准备咖啡，我们就不会有星巴克。星巴克的精髓在于：没有人，就不会有咖啡。”在毕哈管理星巴克的时期，是他一手缔造并推行了星巴克“以人为本”的企业文化。

有人把星巴克概括为“一家有病毒般繁殖能力和宗教般信仰的公司，一家有灵魂的公司”。星巴克宗教般的信仰就建立在对人与人之间关系的洞察和尊重上。

星巴克的核心价值观表现在四个方面：

可信赖的产品品质：坚持选用最好（相对于大众市场而言最好）的咖啡豆。

高度的环保意识：采用更多的环保型设备和包装材料，大力倡导并严格要求能源的节约利用。

对员工和咖啡种植者的人文关怀：向经济欠发达国家的咖啡种植者支付优厚的采购价格并提供种植者扶植基金；为员工提供最优越的健康福利计划，并大面积推行员工持股。

和谐共处的社区精神：为顾客营造温馨、自由的消费环境，鼓励店面工作人员和顾客交流，让顾客无论是独处还是小聚都能怡然自得、融入其中，润物细无声地把星巴克变为顾客住宅和工作地点之外的生活中必不可少的“第三地”。

资料来源：强宏. 总经理打理公司的 200 条成功经验［M］. 北京：中国物资出版社，2009.

思考题：

星巴克成功的原因是什么？

一、品牌内涵在于消费者认同

问题 3：为什么品牌的内涵在于消费者认同？

品牌不仅仅是一个名称，一个商标，更是一个含有深刻内涵的内容集合，它含有丰富的内容和含义。当一个品牌的内涵，或者说核心理念被人们接受和认同的时候，品牌也就真正深入人心了。因此，对于企业而言，构建品牌的核心内涵和文化，使品牌形成良好的个性并得到消费者的认可是非常重要的。品牌的核心内涵的作用就在于它在高质量的基础之上赋予了品牌生命，将品牌与文化和思想联系到了一起，使消费者形成高度的认同感。

品牌内涵来源于消费者对品牌的认知价值，是消费者对产品、品牌的看法，认为你的品牌代表着什么。因为在消费者的心里，他认为是什么就是什么。所以说，企业的竞争力在于品牌的竞争力，产品创造只有并满足了客户更高层次的需求，才会获得超额回报。通过赋予品牌附加的、心理的、社会的或更高层次的需求内涵，从而使这种内涵满足消费者高层次的需求，品牌就具有了更高的价值。

关键术语

品牌内涵

关于品牌的内涵有很多种说法，在《兰登书屋英语词典》中是如此定义品牌的：一个词、名称或符号等，尤其指制造商或商人为了在同类产品中区别出自己产品的特色而合法注册的商标，通常十分明显地展示于商品或广告中；品牌名称，广为人知的一种产品或产品生产线；（非正式）在某一领域的名人或重要人物。这个定义强调品牌是一种有形物，即是一种产品、服务或商标。很明显这个定义仅仅停留在品牌的认知上，但品牌的内涵不只这些。

二、顾客购买的不是“产品”，而是一种需要的满足

问题4：为什么顾客购买的不是“产品”，而是一种需要的满足？

顾客购买的是一种需要的满足，而非产品的本身。星巴克的咖啡不一定比其他地方的好喝，但是它的小资情调却深刻地影响了我们的文化触觉。但是正如他们内部人士所说的——星巴克，一切与咖啡无关。光合作用书房并不大，但是他们相信那些整天面对电脑屏和手机屏的顾客，一定会更加向往书店里提供的真实接触和自由行动的空间。因此它将书店与咖啡厅结合，但在盈利上并不强调咖啡厅，只在空间组合和功能配套上营造出咖啡厅的感觉，创造出一种“悦读”的氛围。无论你抱何种目的来到这里，都可以呼吸到来自“光合作用”的“氧气”。所以它在规模庞大、川流不息的大书城模式和方便低价的网上书店模式之外，创造了年销售额上亿的业绩，它所营造出的情调也成了20~40岁受过良好教育的都市人的休憩场所。它成功的原因就是淡化了“产品”这个概念，满足了人们的心灵需求。

德鲁克在谈到企业使命时，曾提出过一个问题，即“顾客眼中的价值是什么？”事实上，这是一个关键性问题，但企业在经营管理中常常得不到重视。原因在于，大多数的决策者总以为他们找到了答案。他们总以为“价值”就是他们企业的“品质”，可这是错误的，他们没有意识到顾客购买的是一种需要的满足，而并非产品本身。

顾客所购买的，从来就不是一件产品本身，顾客购买的是一种需要的满足，购买的是一种价值。但是，制造商却不能制造出价值，而只能制造和销售产品。所以，制造商认为有“质量”的东西，对于顾客来讲可能是不相干的东西，而只是一种浪费。所以，管理者的经营理念要从产品销售走向“需求销售”。

活动2：分析国外企业在品牌文化塑造方面比我国做得好的地方。

考试链接

1. 品牌内涵在于消费者认同。
2. 顾客购买的不是“产品”，而是一种需要的满足。

第三节 让品牌文化进入消费者的心智

引导案例

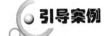

宜家文化如何走进消费者的心智

2005年9月，在《商业周刊》和Interbrand公司联合推出的全球最佳品牌榜上，宜家排名42位，品牌价值为78.17亿美元，而在此之前连续三年，宜家一直位居全球最佳品牌的前50名。而令人难以置信的是，宜家极少投资于广告。

事实上，宜家品牌的真正核心是让顾客成为品牌传播者，而非硬性的广告。就像英国一家媒体评价宜家的评语：它不仅仅是一个店，它是一个宗教；它不是在卖家具，它在为你搭起一个梦想。宜家深谙口碑传播之道，并进行看似原始、笨拙，实则高效、完美的运作。宜家就是这种品牌宗教的教会，分布于全球的223个宜家商场就是散步在各处的教堂，宜家的员工就是这种品牌宗教的神职人员，在经过系统的培训和价值熏陶后，他们把一套生活态度、价值格调传达给教民，那些每年3亿多进入宜家的顾客。

为了让更多的顾客成为宜家的品牌布道者，宜家的一个重要策略就是销售梦想而不是产品，为了做到这一点，宜家不仅提供广泛、设计精美、实用、低价的产品，而且也把产品与公益事业进行联姻。大约10年前，宜家集团开始有计划地参与环保事宜，涉及的方面包括：材料和产品、森林、供货商、运输、商场环境，等等。现在，宜家率先通过森林认证，这是国际上流行的生态环保认证，包括森林经营认证和产销监管链审核。宜家甚至表示不会无视童工、种族歧视等社会现象和使用来自原始天然森林的非法木材的问题。

一直以来，宜家赖以传播品牌的主力就是宜家目录册，不少人把它比喻为印刷数比《圣经》还多的册子。事实上，它的传播功效堪比《圣经》。这份诞生于1951年的小册子，带有明显的邮购特色。但坎普拉德逐渐把它改造成了新生活的布道手册，这些目录上不仅仅列出产品的照片和价格，而且经过设计师的精心设计，从功能性、美观性等方面综合表现宜家产品的特点，顾客可以从中发现家居布置的灵感和实用的解决方案。每年9月初，在其新的财政年度开始时，宜家都要向广大消费者免费派送制作精美的目录。2005年宜家目录册共

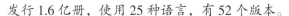

发行 1.6 亿册，使用 25 种语言，有 52 个版本。

资料来源：梁素娟，王艳明. 科特勒营销思想大全集［M］. 北京：企业管理出版社，2010.

思考题：

宜家成功给我们的启示是什么？

一、产品精神是最不为人知的武器

问题 5：为什么产品精神是最不为人知的武器？

郎咸平教授去潮州做演讲的时候，看到路边挂着很多陶瓷之都的广告，就问来听他演讲的陶瓷企业家“你们这个陶器、瓷器怎么样?”众企业家都说自己的产品做得非常精美，非常精致，有仿古等很多风格。但是当郎咸平问他们潮州瓷器的灵魂在哪里，为什么别人会喜欢，为什么别人应该购买的时候，却无非是漂亮、仿古、功能等郎教授意料中最不满意的答案。

为此，郎教授十分沉重地说，中国的产品到现在为止，还停留在两个最基础的阶段。我想用金字塔来做个说明，是一个三层的金字塔，最底层就是你们所看得见的瓷器跟陶瓷。中间的一层呢，是它的功能，比如说陶器、瓷器特别的美观，仿古，好看，功能齐全。我们中国企业家最大的问题就是在最底层的外观以及中间那一层的功能上面下工夫，也就是说大家都是在最底层的外观以及功能方面寻求差异化。这个不是品牌战略。那么到底什么是品牌战略？你一定要走到最高的那一层，最高的那一层叫做产品精神。只有走到精神这一层，才能真正做到品牌战略。今天喊的口号容易——用品牌战略，其实任何一个著名的品牌，它都有精神在后面支撑着，没有精神支撑着的就不叫品牌，你永远也使用不了品牌战略！

产品精神，的确是我国大多数企业所没有想到的。所以要将文化和人的感情融入产品，使产品脱离仅仅是外观和实用的低层次范畴，上升到精神需求的高度，使人得到了物质的实用性，也得到了精神方面的享受。只有有文化内涵的品牌才会被世界记住，并且长久存在于消费者的脑中。

关键术语

产品精神

产品精神，也叫产品精神附加值，或者产品内涵、产品灵魂，是产品价值的一部分。

二、进入顾客心智

问题 6： 为什么要进入顾客心智？

很多企业家会问：

为什么企业不能迅速做大？

为什么销售了很多产品，企业却没有多少利润？

为什么企业在发展时感觉后继乏力？

……

其实，所有问题的答案都源于“品牌”这个瓶颈。在同质化特别严重的今天，在竞争十分激烈的市场角逐中，唯一能护佑企业盈利并长久生存下来的就是“品牌”这个保护神了。

在过去 100 多年里，世界上和可口可乐制造有关系的人，都严守着可口可乐配方的秘密。它对分公司的授权方式也十分的神秘，总部只提供“可口可乐原液”，其余成分由分公司添加。所以，尽管人们知道可口可乐 99%的成分是水和糖，但那 1%的原液究竟是什么呢？没有人知道。但是，正如马云所说的，在今天的商场上已经没有秘密了，秘密不是你的核心竞争力。后来，一条爆炸式新闻在全世界传开，其影响不亚于第一颗原子弹爆炸。一个叫马克·彭德格斯特的人将可口可乐配方公布于世。虽然可口可乐对此配方极力否认，但是后来，《泰晤士报》根据此配方生产的可乐名为“爱可顿可乐”，专家品尝鉴别后称它与可口可乐没有丝毫差别，证明公布的配方的确是真的。

保守百年的秘密被公开了，可口可乐不再神秘。大家都知道可口可乐销售的不过是很容易仿制的糖水。当时的很多人也认为可口可乐就会因为此事完蛋了。令人惊奇的是，这对可口可乐一点损伤也没有。因为可口可乐已经在大众心智可乐的阶梯上占据了首位。正如可口可乐一位广告负责人说的那样：“我们卖的是一缕青烟，消费者买的是可口可乐牌子，而不是饮料本身。”而且，可口可乐已经是美国文化的一种象征，它是“美国人的骄傲，是装在瓶子里的美国之梦”。这一文化象征，没有什么饮料可以取代，人们怎么可能放弃它呢，即使“爱可顿可乐”本质上和它是一样的，也抢不走可口可乐的消费者。

关于一点糖水为何能抢占世界市场，在世界上创造出如此之高的市值这个问题，《美国投资研究》发现，能解释这一切的是定位理论：商业不是产品之战，而是顾客的心智之战。随后，摩根士丹利将此原理运用于投资行业，信奉“最好技术的产品不一定胜出”的原则，借助“简明，但有时和直觉相反的指引，我们取得了实际的成功。”在愈演愈烈的商业竞争中，大多数的产品都是无法保守秘方的，很容易被模仿和跟进，只有心智认知很难改变。这是一种类似于习惯的购买倾向。消费者大都是懒惰的，如果他觉得某种产品好就会有一直沿用的习惯，因为换用一种品牌是需要付出代价的。如化妆品用了不合适会有过敏的代价，一件衣服改变风格会很难与其他风格的衣服搭配恰当，洗衣机不好用会令人崩溃……总之，很多消费者一旦习惯了某种产品，就会在心理上有某种情感依赖，将之当成家常便饭一样习以为常。任何改变都是对原有空间的一种进犯，而每个人在潜意识里都会抗拒这种进犯，除非是已经习惯了的几个品牌出现了非常糟糕的问题。

顾客心中不存在企业，只有品牌。企业无法将整个组织装进人们头脑，只能将代表着企业产品或服务的符号装入顾客头脑，这些符号就是品牌。每一个企业，无论你实际的产品经营做得多么好，如果你不能在顾客心智中建立起品牌，你所有的投入就只是成本，而无法转化为绩效。

活动 3：找一个不太出名的产品，为它们设计一套进入消费者心智的方案。

考试链接

1. 产品精神是最不为人知的武器。
2. 进入顾客心智。

案例分析

森马的品牌传播

森马的寓意是："森立天地，马至千里"，"森 "代表众多，取"众木成林立于天地"之意，其延伸意义是"十年树木，百年树人"，给员工提供良好的成长环境和发展空间，使之长成栋梁之才。"马"则代表着"热情奔放，勇于进取"。其标准色为草绿色，表示和谐环境，崇尚自然，追求快乐和希望。

"森马"与"什么"谐音，它的广告语是："穿什么就是什么！"谐音为"穿森马就是森马"——森马服饰将伴随你的一身，也伴随你的一生。这更像是一句充满"80 后"、"90 后"气质的口头禅，有一点无厘头，外加一点自由不羁，折射出崇尚个性、追赶时尚的新一代人心态。穿什么就是什么，就是与众不同穿出个性，穿森马就是森马，就是新新人类真我本性。

对于服饰，森马没有先入为主的束缚，拒绝跟风，只有强烈的自我表现意识。它主张在穿着和搭配上以百变的形象示人，在潮流中凸显个人风格。更重要的是，他们认为缺乏个性的装扮，即使有再好的时尚品位，也都平淡如白水。这些都使消费者感到自己与森马同在，森马带给自己的是卓越的品质、温暖的服务；穿森马服饰，会使自己更显时尚活力，更具价值享受。

资料来源：强宏. 总经理打理公司的 200 条成功经验［M］. 北京：中国物资出版社，2009.

问题讨论：

森马成功的原因是什么？

本章小结

品牌文化战略是指企业为了提高其品牌文化内涵，增强市场竞争力而制订的一系列长期的带有根本性的总体规划和行动方案。品牌维系着企业的存亡，把品牌文化上升到战略高度对我国企业适应国内外激烈竞争的环境具有重要意义。

随着产品同质化、服务高度雷同化，同行业之间的竞争由于细分和文化差异的伸展性，直接导致企业的生存发展空间日益狭隘。产品必须得与文化结合，才能与其他产品进行区分，给消费者带来丰富而独特的心理情感利益，更好地满足其文化心理需求。

实施品牌文化战略要从四个方面入手：

（一）塑造个性化的品牌文化

品牌文化个性是品牌生命的核心。品牌个性能够显示该品牌与其他品牌同类产品的不同之处，有个性的品牌竞争力才能强，才会在消费者心中形成无可替代的地位。品牌文化个性的塑造需要给品牌输入充满魅力的个性，用差别思维去研究，去发现独具的、特征鲜明的品牌因子，然后输入品牌。

（二）塑造人性化的品牌文化

企业必须研究顾客的不同需要 ，以顾客多样化的实际需要为导向；必须强化创造品牌的人性化意识，增强品牌的人性化含量。此外，品牌管理人员及员工是品牌文化塑造的主体，员工的精神面貌、价值观念、创新精神等也要凝结到品牌当中并通过品牌表现出来。

（三）塑造可持续发展的品牌文化

（1）以维护人类的长远利益为己任，在利用相关资源时强调节约，避免污染。既考虑当前发展的需要，又不能以牺牲后代人的利益为代价，既重视环境生态的保护，又重视人文意识的培养。

(2) 缔造组织的无形资本，塑造品牌的精神文化、视觉文化、色彩环境等，以实现品牌文化的可持续发展。

(四) 塑造兼容性的品牌文化

塑造兼容性的品牌文化主要运用 CIS（企业形象识别系统）整合品牌形象国际化元素。以 MIS（理念识别）整合跨国经营理念和发展战略，进而形成颇具国际风范的品牌特质内涵；以 BIS（品牌识别系统）整合适应国际准则的管理制度、教育培训、开发研究、市场营销以及公关文化活动等；用 VIS（视觉识别系统）准确传达品牌理念，通过产品的外观、包装、陈列展示、宣传广告等视觉语言予以表达，以满足不同社会形态或文化背景中特定人群的心理预期。善于利用国际通行文字、符号、造型及色彩所产生的视觉形象力和号召力，以实现与国际公众有效的心理沟通。

深入学习与考试预备知识

创建品牌文化四大流程

(一) 整合品牌文化资源

1. 外部文化资源

品牌本身的一些资源，如企业名称（字号）、企业 CIS 系统（企业形象识别系统）、商标等。

2. 内部企业文化资源

可以反映并影响品牌定位的各种文化因素，它的基础是企业文化。根据企业文化基石模型，企业文化是基于以下各种文化因素形成的：世界文化、民族文化、地方文化、行业文化、职业文化。

在企业文化因素的整合下，得出与品牌文化一致的企业文化的要素，确保内外部文化的一致性。

(二) 建立品牌价值体系

在收集和整合内外部的各种文化资源之后，根据品牌战略定位，对各种文化因素进行提炼，确定品牌的价值体系。如香港李锦记集团的品牌文化定位是“传播中华民族优秀的饮食文化”。它的品牌价值是“一流的品质，正宗的口味”，那么它延伸出来的产品文化体系就可以在企业品牌文化价值体系基础上进行延伸，使顾客对公司的品牌都产生一个“凡是李锦记集团的产品，都是一流的饮食产品”的品牌印象，进一步延伸出中华优秀饮食的健康文化传统出来。

（三）建立品牌文化体系

(1) 确定品牌文化范围。

(2) 确定品牌文化个性。

(3) 确定品牌文化价值。

(4) 确定客户群体。

(5) 确定客户价值。

(6) 评估、提升客户关系。

（四）建立品牌文化管理体系

1. 品牌文化内部管理体系

主要指的是如何针对品牌文化的定位，在公司的内部全体成员从认识上进行高度一致的协同，通过各种管理的行为，包括现场管理、服务意识、营销体系等全过程进行品牌协同。

2. 品牌文化外部管理体系

主要是通过各种媒体或载体，围绕品牌文化核心进行传播。

知识扩展

用品牌文化征服人心

品牌的一半是技术，一半是文化。技术创新奠定了品牌的理性价值，而品牌文化内涵则赋予品牌感性灵动。一个品牌，只有蕴涵富有感染力和想象力文化内涵，才有可能形成市场影响力，才有可能被全球的消费者所接受。如果一个品牌成为某种文化的象征或者形成某种生活习惯的时候，它的传播力、影响力和销售力是惊人的，这个品牌将占据人们的心智，与它所蕴涵的文化同浮沉，共生息。

综观那些国际品牌，它们在出售产品的同时，也在用文化征服人心。

可口可乐之所以能渗透全球，长久不衰，就是因为它把美国人的精神和生活方式融入了品牌文化中，把品牌文化变成了人们生活中的一部分。

麦当劳不仅是在卖快餐，更是在传播一种“欢乐”的快餐文化。麦当劳“品质、服务、清洁、价值”的经营理念，快速、友善的周到服务，优雅清洁的环境，儿童们甚至把餐厅当做乐园……这一切无不使顾客感受到一种家庭的温暖欢乐气氛。

迪斯尼公司旗下的卡通形象小熊维尼，据评估其品牌价值最高达 150 亿美元，而世界知名品牌索尼，尽管业务涉及电子、贸易等诸多领域，但其品牌价值仅为129亿美元，距小熊维尼尚有21亿美元的差距。一只玩具熊的品牌价值比一个世界知名高科技企业还多，看似荒诞，然而在品牌的世界这却是事实。小熊维尼何以能战胜索尼，就是因为小熊维尼这个人见人爱的卡通形象，带给了全世界人丰富的文化情感体验。

中国许多品牌虽然有很高的知名度，然而品牌文化内涵匮乏，更谈不上成为某种文化的象征。以国内最知名的品牌联想为例，你能清晰地说出联想的品牌文化内涵是什么？当联想收购IBM的个人PC后，试图改变IBM笔记本的黑色设计，结果惨遭失败，原因很简单，IBM笔记本是供商务型人士使用的，“庄重、严肃和科技”正是它的品牌文化内涵，而且在消费者心中根深蒂固，一旦联想试图去改变它，其结果自然是可想而知的。

再以服装品牌为例，中国品牌为什么不能像法国、意大利等国品牌那样领导服装潮流？就是因为品牌缺乏文化内涵。阿玛尼代表一种前卫、年轻的时尚；BOSS是年轻而保守的职业人的最爱；范思哲代表一种性感、反叛的精神；韩国诗美惠则张扬高贵、时尚、浪漫。而中国服装品牌要么文化内涵匮乏，要么一味模仿洋化，缺少独特又富有感染力的文化内涵，自然难以产生高附加值。

中国是一个文化大国。中国不乏深厚的文化底蕴，然而缺少文化内涵却是中国品牌的通病。如何在博大精深的中华文化中吸收营养，耕耘出独特的又能被国内外消费者喜爱的文化精神家园，是中国品牌走向世界的重要一步。

资料来源：杨兴国. 用品牌文化征服人心. 中华管理学习网，2010.

答案

第一节

精心设计的包装、商标，医药故事。

第二节

将文化输入品牌之中，变成品牌精神，变成消费者的心理享受与依赖。

第三节

品牌就是心灵的烙印，烙印是美丽还是丑陋，是深还是浅，决定着品牌力量的强弱、品牌资产的多寡和品牌价值的高低。我们的营销人员在品牌打造的过程中，不仅仅要重视产品与品牌间的关系，更要明白如何塑造品牌的正面形象。

案例分析

森马在高质量的基础之上赋予了品牌灵魂，将品牌与文化和思想联系在一起，使消费者形成高度的认同感。通过宣传手段，使消费者了解品牌内涵；消费者通过自己的理解，从而建立对品牌的形象感知。

第九章

品牌传播战略

学习目标

知识要求 通过本章学习，掌握：

- 品牌价值的内涵
- 品牌形象的重要性
- 品牌整合营销传播的概念

技能要求 通过本章学习，能够：

- 品牌整合营销传播的手段
- 品牌形象代言人的选取原则
- 品牌整合营销传播的方式
- 品牌整合营销传播的管理
- 品牌传播效果的正确评估

学习指导

1. 本章的主要内容包括品牌形象和品牌价值的概念与评估方式理解、品牌形象代言人的正确选择方式和误区、利用各类媒介对品牌形象进行打造、品牌整合营销传播的概念、其过程和主要手段以及品牌整合营销传播的管理、品牌传播效果的评估等。

2. 学习方法：掌握最基本的理论，结合案例理解概念，并进行知识延伸，进行讨论活动等。

3. 建议学时：8 学时。

第一节 品牌形象传播

引导案例

中电赛龙的没落之路

在2002年的时候，手机设计行业基本上由中国台湾地区和韩国的设计公司主导，蓬勃的国内手机市场使他们平均行业毛利率超过300%。

2003年，国内手机设计企业开始发力，中电赛龙、德信无线以及深圳经纬科技开始与韩国设计企业争抢订单。2003年，80%左右的订单回流中国市场。韩国繁荣一时的设计企业出货量均急剧下降。

相比韩国和中国台湾地区的手机设计企业，国内企业的“硬成本”和“软成本”优势明显。硬成本优势是国内手机设计企业的本土化采购和价格带来的优势；而在品牌厂商的沟通交流方面，又比国外设计企业“近水楼台”。

中电赛龙是个极好的例证。2000年，中电赛龙先后在中国、美国、法国和加拿大设立了大型移动通信手机研发中心，并于2001年并购了法国飞利浦研发中心。中电赛龙还与英特尔、飞利浦半导体、微软、摩托罗拉、西门子等多个公司建立了战略合作伙伴关系。海尔、侨兴、康佳等多个国内企业是其重要客户。

但这种好景并没有维持多久，中电赛龙一直维持着自身“幕后”设计者的形象，虽然与诸多知名大品牌有着合作关系，但是并没有打响自身的品牌知名度。特别是随着手机企业开始自己研发设计的时候，中电赛龙等手机设计企业便显露出疲态。这时候中电赛龙才开始试图打造自身的品牌知名度，但为时已晚，市场并没有给他们时间拓展品牌形象。随着手机厂商走上自主研发的道路，中电赛龙等设计公司开始变得难以为继。2007年年初开始，深圳赛龙和上海赛龙相继倒闭和易手，随后中电赛龙也因自身资金链的问题，遭遇众多债主逼债，而且还接不到大的手机设计订单，终于在2007年7月宣布倒闭。

资料来源：谭慧，黄克琼. 商用心理学大全集［M］. 北京：中国华侨出版社，2011.

思考题：

中电赛龙为什么会倒闭？

一、品牌价值理念与品牌形象

问题1：如何正确认识品牌价值和品牌形象？

在2010年的中国品牌价值排行榜中中国移动以其全球第一的网络和客户规模成功地实现了超过2000亿元人民币的品牌价值。尽管3G时代的来临，改变了原来的品牌竞争格局，原有优势变得较为模糊，巨大的投入对品牌收益的短期影响较大。但2009年在3G网络的推广和“移动商场”的创新建设中，中国移动亦为客户带来全新的服务体验；而紧随其后的中国人寿也不甘落后，成功地赋予品牌以诚实、可靠，以及实力的联想，2009年产品和期限结构都趋于健康合理，依托全国第一的业务网络，继续高速成长，自身的品牌价值也达到了995亿元。

上文中提到的品牌价值是品牌管理要素中最为核心的部分，也是品牌区别于同类竞争品牌的重要标志。品牌价值是指品牌在某一个时点的，用类似有形资产评估方法计算出来的金额，一般是市场价格，也可以说是品牌在需求者心目中的综合形象。正如迈克尔·波特在其品牌竞争优势中提到的：品牌的资产主要体现在品牌的核心价值上，或者说品牌核心价值也正是品牌精髓所在。

企业苦心经营和维护自身的品牌，就是为了求得一个公众认可的品质质量知名度，为了给公众留下“诚信、守法、可靠、专业、价值、经济、高效”这样的印象。管理和经营品牌，求得基业常青、卓越杰出，根本手段还是要实现品牌价值，打不出品牌的企业，就如同我们章节开始时提到的中电赛龙一样，不为人所知，也就不为人所认可。

那么如何正确地评估品牌价值？

对于品牌价值的评估主要分为两类。第一类是与股东权益相关的价值评估，也就是企业自身产权变动或使用权拓展需要所进行的价值量化，这类评估需要根据评估目的，依据国家颁布的评估标准、方法，独立操作进行。它是专门为委托的企业服务的，为企业之间的交易提供底价参考。第二类是发布于社会、服务于社会的研究性质的评估。这类评估是用于品牌价值比较所进行的价值量化，必须选择同一标准、方法、基准日，进行统一的群体评估。它不是为某个特定的企业服务的，是给社会各界提供咨询参考的。第一类评估强调交易性，第二类评估强调可比性。前者评估的商标数量再多，也不具备可比性。其次，前者评估受交易或评估目的、待成交规模、交易双方接受程度的限制，而比较评价不受任何外部主观因素的影响，完全依据体系标准下所采用的客观指标，进行内在价值的估算。

和可以相对量化的品牌价值不同，品牌形象则是指企业或其某个品牌在市场上、在社会公众心中所表现出的个性特征，它体现公众特别是消费者对品牌的评价与认知。品牌形象与品牌不可分割，形象是品牌表现出来的特征，反映了品牌的实力与本质。品牌形象包括品名、包装、图案广告设计等。形象是品牌的根基，所以企业必须十分重视塑造品牌形象。

人们对品牌形象的认识刚开始时基本着眼于影响品牌形象的各种因素上，如品牌属性、名称、包装、价格、声誉等，因此这些也就是企业需要着力打造的要素。品牌形象是一个综合性的概念，是营销活动渴望建立的，受形象感知主体主观感受及感知方式、感知前景等影响，而在心理上形成的一个联想性的集合体，品牌形象是一种重要的资产，也应具有独特个性。

良好的品牌形象是企业在市场竞争中的有力武器，对于企业能否吸引到消费者有着至关重要的作用。品牌形象内容主要由两方面构成：第一方面是有形的内容，第二方面是无形的内容。品牌形象的有形内容又称为“品牌的功能性”，即与品牌产品或服务相联系的特征。从销售和用户的角度来讲，“品牌的功能性”就是品牌产品或服务能满足其功能性需求的能力。例如，洗衣机具有减轻家庭负担的能力、照相机具有留住人们美好的瞬间的能力等。品牌形象的这一有形内容是最基本的，是生成其形象的基础。品牌形象的有形内容把产品或服务提供给消费者的功能性满足与品牌形象紧紧联系起来，使人们一接触品牌，便可以马上将其功能性特征与品牌形象有机结合起来，形成感性的认识；而品牌形象的无形内容主要指品牌的独特魅力，是营销者赋予品牌的，并为消费者所感知，所接受的个性特征。随着社会经济的发展，商品丰富，人们的消费水平、消费需求不断提高，对商品的要求不仅包括了商品本身的功能等有形表现，也逐渐地把要求转向商品带来的无形感受、精神寄托等。在这里品牌形象的无形内容主要反映了人们的情感，显示了人们的身份、地位、心理等个性化要求等。

二、品牌形象代言人的选择

关键术语

形象代言人

形象代言人是一个宽泛的概念，广义来讲，它是指为企业或组织的营利性或公益性目标而进行信息传播服务的特殊人员。形象代言人可以存在于商业领域，如众多公司企业广告中的名人，也可以出现于政府组织的活动中。

问题 2：品牌形象代言人是否名气越大越好？

如果我们将形象代言人细化到品牌营销领域，那么代言人可以分为企业代言人、形象代言人和产品代言人三类，而这三类代言人之间其实是一种包含与被包含关系。不同类型的代言人自有其不同的职能与要求，具体到企业品牌塑造层面，我们的营销及广告人员所必须通晓的就是形象代言人。形象代言人的职能包括各种媒介宣传，传播品牌信息，扩大品牌知名度、认知度等，参与公关及促销，与受众近距离的信息沟通，并促成购买行为的发生，建树品牌美誉与忠诚。

但是在企业确定自身形象代言人的过程中往往会走入四类思维误区，导致自身的营销策略达不到期待的效果。

经常收看央视体育频道的观众可能会留心到，很长一段时间之内体育频道几乎 50%的广告份额都被国内外的知名运动鞋广告所占据。每天打开电视，我们都能看到从王力宏等娱乐歌星，到詹姆斯等体育明星在内的代言人在宣传其代言的运动鞋。以福建晋江等地以前为外国知名运动鞋品牌进行加工的十几家民营品牌为首的新兴力量，从 2001 年开始，每年投入超过 4 亿元人民币的巨额广告费，让中央电视台体育频道几乎变成了"运动鞋频道"。不过在消费者看来，除去阿迪达斯、匹克等专业运动鞋定位的品牌外，甚少有运动鞋品牌成功地打入了市场。那这背后的原因是什么呢？

首先，过多使用明星代言人。据调查，90%以上的国产运动鞋品牌广告都采用了明星广告代言人的诉求方式。这其实也是我国广告业或者说是整个企业界的通病，通常都希望为自身的产品请到大名气的明星，认为这样就能提高自身的品牌知名度。但这同时也要承担很大的风险，不少明星们也不注意自身形象的保持，很多时候我们打开电视机，某明星一分钟之前还在说"我只用某某牌子的洗发水"，转眼间又拿着另一个牌子的洗发水信誓旦旦地宣布"我只选最适合我的"。这样如何取信于消费者？

而对比国外的知名产品，往往不主张采用明星战略。像宝洁、柯达、肯德基、麦当劳等都很少采用明星代言人的广告方式，因为明星本身的"晕轮效应"有时不仅不能达到宣传产品的作用，还会掩盖产品本身的特点，从而降低对品牌的记忆度，减弱广告的传播效果。

其次，明星代言人缺少与产品的关联性。产品代言人的选用，最关键的一点就是代言人要与产品具备一定的相关性，这种相关性可能是职业上的，也可能是产品定位、企业理念上的。比如耐克聘请乔丹、伍兹等体育明星作为产品代言人就起到了很好的号召力，可以说有效地利用了明星的巨大的个人魅力。

而相反，如果代言人与产品本身毫无关联，甚至存在一定程度的反差的话，比如国产运动鞋启用一些自身争议颇多的娱乐明星作为形象代言人，就很可能会使产品的宣传效果大打折扣。

最后，明星的定位不恰当。很多国产运动鞋广告，受了武侠大片和科幻大片的影响，以为让代言人在楼宇间飞来飞去辗转腾挪便更能突出明星的“英雄”形象，却不知在无形之间拉开了与消费者之间的距离。相比之下在阿迪达斯足球鞋的一则2002年世界杯的广告里，巴西国家队的罗伯特·卡洛斯和两个日本相扑运动员比赛射门，结果却是两个看似臃肿不堪的相扑运动员凭借更加精湛的脚法获得了胜利，这种广告同样宣扬了普通人通过努力同样能成为明星，甚至战胜明星的理念，所以更得广大消费者的欢心。

综上所述我们可以得出这样的结论，品牌形象代言人并非一定要是名气很大的明星人物。

根本上来说，品牌在确立形象代言人的过程中可以采取两种基本思维方式，即采取高可信度型代言人还是低可信度型代言人。

所谓的低可信度型代言人并非是指代言人的诚信度等品质存在问题。高可信度型代言人是指具有一定公信力、影响力与传播力的公众性人物，他们一般是某个领域的名人、专家或权威等。一般说来，采用这样类型的代言人的好处在于他们能够以极强的说服力与号召力来传播品牌的价值内涵，对于一些高端的产品品牌，宜采用此型。如价值不菲的世界名表OMEGA聘用超级名模辛迪·克劳馥作代言。而低可信度型代言人则指公众影响力较低的、不知名的普通人物或卡通造型，他们来自生活与工作的各个领域，是广大普通受众的代表或熟悉的对象。该类型的代言人力求还原于生活现实，以平凡诉求的手法拉近与广大受众的心理距离，从而达到告知与说服的目的，在时下名人明星广告漫天飞舞的背景下，以凡人代言模式打入市场，往往能起到出奇制胜的效果。

三、品牌形象传播的媒介选择

问题3： 如何利用各种媒介打造品牌形象？

从企业内部来讲，有以下三种方式，可以选择来作为打造品牌形象的媒介。

第一，企业网站。企业网站不仅代表着企业的网络品牌形象，同时也是开展网络营销的根据地，网站建设的水平对网络营销的效果有直接影响。对于企业来说，一个优秀的网站可以实现传播和服务的最优化，它全面地包括了品牌形象链接和传播、产品及服务展示、新闻与信息发布、顾客响应与服务、顾客关系维护与数据库建立、网上调查、电子商务、企业 OA 以及媒体桥梁九大手段与作用实现。

第二，企业博客。太阳微系统总裁兼首席营运官施瓦兹认为，未来十年高层管理者会更多采取博客的形式：我们大多数人将用博客的方式，直接同客户、雇员和周围的社区进行沟通。确实如此，企业博客将不只是一种选择，而是一种必须落实的宣传营销行为。企业博客就像是公司开的一个窗口，更可信和更亲近，它因为没有太多的控制和根植于事实而更有力量。任何公司都应该以互动、自发、持续的方式同公众建立起联系。当然，容忍和开放的企业文化是创建企业博客的第一先决条件。如果企业文化还没有准备好的话，匆忙去赶企业博客的时髦，只会造成不好的影响，影响品牌的形象。

第三，企业的品牌书籍。以企业、企业家为主角的书籍，通过书店、阅览室、网络以及媒体相关报道成功地火了一把。企业书籍不同于各类广告、不同于杂志报纸，它费用低廉，传阅时间长，相关活动、媒体报道使品牌宣传更为软化。国外企业或企业家传记类书籍的运作早有成熟的机制，几乎每一个知名大公司、大企业家，都有记载其历程的传记作品。国内以联想、海尔等企业为代表，均通过这种方式获得了成功，其书籍为企业品牌的建立和建设立下了汗马功劳。企业书籍往往包括以下四种形式：企业或企业家传记、企业运营管理模式或案例总结、品牌故事或新生活方式推广、企业培训教材。视企业需要而灵活选择和组合。

从企业外部来讲，与媒体的合作也是一种重要的宣传模式。而为了更好地利用媒体的能力宣传企业的品牌形象，首先企业应该做到信任媒体，信任媒体的传播能力，这是一切合作的基础。

尽管很多企业已经建立完善的新闻发布与传播渠道体系，但是忽略了一点，那就是企业毕竟不是新闻单位，而是营销单位。在企业内建立新闻部门，从一定程度上来说是增加了企业经营面，给企业带来了多余价值的付出，同时部门并不一定会为企业的媒体传播做到最大限度的支持。毕竟一个部门无法真正达成专业媒体单位的功效。再者说，如果企业自身媒体部门已经制订出推广步骤与方式，在沟通时容易将自我的想法强加于媒体单位，导致合作的扭曲或失败。

企业需要建立对媒体单位的信任和信心，将自身需求诚恳而实际地表达给媒体单位，媒体一定会根据企业的需要和其自身发展需要给出一系列的推广建议和方法。企业从中选择出最适合自身的形式，进行工作即可。这既为企业节约了时间，更为同媒体单位进行合作奠定了磨合基础，成功进行媒体传播的可能性自然增强。

在与媒体合作打造品牌形象的过程中，一定要坚持自身的主动地位。震惊全球的“三鹿毒奶粉”事件被媒体曝光后，三鹿集团试图利用公关手段来把事件和真相掩盖住。却不知正是缺乏揭示真相的勇气导致了三鹿的全面崩盘。三鹿方面在产品问题爆发后，再用老套的事后公关手段去掩盖事实，这样不仅没有效果，还会让企业罪加一等。试想，假如在三鹿被媒体曝光之后，主动召回不合格产品进行销毁，并主动与各大媒体合作发表“悔过”书，主动承担一切由问题牛奶引发的不良后果，也不至于落到现在的下场。

随着媒体格局的变化，事后公关已经不可取。当产品发生质量问题的时候，如果能够快速有效地解决，主动通过媒体向大众承认错误，将问题产品迅速召回，才是正确的做法。

总而言之，企业如何在媒体上进行形象营销，如何与媒体沟通并合作成为与管理和战略同样重要的必修课程。特别是在日益频繁的企业危机中，媒体作为企业与公众之间的天平，掌握了企业的命脉与前途。可以说，一个良好的媒体形象就是品牌、就是价值、就是资产。企业如何利用媒体，建立媒体关系，打造形象品牌，需要积极的心态，更需要高超的智慧。

活动 1：选择一家药品类公司，分析其品牌的内在价值。

阅读材料

喜之郎品牌策略的成就

喜之郎以其专业的果冻布丁企业形象和凌厉的广告攻势，成为行业领导者。从 1998 年开始，喜之郎便逐渐垄断市场，在高峰时期，喜之郎曾占有 70%的市场份额。目前其生产规模和销售量均已跃居全球第一，年销售额已达 15 亿元以上。仔细分析，其成功的策略主要有以下三点：

1. 恰逢其时的市场进入时机

1985 年，国内出现了首家果冻生产厂——天津长城食品厂。1986 年，深圳市琼胶工业公司以老二的身份也推出了 SAA 牌的果冻。从 1990 年起，各地的果冻生产厂家开始大批涌现，家庭果冻作坊遍地开花。喜之郎的创始人李永军，敏感地意识到了果冻市场的巨大潜力，与兄弟李永良、李永魁一起筹集了 40 万元资金，进入尚处于萌芽状态的果冻产业。

2. “果冻布丁等于喜之郎”

在竞争激烈的果冻市场如何才能树立行业权威地位？喜之郎提出了“果冻布丁喜之郎”的口号，从 1996 年起，喜之郎率先在中央电视台投放巨额广告来不断强化这一概念，在产品和行业之间建立起一对一的联想，一提到果冻布丁就想起喜之郎，提到喜之郎就想起果冻布丁。同时，“果冻布丁喜之郎”这一概念人为地设置了一道同类产品难以逾越的市场壁垒。

3. 专业化的儿童果冻形象

一直以来，儿童都是果冻的消费主力。因此一开始，喜之郎的广告画面就是用儿童作为形象代言人，喜之郎那个戴着棒球帽的卡通形象，无疑就是儿童的化身。在广告中，喜之郎采取了“让卡通活起来”的策略，以儿童喜闻乐见的形式，吸引儿童的关注。

喜之郎非常喜庆又有些洋气的名称，使其在起跑线上赢了一步，戴着棒球帽的“喜之郎”卡通形象，让人备感亲切温馨。

资料来源：李奇. 成败喜之郎：喜之郎品牌策略的成就与失误［M］. 北京：中国企业报，2003-05-22.

考试链接

1. 如何理解品牌价值的内在含义。
2. 选择品牌形象代言人的注意事项。
3. 品牌形象打造的媒介选择方式。

第二节　品牌整合营销传播

引导案例

飞利浦的华丽转身

2004 年 9 月，欧洲最大的电子消费品制造商飞利浦，决意改变自己“小家电巨头”的形象，将国人熟知的“让我们做得更好”的广告语变为“精于心、简于形”。飞利浦计划为此举付出 8000 万欧元。飞利浦总裁兼首席执行官柯慈雷宣布这 8000 万欧元将用于在包括中国、美国、法国在内的全球七个重点地区发动一场广告公关营销推广大战，要通过对这些地区的广播、电视、平面媒体和网络等全方位的“轰炸”，将新的品牌定位传达给全世界的消费者。

如同许多百年老店一样，欧洲“老绅士”飞利浦这家老牌的欧洲跨国电子巨头在盛名之下，其实难副，前进的步伐已经开始力不从心：从它的财报上看，飞利浦已经连续 7 个季度出现亏损。

"我们期待通过这个新的品牌定位，改变飞利浦在消费者心目中仅仅是一个消费类电子企业的形象。我们希望消费者能联想起'便利'或者类似的生活方式，确保消费者轻松简便地使用这种技术或享受生活。"飞利浦首席市场官芮安卓表示。

飞利浦用8000万欧元实现了华丽的转身。2004年，飞利浦的品牌价值仅为35亿欧元，2006年已经达到了65亿欧元。

资料来源：梁素娟，王艳明. 科特勒营销思想大全集［M］. 北京：企业管理出版社，2010.

思考题：

飞利浦给中国企业的启示是什么？

一、什么是品牌整合营销传播

问题4：什么是品牌整合营销传播？

品牌整合营销传播是指企业在经营过程中，以由外而内的战略观点为基础，为了与利害关系者进行有效的沟通，以营销传播管理者为主体所展开的传播战略。

广义的整合营销传播是指企业或品牌通过发展与协调战略传播活动，使自己借助各种媒介或其他接触方式与员工、顾客、其他利益相关者以及普通公众建立建设性的关系，从而建立和加强与他们之间互利关系的过程。

狭义的整合营销传播就是确认评估各种传播方法战略作用的一个增加价值的综合计划（例如，一般的广告、直接反应、促销和公关），并且组合这些方法，通过对分散信息的无缝结合，以提供明确的、连续一致的和最大的传播影响力。

整合营销传播所要树立的是品牌的"长治久安"，它必须借助各种传播和营销手段，传播一种品牌形象，使品牌形象脱颖而出。整合营销传播的核心和出发点是利用目标受众，企业树立品牌的一切工作都要围绕着目标受众进行，企业需借助信息社会的一切手段知晓什么样的目标受众在使用自己的品牌产品，建立完整的客户信息档案，从而建立和目标受众之间的牢固关系，使品牌的忠诚成为可能。

整合营销传播并不是将广告、公关、促销、直销、活动等方式的简单叠加运用。在网络信息时代的今天，企业必须了解目标消费者的需求，并反映到企业经营战略中，结合电子商务和网络营销，持续、一贯地提出合适的整合方案。为了达到这种效果，必须首先确立符合企业自身情况的各种传播手段和方法的优先次序，通过计划；继而调整、控制等管理过程，有效地、阶段性地整合诸多企业传播活动，然后将这种传播活动持续运用。整合营销传播一方面把广告、促销、公关、直销、CI、包装、新闻媒体等一切传播活动都涵盖于营销活动的范围之内，另一方面则使企业能够将统一的传播资讯传达给顾客。其中心思想是以通过企业与顾客的沟通满足顾客需要的价值为取向，确定企业统一的促销策略，协调使用各种不同的传播手段，发挥不同传播工具的优势，从而使企业实现促销宣传的低成本化，以高强冲击力形成促销高潮。

整合营销传播的特征包括以下五个方面：

（1）在整合营销传播中，消费者处于核心地位。

（2）对消费者深刻全面的了解，是以建立资料库为基础的。

（3）整合营销传播的核心工作是培养真正的消费者价值观，与那些最有价值的消费者保持长期的紧密联系。

（4）以本质上一致的信息为支撑点进行传播。企业不管利用什么媒体，其产品或服务的信息一定得清楚一致。

（5）以各种传播媒介的整合运用作手段进行传播。凡是能够将品牌、产品类别和任何与市场相关的信息传递给消费者或潜在消费者的过程与经验，均被视为可以利用的传播媒介。

二、品牌整合营销传播的过程

问题5：如何理清品牌整合营销的思路？

品牌整合营销传播的核心是以消费者为中心，这对以往的传播策略思考方向和思考过程产生了重大的影响，其意义其实很单纯，即通过使用一些消费者的需求所扩展的沟通方式，为产品建立起一种认知价值。

着手品牌整合营销：

（1）要从消费者的角度出发，研究消费者与潜在消费者的资料，找出他们购买的原因。然后根据企业资料库中消费者或潜在消费者以往的购买行为，将其分为三类：本品牌的忠诚消费群、他品牌的忠诚消费群和游离群。然后分别了解、分析以下内容：

①这类消费者是如何认知这类产品中各种品牌的？

②用户目前购买哪种品牌？他们用哪种方式购买？如何使用？

③用户的生活形态如何？心理状态如何？

④用户对该类产品的态度如何？他们对正在使用的品牌态度如何？

⑤用户想从本类产品中得到却没有得到的需求是什么？如果有产品能满足他们的需求，用户会改变购买吗？

（2）要对自身的产品进行全面的考察，了解产品的实质与消费者对其认知状况。考察内容应该包含以下三点：

①该产品的实质是怎样的？与其他品牌有何不同？

②消费者对该品牌的认知如何？他们对产品的外观、感觉、口味等印象如何？

③消费者如何评价制造该产品的企业？

在了解分析以上情况的基础上，才能确定哪些人是该产品的潜在消费者，该产品是否适合其需求，由此决定企业的营销目标与传播目标。

（3）研究分析市场上的竞争状况：

①同类产品中主要的竞争对手是谁？是否有其他类产品也具有竞争性？本类别产品的主要竞争品牌有哪些？

②消费者对竞争品牌的认知如何？它们的弱点在哪里？企业自身可以夺取哪部分市场？

③消费者是从哪里接触到那些竞争品牌的？它们又是如何吸引消费者的？它们将来有可能怎样反击我们？

（4）在对市场的考察之后，还应当寻找、确定本品牌的消费者利益。在对消费者资料详细分析的基础上，根据本品牌的实质，寻找与竞争品牌不同的产品特性，作为消费者提供利益、解决问题的方式表现出来。

保障消费者利益，自身的产品就应该满足以下要求：

①它必须能够解决消费者的问题，满足消费者的某种需求；

②它必须能给消费者实实在在的好处；

③与其他品牌相比，在这一点上必须有明显的竞争力；

④它的优点必须能够用一个简单的句子表达，以便于消费者理解、记忆。

实现了以上的要求，我们就需要将这些信息传递给消费者，即有效地说服消费者。

要将消费者利益转化成有效的信息，使消费者确信本品牌可以满足他们的需求，需要解决两个方面的问题：

①在消费者利益的基础上，赋予品牌个性，使消费者更容易地与之建立感情，与竞争品牌区分开。

②利用有效而个性化的消费者接触渠道，进行有效传播。零细化的媒体，不同形式的传播渠道，可以与消费者形成更密切的交流，因而也更有说服力。

（5）我们还需要对一个阶段的传播效果进行调查与评估。

整合营销传播是一个循环的过程，对某一阶段传播执行效果的调查与评估，既是对上一阶段的总结，又是对资料库的一种补充与更新，以便下一阶段的工作能够更好地展开。调查与评估的内容包括：消费者是否接触到了信息，他们是否相信？品牌个性符合消费者的需要吗？他们对品牌的认知和反应如何？等等。这些问题的答案将提供消费者行为的资讯，会使传播策略修正得更精确。

三、品牌整合营销传播的管理

问题6： 如何能保障品牌整合营销传播的顺利进行？

为了保障品牌整合营销传播能够顺利进行，企业要坚持三条原则：

1. 以消费者为核心

整合营销传播的出发点是分析、评估和预测消费者的需求。所以整合营销传播应该站在消费者的立场和角度考虑问题、分析问题，通过对消费者消费行为、特征、职业、年龄、生活习惯等数据的收集、整理和分析，来预测消费者的消费需求，制定传播目标、贯彻施行计划。

2. 将关系营销作为传播目的

整合营销传播的目的是发展企业与消费者之间相互信赖、相互满足的关系，使消费者建立对企业品牌的信任，使品牌形象能够长久存在消费者心中。这种关系的建立，不能单单依靠产品本身，而是需要企业与消费者建立和谐、共鸣、对话、沟通的关系。

整合营销传播的本质目的，或者说根本目的仍然是销售，但达到目的的方式却因以消费者为中心的营销理论发生了改变。由于产品、价格乃至销售通路的相似，消费者对于大众传媒的排斥，企业只有与消费者建立长期良好的关系，才能形成品牌的差异化，整合营销传播正是实现关系营销的有力武器。

3. 循环原则

以消费者为中心的营销观念决定了企业不能只以满足消费者一次性需求为最终目的，只有随着消费者的变化调整自己的生产经营与销售，企业才能在激烈的市场竞争中长久地发展下去。消费者资料库是整个关系营销以及整合营销传播的基础和起点，不断更新、完善的资料库早已成为一种必需。现代计算机技术以及多种接触控制实现了生产商与消费者之间的双向沟通，由此可以掌握消费者态度与行为的变化情况。

没有双向交流，就没有不断更新的资料库；没有不断更新的资料库，就失去了整合营销传播的基础，因而建立在双向交流基础上的循环是整合营销传播的必要保证。

另外，品牌整合营销传播一定要贯彻品牌的总体战略规划推进，要根据品牌的发展进程来开展品牌整合营销传播，而不能盲目追求“短平快”，盲目“轰动性”的泛滥炒作、跟风，要用合适的行为做合适的事情。品牌整合营销传播规划包括：市场分析、竞争品牌分析、消费者分析、品牌定位策略、营销传播策略、品牌发展目标、营销传播效评等。

品牌整合营销传播其实本质上是市场竞争的产物，是在竞争产品同质化（功能、质量、价格雷同）的情况下产生的。在品牌传播的战略环境下，品牌越来越成为影响消费者购买选择的重要因素。所以企业在进行品牌整合营销传播过程中，必须坚持“四化”导向。

（1）识别系统化。这是为了实现品牌的一致性而必须实施的系统工程。识别系统主要是指品牌三大识别：理念识别、行为识别、视觉系统。这三大系统必须保持系统性，必须相互依存。特别是视觉系统尤为重要，企业的视觉识别系统能够将企业理念、企业价值观，通过静态的、具体化的、视觉化的传播系统，有组织、有计划，准确、快捷地传达出去，并贯穿企业的经营行为，使企业的精神、思想、经营方针、经营策略主体性的内容通过视觉表达的方式得以外形话。也使社会公众能一目了然地掌握企业的信息，产生认同感，进而达到企业树立自身独特品牌的目的。

不过需要注意的是，企业识别系统应建立在企业的理念识别基础上。视觉识别的内容，必须反映企业的经营思想、经营方针、价值观念和文化特征等内容，并广泛在企业的经营活动和社会活动中进行统一的传播，与企业的行为相辅相成。另外，企业识别系统设计的首要问题是企业必须从识别和发展的角度以及从社会和竞争的角度对自己进行定位，并以此为依据确认自己的经营理念、经营方针、企业文化、运行机制、企业特点以及未来发展方向等问题。其次，是将具有抽象特征的视觉符号或符号系统，设计成视觉传达的基本要素，统一地、有控制地应用在企业行为的方方面面，达到建立企业形象之目的。

（2）诉求传承化。诉求传承化的目的是保证品牌形象的连续性，避免品牌形象传播链的断节，影响消费者的记忆度和诚信度。一个品牌形象诉求应该能够连贯地传递，能够增强消费者的诚信度，减少消费者的猜疑，也使自身的品牌更加容易被人记住。相比之下散乱的诉求容易形成分散的形象传播，不便消费者的记忆，会降低传播效率，浪费传播成本。因此品牌形象诉求必须保持连贯性、传承性，保证品牌诉求的阶段传承度。

（3）传播立体化。传播是品牌和消费者之间的纽带，是消费者认知品牌的重要手段，可以说，是传播建立了品牌的知名度，传播树立了品牌的形象。但是传播必须依靠多方位、多角度、多层面的规划，品牌整合营销传播的战略战术特别要注重传播的立体化，也就是充分利用所能利用的传播媒介间的组合、互动效应。

（4）团队专业化。任何工作项目的建设推进，必须有一个权责明确的组织机构和团队，去负责开展相关工作的推进。品牌整合营销传播也不例外，它也是一个系统工程。而这个系统工程必须有一个专业的机构、团队去推进。企业战略部、企业发展部、企划中心等都是不可或缺的部分，而首席品牌官则负责企业品牌管理工程的全面导向和推进及实施。

活动 2：为一家业绩平平的企业设计一套营销传播方案。

考试链接

1. 品牌整合营销传播的概念。
2. 品牌整合营销传播的过程。
3. 品牌整合营销传播的管理。

第三节 品牌传播效果与品牌价值评估

引导案例

麦当劳 2005 年播出的一则旨在说明该公司产品长期优惠的电视广告，但是广告中出现了消费者为求获得折扣而下跪的镜头。广告播放后引起了广大消费者的极大反感，尽管该公司声称自己的初衷是单纯地想让广告显得“轻松和幽默，没有诋毁消费者”的意思。广告内容如下：

顾客：一个星期就好了，一个星期……（老板摇头）三天时间，三天时间好不好？

老板：（态度坚决）我说了多少遍了，我们的优惠期已经过了。

顾客：大哥，大哥啊……（跪地拉着老板的裤管乞求）

旁白：幸好麦当劳了解我错失良机的心痛，给我 365 天的优惠……

广告设计方向的偏差很容易引发消费者的不满，哪怕是小误会，也可能在无心中包含着歧视消费者的含义。一名消费者气愤地说：“人家不拿我当回事，我为什么非要贱到去麦当劳!"广告的幽默也是要建立在尊重的基础上的。类似广告可能是"无知的错误",也可能是"市场营销的失败"。

情感营销是基于整个公司与客户之间建立的一种特殊关系。当客户感觉到受人尊重、备受关注时,他们就会成为该公司品牌的忠实追随者。这种方法体现出了情感在创建或巩固品牌中的作用,将情感提升到战略高度。其最大的优点就在于它的策略视不同企业具体情况而定,几乎不会重复,优势明显。商业关系与人际关系并无二致。研究表明,对某一产品或者服务的高度满意并不能确保稳定的客户源,还需要在满意与忠诚之间搭一座名为"情感营销"的桥梁。然而从这则广告来看,麦当劳在塑造顾客忠诚度方面,就显得非常失败。

资料来源:http://topic.csdn.net/t/20061207/13/5213372.html CSDN 论坛 2006.

思考题:

为什么麦当劳的广告会遭到消费者的诟病?

一、监控品牌传播的效果

问题 7: 如何监控品牌传播的效果?

1. 反馈有道

让目标受众有向品牌主题反映有关感受和评价的渠道。

2. 开通客服热线

开通免费的客户服务热线,在接听消费者反馈的同时也可以直接接受消费者的订单。

(1) 设立交互网页。

①在公司网站的有关页面上设置能自动发表评论的对话框,设置 BBS 论坛、留言板、博客等,让消费者能够以最快捷的方式畅所欲言。

②在网上提供邮箱和即时通信工具方便消费者发表自己的观点。

③把相关内容提供到专业的网站或者频道上,让消费者发表看法。由于这些地方的人气往往都比较旺,可以收集到更多的反馈信息,但采用这种方式的话品牌自身对其的控制力会减弱。

为了鼓励大家参与,提供各种反馈信息,品牌公司应该对那些热心参与的人给予适当的鼓励,进一步推进品牌主题与受众之间的互动。

(2) 主动出击。

①电话访问。直接打电话访问目标受众,询问他们对于品牌传播、品牌产品和品牌服务的看法。访问人员应该认真聆听他们的看法并一一记录下来,总结给决策层以供改进。需要注意的是,由于各种原因,有的受访者可能不乐意

接受访问，这时访问人员要以礼相待，不能恶言相向。

②拦截询问。事先制订好统一的调查问卷，然后到街头或市场拦截行人进行询问。如果能够为受访者提供一点小礼物，那就能够“锦上添花”。这种方式比较麻烦，但是对全面了解受众对品牌传播的看法很有必要。

③咨询顾客。亲自上门的顾客，不管他们抱着什么目的，都是相对关注品牌的人。可以向顾客咨询他们对品牌的看法。当然，也要甄别信息的真伪，尤其是竞争对手的言论。

二、口碑传播的作用

问题 8：为什么要重视口碑的作用？

任何一个国际品牌，美誉度远比知名度重要。典型的如苹果，它很少在中国大陆做广告，但是其品牌美誉度吸引了大量忠实用户，即便没有宣传，单靠口碑效益和病毒式传播，就能快速建立知名度。如果评估优先级，美誉度远在知名度之上。另外一个反面的例子是 NEC 手机，虽然它在中国消费者中知名度颇高，但是由于美誉度差强人意，最终溃退中国，黯然收场。

史玉柱在点评创业中国时曾说：树立口碑是个比较好的方式手段。因为消费者最迷信的人是他所认识的人，口碑的杀伤力最大，成本也最低。

1. 优良服务的口碑

企业要通过优良的服务来赢取消费者的口碑，不但要让使用过产品的顾客在消费人群中产生原子能裂变般的口碑效应，还要尽可能长期缔造顾客的忠诚度。我们不但要为顾客提供最周到的全程序服务，来赢得消费者的认可，还要用增值服务、差异化服务、创新式服务等特别服务成为消费者向他人炫耀的资本。

要赢得顾客的好口碑以及顾客长期的忠诚度，就必须踏踏实实、真正为顾客着想，提供无微不至的、高质量的服务以获得消费者的认可。市场经济属买方的市场，消费者不是白痴，任何投机取巧或欺瞒的行为都会丧失掉顾客的信任，从而导致品牌的坍塌。

有一次亚特兰大拉尼尔公司资料处理中心的计算机出了故障，IBM 公司的维修人员几小时内就从各地赶到了。为了排除故障，IBM 公司请来了 8 位专家，其中至少 4 位来自欧洲，一位来自加拿大，还有一位是从拉丁美洲赶来的。可见 IBM 服务客户的质量是何等之高。

麦当劳、肯德基之所以全球闻名，不仅是因为它的味道，更重要的是它的令顾客 101%满意的服务质量。事实上，只有在这四个方面的服务都做得很优秀，才称得上高质量的服务。也只有高质量的服务，才能赢得顾客的好口碑和对品牌的忠诚度。

迪斯尼乐园在全世界都有着良好的口碑，而且视口碑如生命，这种好口碑是在迪斯尼完善周到的服务中体现出来的，比如迪斯尼的员工就是偌大的乐园的活地图，你要是迷路，他可以毫不犹豫地为你指路。迪斯尼的员工还要培训怎么抱婴儿、怎么换尿片、如何对客人微笑、如何倒酒、如何上菜等。迪斯尼忠实自然地体现内心感受的服务让客人满意乃至感动。只要游客需要的，迪斯尼的员工都能从容应对，使游客有上帝般的享受。因为迪斯尼知道一个人不会经常性地去迪斯尼，但怎么能让游客介绍自己的亲朋去迪斯尼，怎么能让孩子长大后，再和自己的朋友或爱人去光顾，是迪斯尼服务策略的根本，这种良好的口碑效应为迪斯尼带来了广泛的集客效果。

2. 增值服务的口碑

增值服务的一种概念是为消费者提供高质量、一劳永逸的服务，让消费者在使用过程中永远无后顾之忧，获得消费者更高的满意度；另一种概念是在常规服务的基础上增加部分服务，消费者在获得更多的服务后会觉得购买该产品物超所值，从而形成对品牌的忠诚度。高满意度即可获得良好的口碑效应。

北京蓝岛大厦除了为消费者开展友情服务使其得到尽量满意外，还为消费者提供众多的增值业务。如遇到下雨天气，总服务台为那些来蓝岛购物而未带雨具的顾客准备了雨披，没有借据，没有押金，服务台的同志客气地说一声“你下次顺路把雨披带回来就可以了”。尽管雨披的回收率不足30%，但他们仍然坚持这一方便顾客的措施。顾客在便捷、周到的服务中感受到了蓝岛的一片真情。从此，凡在蓝岛得到过真情服务的顾客，平均每人至少向10人以上进行过口碑传播，而自己对蓝岛的忠诚度也几乎是永恒的。

人得到实惠以后，总有一种向他人炫耀的意愿。同样，消费者花同样多的钱，却能获得更多、质量更高的服务，这也算是一种实惠。在传统的服务项目上，如果再提供给消费者以增值服务，消费者在心理上会产生更高的满意度。

特别是对于中小企业或弱势品牌，在资金有限的情况下，要特别注重服务质量和服务内容，尽可能为消费者提供更多的增值服务。但增值服务不是无限的，现实生活中，消费者是贪婪的，提供尽可能多的增值服务是相对竞争对手的服务而言的。在服务项目和质量同质化后，要遵循需求的层次，从消费者最适宜的需求出发，提供最需要的服务。

3. 诚实

某些零售大卖场之所以“大起”又“大落”，原因就是他们在欺骗消费者，有些方面连顾客应有的基本权利都被侵占了。他们隐瞒事实的真相吸引了大量的人流（如虚假广告），运用了巧妙的手段使顾客消费（如返券打折）。当他们主动挤进人流钻进商家的“圈套”时，方知上当；当他们拿着大把用钞票换来的返券而又用不出去时，才知自己再一次“受骗”。于是，教训式的口碑开始像病毒一样在消费人群中蔓延，辉煌一时的大卖场在屈指可数的几个月就关起了大门。

与此相反，纽约梅瑞公司充分为顾客着想，也创造了一个良好口碑的奇迹。在梅瑞公司的购物大厅，设有一个很大的咨询台。这个咨询台的主要职能是为来公司没购到想要货物的顾客服务的。如果哪位顾客到梅瑞公司没有买到自己想要买的商品，咨询台的服务员就会指引你去另一家有这种商品的商店去购买。梅瑞公司的做法，本不足道，但却是看得见、摸得着的“细节”，被人们津津乐道，对它的记忆也极为深刻。不仅赢得竞争对手的信任和敬佩，而且使顾客对梅瑞公司产生了亲近感，每当购物时总是往梅瑞公司跑，慕名而来的顾客也不断增多，梅瑞公司因此而生意兴隆。

只有让顾客满意到想要跟周围人分享的品牌才是好的品牌。顾客对某一品牌的满意经验将导致对这一品牌购买的常规化。对于这样的购买，消费者几乎不用做任何的品牌评估。只要产生需求，就会直接做出购买决定。因此，提高品牌质量让顾客能够口口相传，是一种确保客户满意和提高客户忠诚度的方式，也是一种通过减少信息搜寻和品牌评估活动，大大简化客户消费决策的方式。

关键术语

口碑传播

口碑传播是指一个具有感知信息的非商业传播者和接收者关于一个产品、品牌、组织和服务的非正式的人际传播。大多数研究文献认为，口碑传播是市场中最强大的控制力之一。心理学家指出，家庭与朋友的影响、消费者直接的使用经验、大众媒介和企业的市场营销活动共同构成影响消费者态度的四大因素。

活动 3： 对一家企业的品牌传播效果进行评估。

考试链接

1. 监控品牌传播的效果。
2. 口碑传播的作用。

案例分析

刘翔退赛，耐克聪明应对

2008年8月18日，刘翔出人意料地以因伤退赛结束了北京奥运会的征程。这对于那些为刘翔做出巨大投资的近20个国际、国内一线品牌来说，除了前所未有的震撼，还伴随着巨额经济损失！

这些企业在赛前大多已经准备了刘翔成功卫冕或是比赛失利的两套宣传方案，只等比赛结果一出就顺势进行品牌推广。却没料到，刘翔给出的却是他们防不胜防的第三个结果——退赛。

当表情痛苦的刘翔缓慢离开跑道的时候，错愕与惋惜席卷了北京鸟巢里的9万名观众，也让耐克措手不及。由于刘翔比赛时穿的是耐克跑鞋，网上有人开始质疑耐克。更令耐克尴尬的是，坊间又有传闻：刘翔退赛是受了赞助商耐克"胁迫"。耐克不得不出来面对这场信誉危机，打好这场公关战役。

就在刘翔退赛的当天，耐克与腾讯合作设立了"QQ爱墙——祝福刘翔"（耐克品牌墙）。一经推出，就得到了众多网友的热烈响应。"QQ爱墙——祝福刘翔"的设立，按下了网友心中的"悲情按钮"，通过调动情绪，触及了人们内心最柔软的角落，借由腾讯即时通信软件庞大的人际网络，耐克的营销信息像病毒一样传播和扩散，并被快速复制传向数以十万计、数以百万计的受众。

通过这种互动体验式营销，耐克将品牌植入人心。正如体育营销除了传播"更高、更快、更强"的理念外，还有着更为广泛的内涵一样，耐克的举措向世人表明，原来体育营销也可以走人文关怀的温情路线。

资料来源：谭慧，黄克琼. 商用心理学大全集［M］. 北京：中国华侨出版社，2011.

问题讨论：

耐克扭转不利局面的诀窍在哪里？

本章小结

品牌传播就是企业以品牌的核心价值为原则，在品牌识别的整体框架下，选择广告、公关、销售、人际等传播方式，将特定品牌推广出去，以建立品牌形象，促进市场销售。品牌传播有以下几种方式：

（一）广告传播

对品牌而言，广告是最重要的传播方式，有人甚至认为：品牌=产品+广告，由此可见广告对于品牌传播的重要性。人们了解一个品牌，绝大多数信息是通过广告获得的，广告也是提高品牌知名度、信任度、忠诚度，塑造品牌形象和个性的强有力的工具。

（二）公关传播

公关传播是企业形象、品牌、文化、技术等传播的一种有效解决方案，包含投资者关系、员工传播、事件管理以及其他非付费传播等内容。

（三）销售促进传播

销售促进传播是指通过鼓励对产品和服务进行尝试或促进销售等活动而进行品牌传播的一种方式，其主要工具有：赠券、赠品、抽奖等。

（四）人际传播

人际传播是人与人之间直接沟通，主要是通过企业人员的讲解咨询、示范操作、服务等，使公众了解和认识企业，并形成对企业的印象和评价，这种评价将直接影响企业形象。

深入学习与考试预备知识

品牌传播的方式

（一）广告传播

对品牌而言，广告是最重要的传播方式，有人甚至认为：品牌=产品+广告，由此可见广告对于品牌传播的重要性。

（二）公关传播

公关能利用第三方的认证，为品牌提供有利信息，从而教育和引导消费者。

（三）销售促进传播

销售促进传播是指通过鼓励对产品和服务进行尝试或促进销售等活动而进行品牌传播的一种方式，其主要工具有：赠券、赠品、抽奖等。

（四）人际传播

人际传播是形成品牌美誉度的重要途径。在品牌传播的方式中，人际传播最易为消费者接受。不过，人际传播要想取得一个好的效果，就必须提高人员的素质，只有这样才能发挥其积极作用。

知识扩展

考察广告效果的指标

衡量广告效果通常有四个指标：广告的到达；广告的注目，对广告的态度；由广告影响产生的行动。这四个指标可以分成三个层次来考察广告效果：

第一个层次是广告的传播效果。它是指广告到达的范围，广告到达的人群，受众对广告的注目程度。

第二个层次是广告的诉求效果。它是指广告的形式、创意和诉求内容等对受众产生的吸引力和心理反应。

第三个层次是广告对受众的行为效果。它是指受众由广告产生的心理反应而导致的品牌偏好行为，消费倾向改变和购买行动。

这三个层次的效果是紧密关联且逐步实现的。

资料来源：谭慧，黄克琼. 商用心理学大全集［M］. 北京：中国华侨出版社，2011.

答案

第一节

因为随着芯片厂家提供的方案越来越完整，手机设计公司基本上被取代了。手机设计行业已经进入了行业的衰退期。

第二节

飞利浦花 8000 万欧元得到的品牌价值的实现和提升是不可估量的，中国企业家要改变过去那种只重短期效应而不重长期效应的短视行为。技术和品牌是新发展时期最关键之处。不仅要有品牌意识，并且要在市场营销方面下更大的工夫。品牌推广，不单单是钱的问题，更需要投入大量的精力、时间、创意。

第三节

因为麦当劳的广告只是打着自以为幽默的旗号，而不考虑受众的心理感受，将原本一个名牌产品沦为低俗化的炒作，只会破坏品牌的美誉度和顾客的忠诚度。麦当劳的下跪“求折扣”广告不但没有能够拉近与顾客的关系，反而失去了一部分顾客，究其缘由是麦当劳的广告伤害了国民的自尊，这样的营销策略注定会失败，如果这样下去，麦当劳在中国的业绩肯定受挫，也不符合商业广告的原则。打广告的目的不仅仅是打产品的知名度，更重要的是要打出产品的精神。随着我国生活水平和文化水平的不断提升，人们的审美和品位也必然会上升到某种高度，如果广告不能进入人的心灵，与人的灵魂发生美妙的触碰，而是一些声嘶力竭的噪音，那它必然是一则非常失败的广告。

案例分析

耐克的快速反应和悲情式广告，没有强烈的商业味道，符合人们对体育精神的追求和渴望，通过网络参与者的口口传播和直接表达，达到了病毒营销和二次传播的效果，远远超越了刘翔简单代言的价值。

第十章 品牌国际化战略

学习目标

知识要求 通过本章学习，掌握：

- 品牌全球化战略的概念
- 品牌国际化要面临的三大风险
- 品牌全球化的优势

技能要求 通过本章学习，能够：

- 树立全球营销观念
- 正确选择国际市场的进入模式
- 采取国际市场产品策略
- 采取国际市场渠道策略
- 采取国际市场促销策略
- 能够采取国际市场定价策略
- 能够采取国际市场渠道策略
- 能够以本土化战略适应环境，打开销路
- 能够让品牌融入当地民族宗教文化

学习指导

1. 本章的主要内容包括品牌全球化战略的概念、品牌国际化要面临的三大风险、品牌全球化的优势、东道国的经济环境影响消费能力、树立全球营销观念、正确选择国际市场的进入模式、采取国际市场产品策略、采取国际市场渠

道策略、采取国际市场促销策略、采取国际市场定价策略、采取国际市场渠道策略、以本土化战略适应环境打开销路、让品牌融入当地民族宗教文化品牌战略规划的意义等。

2. 学习方法：掌握最基本的理论，结合案例理解概念，并进行知识延伸，进行讨论活动等。

3. 建议学时：8 学时。

第一节 品牌国际化战略概要

引导案例

彪马的品牌思路

彪马（PUMA）公司，已经走过了 60 多年的发展历程，是全球最大的运动鞋、服饰及用品制造商之一。为了成功实施全球市场战略，彪马采用的指导思想是：从全球的视角看待市场开发。彪马公司 CEO 和董事会主席约亨·蔡茨接受采访时说："作为全球 CEO，必须要有开放的头脑和良好的教育，需要利用一切机会去了解各国不同的风土人情，以更好地开阔视野，适应多元化的文化背景和完善自己的做法。这样，当机会来临时，你才可以抓住它。"

彪马自从 1993 年以来取得长足发展的重要原因是对品牌内涵、产品研发和渠道发展理念进行了重新的定位。将体育运动当作一种生活态度，始终贯彻"运动生活"理念，将运动、休闲和时尚元素融入品牌中，同时继承了很多传统元素，最终形成以传统、体育运动、科技创新和崭新设计为基础的品牌理念。

在产品方面，彪马以"运动生活"为宗旨，将体育运动、生活潮流和时尚元素融入产品中。除足球运动用品、跑道用品、瘦身运动用品等核心产品线外，还开发了高尔夫系列、摩托车系列、泳装系列、帆船运动系列、城市活力系列等新产品线。在产品结构上，已形成鞋类、服装、饰品三大类，2006 年它们分别占彪马公司总销售额的 59.9%、33.6%、6.5%。

彪马现在已在全球 40 多个国家采用外包方式进行产品生产，目前，中国是彪马全球最大的生产基地。为使产品不失个性，约亨·蔡茨说，"我们现在主要是教练，而不是运动员"，"给研发人员足够的创作空间，让他们在设计上有很多自由度，因为我们的宗旨是革新。但我们也要确保他们能够执行好，以达到我们的预期目标。不过，我们的产品是为那些乐意去做一些新尝试的消费群体设计的。”

渠道方面，彪马在全球 80 多个国家建立了庞大的销售网络，包括体育用品店、百货公司和专门店。现在，彪马加大了在批发、零售领域的合作，建立子公司，并在全球采取兼并策略，以建立新的合资公司，发展新的合作伙伴。对不同类型和风格的产品，彪马采取不同的销售渠道，以确保自己可以进行多元化的产品拓展。

资料来源：彪马：精英思路决定品牌出路. 中国管理网，2009.

思考题：

彪马是如何进行全球化战略的？

一、推行品牌全球化战略

问题 1： 如何推行品牌全球化战略？

一般企业品牌全球化的总体发展战略是“思考全球化，行动本土化”。具体战略包括：

（一）产品无差异化，广告诉求形式多元化

将全球战略细分成各个小区域范围内的策略，注重与当地文化的沟通，这样比较容易被当地消费者接受。比如万宝路香烟就是根据各地市场环境来匹配不同广告的。万宝路开拓香港市场的时候，香港人对万宝路最经典的牛仔广告形象始终没什么好感。因为在香港人心目中，牛仔是低下劳工，在感情上格格不入。于是万宝路在香港电视上的广告不再是美国西部牛仔，而是年轻、洒脱，在事业上有所成就的牧场主。在日本，万宝路的广告是一个日本牧民在没有现代化技术的情况下征服自然，过着田园诗般的生活。

（二）产品无差异化，促销全球化

在推行全球化战略的过程中，由于科技的日新月异，新产品不断出现，使得产品生命周期缩短和产品差异化减少、消费者需求共性增加。特别是营销虚拟化时代的到来，消费者们在网上就可以直观、便捷地了解到企业的产品和服务。企业要积极抢占网上市场，为今后的产品营销获得更大的空间。

（三）生产基地的无国界化，人才的本土化和社会贡献当地化

如可口可乐、宝洁等世界级的跨国公司在中国投资经营中，就十分注重使用当地资源、聘用中国人才，提高中国原材料的本地化程度，在为中国带来税收收入、解决就业、提高经营管理水平和造就人才方面都作出了很大的成绩，

他们已成为中国经济发展中的重要力量。这种战略方式的不断深入，正是跨国公司全球品牌化经营的成功所在。

关键术语

品牌全球化

品牌全球化是企业在进行跨国经营活动中推出全球化的品牌，并占领世界市场的过程。在品牌全球化的过程中，不仅要利用本国的资源条件和市场，还必须利用国外的资源和市场，进行跨国经营。因此企业要有全球范围内的战略眼光，凭借海外市场的力量，努力把企业做大，扩大其影响面，成为世界知名品牌。

二、品牌全球化的优势

问题 2：品牌全球化的优势是什么？

（一）品牌在全球行业范围内具有领导优势

当一个品牌发展成为全球化品牌的时候，就意味着它具有潜在的市场、广阔的市场和优良的市场形象。比如 IT 行业的微软公司、饮料行业里的可口可乐公司等。

（二）品牌具有很强的亲和力

全球化的品牌，可以在全球树立良好的品牌形象，有较高的知名度，有一批忠实的顾客群。已有品牌的忠诚度和信誉度，更容易使顾客产生联想，增强其购买力。

（三）具有规模效益，能降低成本

世界性经营范围带来规模经济效益，全球化品牌策略使得广告、促销、包装以及品牌的其他方面的设计宣传获得规模效益。全球化品牌能获得更大的市场。

（四）一国竞争力的标志

全球化品牌还经常让人想起它最初被确定的国家，使人想到品牌的发源地。比如卡诺尔是法国香水、戴维尔是苏格兰威士忌等。这是一种宣传其国家形象的标志，这种标志有助于其品牌的全球化扩张。

（五）具有创新优势

这里不仅指技术创新，还包括机制和品牌营销创新。具有超前的开发技术、获取核心创新能力，拥有核心技术的自主权，就能在同行业中保持技术上的领先优势，这是企业核心竞争力提高的标志。在技术不断创新的同时，还应有机制和营销方法的创新。

（六）具有较高的市场份额

全球性品牌无论是在区域性市场还是在全球市场都具有较大的市场覆盖面，有较大规模的销售额和市场份额。比如宝洁公司、可口可乐公司、通用公司和丰田公司等世界级的跨国公司，他们的销售收入在行业中处于世界领先地位，其销售收入的大部分来自于海外。

三、东道国的经济环境影响消费能力

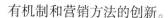

问题 3：东道国的经济环境如何影响消费能力？

经济环境主要是指一个国家或地区的社会经济制度、经济发展水平、产业结构、劳动力结构、物资资源状况、消费水平、消费结构及国际经济发展动态等，同时还包括通货膨胀率、汇率、银行利率、各国政府货币/财政政策、税率、失业率等一般的经济环境。

邓宁（John Dunning）根据国民生产总值将一国的经济发展划分为四个阶段：第一阶段，人均国民生产总值 400 美元以下；第二阶段，人均国民生产总值 400~1500 美元；第三阶段，人均国民生产总值 2500~4750 美元；第四阶段，人均国民生产总值在 5000 美元以上。他认为国民生产总值的不同对国际投资活动有直接的影响：当国家处于第一阶段时国家只有少量的外国直接投资且没有对外直接投资，随着人均国民生产总值的增长，一国的外国直接投资与对外直接投资之间的差距经历一个先拉大后缩小的过程，在第四阶段实现国家对外投资的正数增长。

但在实践中，这一理论仍存在严重不足。按照邓宁的理论，经济越发展，人均净对外投资量就越大。但有些低收入国家，既没有外资投入，也没有对外投资，其人均净对外投资表现出一种均衡状态；而在有些发达国家，其对外投资和外国直接投资都有一定规模，相对人均净对外投资值也不高。因此，邓宁的理论有一定道理，但并不能解释一切。

国外一般采用两种分类法来分析与划分各国经济环境：

（一）按技术经济结构分类

自给自足型经济。这种经济类型是比较落后的、封闭的农业国的典型形态，如东南亚、非洲、拉美一些国家及太平洋岛屿等国，经济落后，发展缓慢，经济结构存在不同程度的畸形。这些国际市场狭小、购买力有限、进出口能力差、产品在国际市场缺乏竞争力。对这类国家进行市场营销潜力大，发展前景广阔，但现时贸易受到相当大的制约。

发达国家经济。发达国家主要指北美、西欧、日本、澳大利亚等国。这些国家科技水平高，经济发达，进出口基础雄厚，购买力强，需求旺盛，大量输出工业品和资本，输入大量原材料和半成品。这类国家市场容量大、经济体系完善、消费水平高，是中高档商品的最佳市场，但竞争激烈。

新兴工业化经济。这种经济类型的国家和地区，主要是指“亚洲四小龙”、泰国、菲律宾、马来西亚、印尼、巴西、墨西哥等。它们都是在近二十年迅速发展起来的，对外贸易额一般呈大幅度增长之势，进出口两旺，对原材料、燃料、先进的技术设备、中高档消费品的需求量大。

原料输出型经济。这种经济类型以出口原料为主，其中某一种或几种原料是国民经济的基础和支柱，经济结构单一，工业比较落后，经济发展具有很大的倾向性和局限性，但人们的收入水平、购买力不一定低。如中东的经济命脉是石油，工业发展和进出口贸易主要与石油有关，这些国家的人均收入水平一直居世界前列，它们是石油开采、加工设备及零配件、交通运输设备、日用消费品和一般工业品的良好市场。

（二）按国民生产总值和国民收入水平分类

国民收入水平是分析一国经济环境的另一重要因素，按照科特勒的方法，一国的国民收入水平可以分为四类：

（1）家庭收入极低类。

（2）多数家庭收入极低类。

（3）家庭收入两极化，贫富悬殊，但多数收入低。

（4）家庭收入有高、中、低之分，但多数家庭是中等收入。

消费收入的多少，直接影响着消费者的购买力大小，从而决定了市场容量和消费者支出模式。从市场分析的角度计算消费者收入，通常是分析个人收入、个人可支配收入和个人可任意支配收入三种情况。在家庭个人可支配收入低的国家，居民用于生活必需品的开支比例很大，很少有多余的可支配收入用于奢侈品的购买；而家庭个人可支配收入较高的国家则会有一批购买高档奢侈品的顾客存在。此外，国际市场上社会阶层以及各地区不同年龄、不同职业、不同性别、不同宗教信仰者的收入的差异性，也应当引起企业的高度重视。

四、品牌国际化要面临的三大风险

问题 4：品牌国际化要面临的三大风险是什么？

品牌国际化有其自身的特点，企业在进行营销时需要注意规避它的风险。一般来说，国际化的企业面临着政治、法律及汇率三方面的风险。

（一）政治风险

政治风险包括三方面：目标国内部的政治风险，主要是指目标国国内政治的不稳定性、政策的不连续性、社会动乱及暴乱等；目标国外部的政治风险，如国界纠纷、战争威胁等；本国营销活动与目标国目标产生摩擦而引起的政治风险，如本国企业的经营活动与目标国的经济发展目标发生冲突等。

（二）法律风险

世界各国的工商法律法规和管理制度等不完全一致，使进行品牌国际化的企业处于众多不同的法律环境中。当企业一旦确定了适用法律之后，有关法律的变化极有可能造成企业的损失。对于进行品牌国际化的企业来说，法律风险显得格外突出。

（三）汇率风险

它主要是指在国际市场营销活动中，由于两国汇率的变动可能给企业带来的损失。主要包括：交易风险，即指在以外币计价的交易中，由于该种外币与本国货币比值发生变动而引起的亏损风险；经济风险，即指由于意料不到的经济因素所引起的汇率波动，使企业在未来的一定时期的经济收益减少；会计风险，即在会计核算中，由于汇率变动引起企业资产负债表上某些项目的价值减少。

除上述风险以外，企业品牌国际化还会遇到税收、语言、文字、风俗习惯、交通运输等方面的风险，应引起企业的足够重视。

活动 1： 调研分析跨国企业在全球化战略中最值得中国企业学习的地方。

阅读材料

收购，撬动服装品牌国际化市场的杠杆

一股收购风刮遍中国产经界。中国服装业也当仁不让，一起“皮尔·卡丹”收购案更是赚足了眼球。

“皮尔·卡丹以 3700 万欧元的价格卖给中国人。”这条已经不具爆炸性的新闻给扑朔迷离的收购案画上了句号。

业内叫好者有之，“像皮尔·卡丹这样的国际知名品牌，正是我国企业所缺少的。因此直接购买许可、拿来使用是一个捷径。”西南大学纺织服装学院院长吴大洋教授在接受记者采访时表示。

“当今的服装产业已进入品牌时代。”吴大洋认为，从某种意义上说，服装卖的就是品牌。要做强一个像皮尔·卡丹这样的品牌，与其长期艰苦创造，不

如直接购买品牌许可来得快。

不过，这一模式也被认为具有较高风险。深圳艺之卉时尚集团董事长周胜觉得，品牌需要一定时间去沉淀，他并不看好中国企业去收购国际品牌的模式。周胜认为，高额的收购未必可以实现其经济价值，收购皮尔·卡丹不一定能迅速占有中国市场，收购外来品牌不如自创品牌的根底扎实，蕴涵中国文化的本土服装品牌不仅容易抓住中国消费者的心理，而且随着中国的国际地位不断上升，中国服装品牌也将被越来越多的国外消费者所认可和接受。

华南理工大学新闻传播学院品牌研究所所长段淳林则认为，很难判断收购国际品牌和本土自创品牌两者中谁利谁弊，市场需求是多元化的，关键还是企业本身要找到适合自己的发展途径。

资料来源：收购，撬动服装品牌国际化市场的杠杆. 中国轻纺原料网，2010.

考试链接

1. 推行品牌全球化战略。
2. 品牌全球化的优势。
3. 东道国的经济环境影响消费能力。
4. 品牌国际化要面临的三大风险。

第二节　品牌国际化战略实施

引导案例

李宁“曲线救市”　冲刺 2008 奥运

2008 年 8 月 9 日零时 7 分，北京奥运会最后一棒火炬手李宁在鸟巢上空，经过 3 分钟的祥云迈步绕场一周后，李宁到了引燃棒前，略微停顿之后，点燃了巨大的祥云火炬，李宁不仅仅点亮了中国百年奥运梦，还点燃了“李宁”品牌的国际化道路。

面对百年的奥运梦想，李宁对于家门口的奥运会暗下决心，打算一展拳脚。但是，李宁的梦还是无情地被击碎了。2007 年 1 月 3 日，在北京 2008 奥运合作伙伴的体育用品竞标大战上，李宁根据自身实力确定的竞标出价上限为 10 亿元，而阿迪达斯最后的出价是 13 亿元，李宁还是被财大气粗的阿迪达斯击败了。

在失败后的两天内李宁就迅速签约了中央电视台，赞助所有北京奥运比赛期间的出镜主持人、记者，这个令人拍案叫绝的传播创意甚至成为众多商学院的 MBA 课堂上必讲的教程。李宁公司 CEO 张志勇表示："投入 1 块钱拿回 10 块钱，才是我们这家小公司的战术。"他认为李宁品牌需要颠覆性的思维来开拓体育营销。

奥运会开幕后，很多观众发现，在奥运赛场上为祖国披金夺银的体育健儿，比赛装备多为李宁牌，其实，这正是李宁公司赞助中国射击、体操、跳水、乒乓球四支夺金"梦之队"的又一妙招。据调查显示，在中国运动服饰业里，高达 37%民众"误认"李宁是北京奥运赞助商，只有 22%的民众知道真正的赞助者是阿迪达斯。

按照李宁公司一贯的作风以及考虑可能引起的商业利益冲突，万众瞩目的点火之后，李宁和李宁公司拒绝了短期内所有媒体的采访，李宁公司政府公关与对外事务总监张小岩表示："李宁点燃火炬并不代表李宁公司，而是代表个人，甚至只能说是代表 13 亿中国人。"尽管如此，李宁公司还是没有放过这次机会。其实，除了李宁公司官方网站的大幅宣传外，李宁还在全国各地推出了各种奥运促销活动。而在一些终端专卖店里，尽管现场没有宣传画，但销售人员无不把李宁"飞天点火"一事挂在嘴边。

全球第二大广告行销集团 WPP 总裁苏铭天爵士评论称："不论是对个人或品牌而言，都令人难以置信！"未花一毛钱，李宁即可在数十亿观众前露面，这对砸下重金取得奥运全球赞助商的阿迪达斯来说，有苦难言。因此，广告业内人士形容李宁点火为：奥运"突袭行销"历史上的最伟大经典作之一。

资料来源：李宁"曲线救市" 冲刺 2008 奥运. 中华广告网，2007.

思考题：

李宁通过什么推进了国际化进程？

一、树立全球营销观念

问题 5：如何树立全球营销观念？

全球营销观念（Global marketing concept）始于 20 世纪 90 年代，它是将一组国家市场视为一个单位，把具有相似需求的潜在购买者群体归入一个全球细分市场，只要成本低，文化上可行，就可制定谋求标准化的营销计划。

加入 WTO 后，中国经济正在全面融入全球经济，因而迫切需要加快全球营销学在中国的研究、发展和传播。

全球企业的经营是将整个世界视为单一的市场，使产品的设计、功能或款式均保持大致一致，并在这些产品的价格、质量和交货等方面最佳组合的基础上展开竞争。但在进行具体的全球性营销时，会遭遇到许多国内营销没有或较少碰到的问题和风险。诸如：不同的语言、风俗习惯；不同的计量单位；不同的贸易方式，支付方式；不同的法律；利率变化，汇率变化，政治风险；等等。简单归结起来，可以从目标顾客、营销环境和营销管理问题三个方面加以简单论述。

（1）目标顾客的变化。全球营销将同时面对国内市场和国际市场，而各国的消费者的消费行为、特性、爱好、需求状态是不同的。这意味着营销者可以有更多的营销机会，但一致的产品可能无法同时满足大众迥异的需求。

（2）营销环境的不同。虽然营销环境因素均包含政治、经济、文化、技术、社会、法律等因素，但从构成这些因素的子因素来看，却有很大的不同。如法律环境，全球营销不仅要了解本国有关对外销售、出口管制等方面的法律，还需要了解外国的法律和《国际法》，并且要充分利用各国法律间的不同，在全球最大范围内尽可能地实现企业的利益最大化。

（3）营销管理问题的复杂化。由于目标、环境的变化多而复杂，因此全球营销中可能产生的营销管理问题也将是多而复杂的。对营销者而言，他需要更多、更新的全球营销知识与技能，诸如语言问题、货币问题、信息问题、风险问题等，才能更好地制订出全球营销策略，实现企业的目的。全球营销中常见的有七个问题：①高额外债。②政府不稳。③外汇波动。④关税和其他贸易壁垒。⑤贪污腐败。⑥技术剽窃。⑦调整产品和沟通信息的高成本。

关键术语

全球营销

全球营销是指企业通过全球性布局与协调，使其在世界各地的营销活动一体化，以便获取全球性竞争优势。全球营销有三个重要特征：全球运作、全球协调和全球竞争。因此，开展全球营销的企业在评估市场机会和制定营销战略时，不能以国界为限，而应该放眼于全球。

二、正确选择国际市场的进入模式

问题 6：如何正确选择国际市场的进入模式？

企业可以通过不同的方式如出口、契约和直接投资进入国际市场。企业选择的进入方式反映了企业在目标市场上想获得的利益和为了获得这种利益采取的战略。因而，了解各种进入方式的特点能够帮助企业进行正确的选择。

进入国际市场有很多种模式可供选择，如出口进入模式、契约进入模式、直接投资进入模式等。康佳采取的是出口进入和直接投资两种模式，康佳通过自己设立出口部而开始进入国际市场，这是后发企业最常用的国际化路线。当康佳发展到一定规模后，该企业又采取了直接投资模式。这样做的好处是：企业可以根据当地的市场特点调整营销策略，从而创造营销优势。具体而言，出口进入模式、契约进入模式、直接投资进入模式三大模式各有特点：

（一）出口进入

科特勒认为，介入国外市场的最简单的方法就是出口产品。出口可分为间接出口和直接出口两种方式。

间接出口是指企业利用本国的中间商来从事产品的出口。通过间接出口，企业可以在不增加固定资产投资的前提下开始出口产品，开业费用低、风险小，而且不影响目前的销售利润。

直接出口是指不使用本国中间商，但可以利用目标国家的中间商来从事产品的出口。在直接出口方式下，企业的一系列重要活动都是由自身完成的，这些活动包括调查目标市场、寻找买主、联系分销商、准备海关文件、安排运输与保险等。

（二）契约进入

契约进入模式是国际化企业与目标国家的法人单位之间长期的非股权联系，前者向后者转让技术或技能。主要有五种模式：

1. 许可证进入模式

许可证进入模式的成本很低，可以绕过进口壁垒，如避过关税与配额制的困扰。当出口由于关税的上升而不再赢利时，当配额制限制出口数量时，制造商可利用许可证模式。当目标国家货币长期贬值时，制造商可由出口模式转向许可合同模式。

2. 特许经营进入模式

这种模式是指企业（许可方）将商业制度及其他产权诸如专利、商标、包装、产品配方、公司名称、技术诀窍和管理服务等无形资产许可给独立的企业或个人（特许方）。被特许方用特许方的无形资产投入经营，遵循特许方制定的方针和程序。作为回报，被特许方除向特许方支付初始费用以外，还定期按照销售额一定的比例支付报酬。

3. 合同制造进入模式

合同制造进入模式是指企业向外国企业提供零部件由其组装，或向外国企业提供详细的规格标准由其仿制，是由企业自身保留营销责任的一种方式。

利用合同制造模式，企业将生产的工作与责任转移给了合同的对方，以将精力集中在营销上，因而是一种有效扩展国际市场的方式。

4. 管理合同进入模式

管理公司以合同形式承担另一公司的一部分或全部管理任务，以提取管理费、一部分利润或以某一特定价格购买该公司的股票作为报酬，称为管理合同进入模式。

5. 交钥匙承包进入模式

这种模式是指企业通过与外国企业签订合同并完成某一大型项目，然后将该项目交付给对方的方式进入外国市场。企业的责任一般包括项目的设计、建造，在交付项目之后提供服务，如提供管理和培训工人，为对方经营该项目做准备。交钥匙合同除了发生在企业之间外，许多是就某些大型公共基础设施如医院、公路、码头等与外国政府签订的。

（三）直接投资进入

直接投资是外国公司购买当地公司的股权或自己直接投资设厂。对外投资可分为两种形式：合资经营和独资经营。

1. 合资经营

它是指企业与当地投资者合伙组建公司，共同经营，共同分享股权及管理权，共担风险。联合投资方式可以是外国公司收购当地的部分股权，或当地公司购买外国公司在当地的股权；也可以双方共同出资建立一个新的企业，共享资源，共担风险，按比例分配利润。

2. 独资经营

这是指企业独自到目标国家去投资建厂，进行产销活动。独资经营的标准不一定是100%的公司所有权，主要是拥有完全的管理权与控制权，一般只需拥有90%左右的产权便可以。独资经营的方式可以是单纯的装配，也可以是复杂的制造活动。其组建方式可以是收买当地公司，也可以是直接建新厂。

三、采取国际市场产品策略

问题7：如何采取国际市场产品策略？

国际市场竞争激烈，进入国际市场的企业不仅要生产出高质量的产品，还应考虑目标市场的需求及企业本身的条件，采取不同的产品策略。

产品在国际市场中，主要有四种产品营销策略：

（一）产品直接延伸策略

产品直接延伸策略是指现有产品直接满足国际市场需要，而无须做较大的改变。由于国内和国际市场所经销的产品是同一产品，因而可利用原有生产条件，扩大生产规模，降低生产成本。因为无须扩大资本，产品开发费用少，促销变动比较小。采用这种策略的产品往往是本国名优产品，有传统特色，投入国际市场可发挥品牌扩散效应，吸引慕名购买者。目前，矿产品、名烟名酒、香水、时装、机电产品、传统食品、电子计算机等使用该策略。

（二）产品创新策略

产品创新策略是指针对某一目标市场消费者需要多样化、人性化、个性化的大趋势，精心设计"标新立异"的产品，在强手如林的国际市场竞争中以新取胜。该策略能更好地满足目标市场顾客的更高要求和特殊要求，但会增加企业产品研制费用，增加生产设施的投资，其定价、促销等营销难度也将随之增加。

（三）提高产品档次，创立名牌，增加附加值策略

国际市场营销的产品数量与收入不是等比变化的。经济发达国家消费者偏好档次高、功能多的名牌产品，国际营销企业应适应国际市场的这一需求，采取提高产品质量和档次，增加产品功能，加速品牌商标的建设与管理，以优质名牌、多功能、高附加值的产品获得更多的营销收入和利润。

（四）提高产品的适应性

进入国际市场的产品，要不要对其进行更改。在国内销售的传统产品，如果能够毫不更改地进入国际市场，或者在几个国家的市场上可以销售同一种产品，即产品标准化，这是最理想的。然而现实是，除少数产品可以实行产品标准化之外，大多数产品进入国际市场时，随着市场环境的变化，在产品的某些方面必须做相应的变更。一般来说，产品的主要更改包括：

（1）功能。功能的更改是产品更改的最主要内容，在不同的国外市场上，由于各国政治、经济的发展水平，自然环境和文化习俗的不同，在同一种产品上，往往需要增加或减少一部分功能。

（2）外观。不同的国家长期形成的生活习惯和审美观点的不同，对产品的颜色和造型的要求也就不同。如白色在欧洲象征纯洁，而在亚洲一些国家则与丧事有关；蓝色在荷兰象征着温暖柔和，但在瑞典则代表冷酷和刚性。

（3）包装。国际市场与国内市场相比，对包装的要求可能会相差很远。企业应根据不同的市场需求，选择不同的包装策略。

（4）标签。在不同国家的市场上，要用不同的文字表达。有些国家（如加拿大、比利时、瑞士等国）因使用多种语言，因而要求在同一标签上至少要用两种文字说明。标签的更改，不仅要有语言方面的原因，而且还要符合各国政府对标签的规定和要求。

（5）品牌和商标。企业在国际市场上销售产品面临着采用统一的国际牌号，还是不同的国家牌号的选择。

四、采取国际市场渠道策略

问题 8：如何采取国际市场渠道策略？

国际市场的分销渠道决策同样是国际营销中的难题。一般来说，国际营销的分销渠道较国内营销要复杂得多，企业须从国际市场的整体的观念制订其渠道决策。

一般来说，企业在国际市场上制定国际营销渠道策略应从三方面着手：

（一）了解国际的营销组织结构及行为方式

如以大型零售商店占主导地位、渠道短而宽为特色的美国企业在进入日本市场时，曾很不习惯层次多而复杂的渠道结构。在一些国家，几乎所有批发商都在全国范围经营。而在另一些国家，由于政府法令的限制、市场分散、运输落后，几乎没有全国性的批发商。

独家分销在美国常被视为垄断市场的行为，而日本的分销系统多是由某家金融机构以财务关系将生产企业、进口商、分销商联结在一起，其零售商地位较高，常对厂家和批发商提出较高要求，如给予融资便利、无条件接受退货。而在有些国家，不允许国外企业设立自己的销售机构，进入这类市场只能利用各类中间商。

（二）了解国际消费者的地理分布和购买行为特点

消费者的购买行为受其经济及文化传统影响，超级市场在欧美发达国家深受消费者欢迎，体现为降低成本、开架售货、一次购齐，节约了购物时间。但在一些发展中国家却不符合人们的购买习惯，那里的人们收入低，习惯每天出去购物，每次只购少量商品，数量限制在能手提肩挑或能用自行车载回家的重量。此外，他们家中也没有储存和冷藏设备可供大量食品保鲜；为保持商品价格低廉，他们也不欢迎昂贵奢华的包装。

（三）构筑分销渠道系统

企业在构筑分销渠道系统时，一般总是先考虑使用进入国现成的渠道，成本较低，风险较小。特别是在分销体系已十分发达的国家，选择中间商的最重要的条件是看其是否有能力为企业完成分销任务，重点考察其推销能力、服务能力、财务状况和商誉。当现有渠道不是或已被竞争对手占据时，企业不得不创建新渠道，这一般只有在估计该进入国市场潜力确实很大、开发前景很好时才会采用。

分销渠道系统建立后，还要定期对其运行情况进行评估。评估内容主要有四个：

（1）渠道覆盖面，是否达到了企业的全部目标市场。

（2）渠道费用，包括渠道开发费用和日常经营费用，因这两项费用直接关系到商品在分销阶段的加价和企业的赢利水平，故特别受到关注。

（3）渠道控制情况，中间商是否认真执行企业营销政策，是否及时反馈市场变化趋势并保持长期业务关系。

（4）经营效果，考察渠道成员是否实现了预期销售额、市场占有率和利润率等营销目标。

五、采取国际市场促销策略

问题 9：如何采取国际市场促销策略？

国际市场促销的基本做法与国内的促销并无二致。同国内市场营销一样，国际市场促销方式也包括广告、公共关系、营业推广和人员推销等策略。只是在将这些促销方式运用到国际市场上时，需要针对各国市场的具体情况，进行规划与决策。

具体而言，不同的促销方式在国际市场上也有一些不同：

（一）国际广告策略

国际广告策略主要有两种选择：标准化和差异化。

标准化广告是指在世界各地以同一种广告促销。采用标准化广告策略可以节约成本、充分利用成熟的广告专门技能，并取得广告业务集中管理的规模效益。

这种策略撇开各国市场的特殊性，突出基本需求和偏好的一致性。如可口可乐公司的广告基本上采取这种策略，其广告主题，有一段时期甚至广告画面在世界各地均保持一致。标准化策略的优点：一是节省费用、简化管理；二是在各国保持了公司和产品形象的国际统一性。近年来，随着大众传播媒介的国际化、企业的国际化和人员交往的国际化，越来越多的国际性企业倾向采用标准化的广告促销策略。

差异化广告是指在不同的国家以不同的广告促销。实行差异化广告主要考虑三方面因素：一是所推销的产品在不同国家有不同的需求；二是不同国家的消费者特点比如价值观、风俗习惯等不同；三是广告对不同国家有关法律的适应。

（二）国际营业推广策略

营业推广是一种富有创造性的方式，在国际市场上注意与当地环境的相协调能使这种创造性具有更多的个性，产生更广的影响和更大的经济价值。在国际市场上采取营业推广手段，应注意一些国别差异，比如有的国家禁止赠品进入，有的国家对零售的折扣数量加以限制，还有的国家规定营业推广活动必须获得许可。另外要注意的是，促销竞争不应在市场上造成冲突，从而导致政府的干涉。

（三）国际公关策略

国际公共关系是指企业为了取得社会、公众的信赖和了解而进行的各种活动，是塑造企业形象的艺术。公共关系的对象包括当地政府、商会等团体、知识界、社会组织、公共舆论、公司的雇员和股东。

企业开展国际市场公共关系需要协调媒体、消费者及政府三方面关系：

（1）加强与媒体的关系。与媒体记者保持经常的接触，及时提供各种信息。同时企业要创造有新闻价值的事件，让媒体主动来报道。

（2）改善与消费者的关系。企业应积极收集和听取目标市场国的公众对本企业政策、产品等方面的意见和态度，及时处理意见，消除各种抱怨情绪。

（3）协调与政府的关系。国际企业在不同的阶段有不同的公关任务。在刚进入东道国阶段，问题多，公关任务繁重；在营运阶段，要密切关注东道国政局与政策动向，以及企业利润汇回本国的风险问题，同时树立为目标国社会与经济发展作贡献的形象，开展一些公益活动，如为公共事业捐款，赞助文化、教育、卫生、环保等事业；最后在撤出阶段，也要注意与东道国保持良好关系以维持其他方面的利益。

（四）国际人员推销策略

人员推销是企业的营销人员直接与顾客或潜在的顾客接触、洽谈、宣传介绍产品以达到促进产品销售目的的活动。在国际市场，人员推销的常见类型有三种：

（1）派出推销人员推销，比如出口企业经常性派出的外销人员或者临时派出的有特殊任务的推销人员进行产品推销。

（2）国外常设的推销人员推销，即指企业设在国外的办事处、固定展台、销售分公司的推销人员进行产品推销。

（3）利用国际市场的代理商和经销商进行推销。

六、采取国际市场定价策略

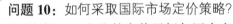

问题 10：如何采取国际市场定价策略?

在国际市场上，企业的定价目标与国内市场上相比，会有很大的变化。产品出口不同的国家，其成本组成也就不同。国际营销与国内营销某些相同的成本项目对于两者的重要性可能差异很大，例如运费、保险费、包装费等在国际营销成本中占有较大比重。而另外一些成本项目则是国际营销所特有的，例如关税、报关、文件处理等。因此，企业在国际市场上进行产品定价需要与国内市场区别对待。

一般来说，企业在制订产品国际营销价格时有三种策略：

（一）全球统一定价

如可口可乐公司就曾长期采取全球统一定价策略。这样做的最大好处是简便易行；便于答对各国海关的询问，不会惹麻烦；也可防止中间商利用地区差价在各国之间转移商品，牟取不正当利润。缺点：同一价格，在欠发达国就是高价，为开拓市场设置了障碍；在发达国则是低价，也未必有利于企业形象。

（二）根据各国成本定价

这也是一种可行且相对简便的办法。一些大公司通常在世界各国使用统一的成本标准加减给产品定价。缺点是在成本高的国家，这种定价方法可能使企业失去市场，且有一般成本加减定价固有的缺点。

（三）根据各国市场的需求或消费者的承受能力定价

这种做法突出了需求导向，同时也适当考虑竞争因素，能够针对各国具体情况制定使总收入达最优的价格；缺点是忽视了各国之间实际成本的差异。

从理论上讲，根据各国市场定价是最科学的，因消费者需求、偏好、市场竞争状况、企业定价目标的不同客观存在，大多数企业也确实为同一产品在不同国家制定了不同价格。但从发展看，随着各国经济往来日益密切，并伴随高度发达的信息系统、销售网络和人员往来，加上各国政府和海关的作用，又要求企业在国际营销中采取统一价格策略。结果通常是，企业两方面都要考虑，尽力使之协调，在可能的情况下，使同一产品在不同国家的价格尽量靠近。

活动 2： 为我国正在进行国际化战略的企业设计一套营销方案。

考试链接

1. 树立全球营销观念。
2. 正确选择国际市场的进入模式。
3. 采取国际市场产品策略。
4. 采取国际市场渠道策略。
5. 采取国际市场促销策略。
6. 采取国际市场定价策略。

第三节 品牌的本土化与跨文化整合

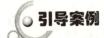

引导案例

美的电器联手开利亚洲强化全球竞争力

2008年7月，美的电器与开利亚洲公司在广州签约，合资成立美的开利制冷设备有限公司。新公司初始注册资本为2亿元人民币，美的电器出资1.2亿元，持有60%的股份。与开利展开大规模合作，对美的而言是一次机遇把握和质的飞跃。

合资项目定位于空调技术和整机的研发与制造，双方在渠道、制造和产品方面优势互补。新企业主要生产开利海外订单的家用空调和轻型商用空调，不生产“美的”品牌的产品。同时，公司还将依据订单需求进行产能规划，分步进行项目投资与场地布置。

开利亚洲成立于1985年，是美国开利公司的附属子公司。美国开利则是全球最大的暖通空调和冷冻设备供应商，2007年销售收入高达146亿美元，旗下拥有18个研发中心。美的相信，此次合作成功，必将有助于美的空调一直以来的战略目标——“国内第一，全球三强”的实现。

据相关人士透露，这份合作协议签署的条款具有“排他性”：开利以后在中国采购的所有家用空调产品必须由合资公司提供。同时，开利交给其他空调厂商的订单也将逐步转给美的开利生产。如此一来，美的能够锁定开利国际市场订单，保证出口数量和合理的利润水平。这样就能拥有庞大的订单数量，美的还可以借此消化部分闲置产能。2007年，美的产销量为1200万台，但其产能已达到1500万台。

除了获得订单，美的与开利合作，主要还是希望提升自身水平。借助新合资公司，致力于成为双方稳定与长期的资本、产品、技术甚至品牌合作联盟，美的将充分利用这一契机对接国际品牌的制造、技术与管理。

近年来，中国空调业面临困难，内外严峻的形势致使许多中小品牌消失。然而，美的却因对技术的重视跻身空调品牌第一阵营。现在，美的空调的产业链非常完整，像压缩机和电机等核心部件，不仅能实现完全自给，还可输出，从而获得不菲的利润。这就是美的通过产业链高效整合所获得的结果。

其实美的与开利的合作，也存在一定的风险。其中最值得注意的是，美的的整体实力弱于开利。而开利之所以选择美的，是因为看到对方已经成为国内领先的空调制造及出口企业。它希望通过联手，巩固其全球空调老大的地位。

所以有人认为，美的岂不是成了为外国企业打工？对此，何享健非常坦然，他非常务实地说："美的在国内是一个强势品牌、领导品牌，但在国际上最多只是一个中等规模的企业。目前的格局决定了，你不愿意与外资合作，就可能丧失发展机会。很残酷的现实，没办法。通过合作，慢慢积累实力，提高管理水平，提高国际化的能力、产品国际化的程度，才能去战胜它。这是一个企业无法跨越的阶段，你必须交这个学费。保护是保护不出一个企业，保护不出一个产业的。只有参与全球化的竞争，中国的一些企业才能脱颖而出。"从整个环境来看，目前的中国制造和当年的美国制造、日本制造相比，是有竞争优势的，有成本优势，有大规模制造优势，有市场优势。日本制造和美国制造都发展成中国制造，今后的脸孔不同，是美国脸、日本脸，但都是中国制造。

资料来源：张宇. 美的电器联手开利亚洲强化全球竞争力. 和讯新闻网，2008.

思考题：

美的给我们启示是什么？

一、本土化策略

问题 11：什么是本土化策略？

本土化是跨国公司将生产、营销、管理、人事等全方位融入东道国经济中的过程，一般通过全面的调查、了解本土的实际经济、文化、生活习俗等情况而进行的一系列融入性调整。本土化让产品更容易被本土消费者需要和接受，与当地社会文化相融合，能够减少当地社会对外来资本的危机情绪。

跨国公司的本土化策略包括三种：

（一）产品研究、开发与制造的本土化

比如肯德基中国健康食品委员会聘请十多位国内专家作为食品开发的后盾，从如何适应中国人的口味、饮食结构、就餐习惯、消费特点等各方面立足于"所在地的情况"，推出适应中国人"吃得精细"的要求的食品。宝洁公司专门为中国消费者开发出百分之百的本土化产品——"润妍"黑发中草药洗发水和滋润喷雾。

（二）品牌本土化

从品牌名称的设计到品牌形象代言人的挑选，从品牌宣传主题词的编纂到品牌的宣传推广等各方面都致力于与跨国的文化、社会习俗以及消费者的价值

观念等相适应。如跨国公司会将国际知名品牌的人格化内涵同中国消费者心灵深处的自我形象诉求的心理定位相联系，并根据中国人爱面子、讲攀比、喜炫耀的消费特点进一步强化和提炼，赋予品牌特有的牌格魅力。比如“奔驰”的尊贵威严、“劳斯莱斯”的显赫、“马爹利”的雍容华贵、“皮尔·卡丹”的高雅时尚等。这些品牌所蕴涵的强烈而鲜明的社会地位、身份、财富的象征性价值和炫耀性价值，成为吸引消费者购买、仰望和追随的持久动力，有效地树立了品牌的高质形象，建立了品牌崇拜，极大地提升了品牌的附加价值。

（三）把好质量关

生产实现本土化、售后服务日趋完善，质量方面的问题也能得到明显解决。商品的设计、销售、售后服务等各个环节都需要考虑到当地市场的需求，迎合其文化特点和消费习惯。

二、以本土化战略适应环境，打开销路

问题 12：如何以本土化战略适应环境，打开销路?

跨国公司的海外子公司在东道国从事生产和经营活动时，为迅速适应东道国的经济、文化、政治环境，淡化企业的母国色彩，在人员、资金、产品零部件的来源、技术开发等方面都需要适当地实施当地化策略，使其成为地道的当地公司。这也是我们常说的“本土化”战略。

一位美国的经济专家指出，跨国公司海外业务的成败取决于是否认识和理解不同文化之间存在着的根本区别，取决于负责国际业务的高层经理们是否愿意摆脱美国文化过强的影响。事实证明，任何成功的营销经验都是地域性的，营销越是国际化，就越是本土化。可口可乐的独特之处在于最早采用“本土化”的方式进行生产和销售，因而提升了品牌价值，获得了很好的销售成果。

营销专家建议，在本土化的过程中主要需做好四点：

（1）尊重并注重本土人文环境的研究，也就是说企业在进行营销活动、制度建设时都要考虑企业每位成员的情况。

（2）注重对本土消费者、各市场所在地的研究。我国地域广阔，市场的区域化特征比较突出，因此，本土化还要注意营销的地域化，注重人文环境和消费者需求差异的地域研究。

（3）企业要加强本土化培训，以本土企业为案例，根据本土企业员工的实际情况进行相关的培训。

（4）本土化在管理上意味着渗透和融入，对于现代企业管理的本土化研究是管理领域的一个重要点。

三、让品牌融入当地民族宗教文化

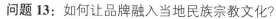

问题 13： 如何让品牌融入当地民族宗教文化？

一个优秀的品牌能否在其他国家落地生根，取决于该品牌能否真正本土化。各地生活习惯、民族宗教文化和消费能力差异较大，企业文化和员工观念也大相径庭。以麦当劳为例，麦当劳公司向顾客提供的核心食品始终只是汉堡包、炸薯条、冰激凌和软饮料等，然后根据不同国家的消费者在饮食习惯、饮食文化等方面存在着的差别稍做变化。正如其培训手册中所说："从一个地方到另一个地方只略微地变动标准菜单"。例如，在印度，印度人不吃牛肉汉堡，麦当劳就推出羊肉汉堡；在中国，麦当劳就考虑到消费者的饮食习惯、消费水平等因素，推出了麦乐鸡、麦乐鱼、麦辣鸡腿汉堡等符合中国消费者饮食习惯的快餐食品。为了降低成本，麦当劳公司还实行了原料生产、采购上的本土化。

所以要培养企业员工接受"让品牌融入当地民族宗教文化"的心态很重要。在实际操作中，可加大对本地员工的培训密度和力度，重用本土化管理人员，尊重原企业合理或成功的历史形成，在此基础上再推行新的模式，实现专业化和本土化的有机结合。

活动 3： 调研我国企业在海外进行本土化过程中出现了哪些挫折？该如何转变方向？

考试链接

1. 本土化策略。
2. 以本土化战略适应环境，打开销路。
3. 让品牌融入当地民族宗教文化。

案例分析

中国动向如何运作 Kappa 品牌

在《福布斯》杂志"2008 中国潜力企业"评比中，名不见经传的中国动向位列榜首。中国动向能够脱颖而出，依靠的是出色的品牌管理与市场运作能力，还有就是公司管理者在视野与思维方式上的超越。2006 年，中国动向从意大利 Basic Net 集团买下世界知名运动服饰品牌 Kappa 在中国内地及澳门市场的所有权。

中国动向避开众多跨国体育巨头短兵相接激烈竞争的专业体育用品市场，将 Kappa 在中国市场品牌运作定位于运动、时尚、性感、品位，以此让 Kappa 这样一个有悠久历史的国际品牌在中国内地焕发青春。

自 2005 年 9 月成立以来，中国动向经历了三个发展阶段：代理、买断和上市。公司管理层在不同阶段提出了不同的企业发展目标，总体而言是：打造中国优秀的运动品牌管理团队。进一步解释，中国动向以在中国打造国际运动时尚顶级品牌 Kappa 为起步，推动公司整个产业链条紧紧围绕"运动时尚"的差异化路线，锻造核心竞争能力。

中国动向格外注重 Kappa 品牌的管理与运作，并由此展开包括研发、生产及销售等各项运营工作。中国动向采用与产品定位一致的市场推广及宣传策略，具备产品组合的"运动"及"时尚"两项主要元素。中国动向策略性地提供赞助，并选择公司认为最适合推广 Kappa 产品的形象及文化且有效针对客户市场的广告渠道。

例如，在 2006 年德国世界杯期间，中国动向赞助了由中国名人组成的"梦舟队"。身穿 Kappa 运动服装的梦舟队成员在每场比赛结束后在中国全国性的电视节目中提供赛后评论，这一策略极大彰显了 Kappa 产品组合的"运动"及"时尚"两项主要元素，取得了较好的市场效应。

中国动向还选择品牌理念与其相近的国际品牌进行联合品牌推广活动，如与百事可乐的合作。中国动向还选择能够密切配合其风格及文化的广告媒体，向消费者宣传 Kappa 的品牌形象及产品信息。除了在杂志上刊登广告外，中国动向还利用室内及室外广告、互联网、广告牌及口碑，为 Kappa 产品进行宣传，以提高其品牌知名度。

资料来源：项兵. 中国动向如何运作 Kappa 品牌［EB/OL］. 哈佛商业品论网，2008.

问题讨论：

中国动向运作 Kappa 品牌的成功给我们的启示是什么？

本章小结

与跨国公司在世界范围内有影响的强势品牌相比，中国几乎所有的品牌都是弱势品牌。如何以小博大，以弱胜强？我们必须了解品牌竞争战略的基本规律，掌握品牌国际化竞争方面的战略要点，才有可能取得竞争的胜利。

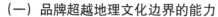

（一）品牌超越地理文化边界的能力

1. 品牌设计简单醒目，能被异域文化所接受

比如中国 Haier 就是非常简洁明亮的品牌，TCL 的品牌比较能够体现国际惯例，它简洁醒目，便于识记，加上重新演绎的“今日中国雄师”（Today China Lion）的品牌概念，更容易产生加深印象的效果，从而使品牌获得了较强的跨越文化边界的能力。李宁虽然在国内已经有了相当的知名度和市场占有率，但是，在国际市场上一直打不开局面。其中一个很重要的原因就是“Lining”的英文意思是“衣服的衬里、箱子的衬布”。那么，有谁愿意穿一件“衣服的衬里”或是“箱子的衬布”出门呢？所以，在品牌的设计方面，最需要注意的就是：简洁醒目、朗朗上口、便于识记、易于传诵、有吸引力和亲和力。

2. 品牌形象策划要具有文化渗透力

（1）要赋予具体的品牌形象，由具体的形象识别来表达产品的个性和所蕴涵的价值理念。无论是色彩、线条、图形还是形象代言人，都要突出品牌的个性化特征。

（2）要进行适合本土文化的广告策划。

（二）进行品牌国际营销的网络建设

品牌的网络建设没有捷径，但是，策划得好可以少走弯路。

1. 借梯上楼

把自己的品牌产品授权给国外有影响力的经销商全权代理，进入经销商的渠道，就可以借经销商的营销网络进入市场，逐渐获得市场的消费认知和认可，品牌的影响力和知名度会逐渐上升。比如青岛啤酒在美国等国家的市场就是这样扩大知名度、渗透市场并获得影响力的。

2. 借鸡生蛋

这是通过合资合作的方法，与国外有相当知名度和品牌影响力的跨国公司进行合作，在让出部分国内市场的同时，借跨国公司在国际市场的网络销售自己的品牌产品。比如天津“王朝”葡萄酒品牌与法国人头马公司合资，借助人头马品牌的国际影响力和健全的营销网络，王朝品牌的葡萄酒很快就在法国和欧洲的其他国家打开了市场。

3. 借壳上市

有了一定资本实力的名牌企业，要建立自己的国际市场销售网络，可以考虑在国外寻找有一定市场份额和销售网络的合作伙伴，采取并购的方式借壳上市，直接赢得一个销售网络。

（三）品牌国际化战略的本土化问题

品牌国际化战略最重要的一步是本土化问题。如果能够把品牌的本土化较好地解决了，品牌的国际化战略也就有了成功性的标志。中国企业的国际化战略首先要高扬品牌的旗帜，但是一些在本国创造了奇迹的品牌，往往在出海之后因水土不服只能铩羽而归，问题就出在本土化策略的实施不当。本土化是一个系统工程，在这方面，海尔海外本土化的成功经验是值得肯定的。海尔实现了人员本土化、设计本土化、 制造本土化和营销本土化。

深入学习与考试预备知识

品牌国际化常用方式

(一) 国内生产，但产品销往国外

(二) 在国外也设立分公司，实现全方位的扩张

这种方式是世界著名大公司最常用的。有一些著名的跨国公司，甚至自己并没有生产能力而转嫁给一些当地生产成本很低的外国公司。这样它仍然可以享受到自己品牌的大部分收益，像耐克公司即是如此。

但是，要想在全球范围内营造一个品牌，困难将是巨大的。每一个竞争对手，尤其是本国的竞争对手都会对外来的入侵者高度敏感。此外，不同国家之间在语言、信仰、生活和消费习惯方面会有很大的不同，产品的特性和价格也会有很大的不同，这就增加了品牌国际化的难度。因此，品牌必须与当地具体情况相结合，即实行品牌本土化。

知识扩展

本土化使用人才

美国海尔是第一个三位一体本土化的海外公司，海尔认为美国海尔的本土化关键一点是能否融智，即如何使海尔文化得到美国海尔人的认同。因此海尔没有采取派出人员的做法，而是聘用当地的美国人来经营当地的海尔。

如美国海尔贸易有限公司的总裁就是美国人，他叫麦考，年薪 25 万美金。先让这个总裁认同海尔文化，再通过他的言传身教影响其他美国海尔人。这些工作是中国总部派去的海尔人无法做到的。

实践证明这种做法是符合美国市场和美国文化的。海尔产品在美国市场的迅速发展更坚定了麦考的信心，他认为海尔是一个充满朝气、非常有发展潜力的企业，他有信心使美国海尔在最短的时间里占到海尔全球营业额的 1/3。

美国海尔是海尔集团从海尔的国际化阶段到国际化的海尔阶段的标志。除美国海尔外，海尔还于1996年起，先后在印尼、菲律宾、马来西亚、伊朗等国家建厂，生产海尔冰箱、洗衣机等家电产品。2001年的时候，已建的海外工厂有13家。在世界主要经济贸易区域里都有海尔的工厂与贸易中心，使海尔产品的生产、贸易都实现本土化，不仅有美国海尔，还有欧洲海尔、中东海尔等。在融资、融智的过程中，海尔真正成了世界的名牌。

人的本土化是最根本、最深刻的本土化，需要足够的勇气和胆量。本地人才管理本地企业，是全球化战略实施过程中，对企业组织行为和人力资源配置管理的一项基本要求。知名跨国企业早就开始聘用既有工作经验又有管理才能的本地经理人了。原因很简单，在一个国际化公司进行本地化实践的过程中，必须考虑与本地文化相结合的问题。市场和所处的政治文化法律等环境具有本地属性，员工、客户、合作伙伴和供应商大多也是本地化的。跨国企业要在本地市场参与竞争，离不开对当地消费文化的了解和把握，在这方面，本地的管理人才显然更有优势。

资料来源：王朝晖，施谊. 海尔国际化经营中的人才本土化. 江西行政学院学报，2003（1）.

答案

第一节

了解各国不同的风土人情，适应多元化的文化背景，从品牌内涵、产品研发和渠道发展等方面成功施行了国际化战略。

第二节

事件营销，通过制造具有话题性、新闻性的事件引发公众的注意，使得我们的产品可以在同质化泛滥的产品信息中脱颖而出，走入消费者的视线，因而获得被购买的可能。

第三节

任何一个企业想把自己的品牌移植到国外的土壤上去，都需要冒水土不服的危险，所以我国不少在海外推广自有品牌的中国企业都以失败而告终。美的在国际化方面“宁可走慢一两步，不可走错半步”，采取了与国外企业合作的方式，增加了自身的适应能力，也顺利地推广了自己的品牌。这种方式非常值得进行海外扩张的企业吸收借鉴。

案例分析

充分运用“以全球应对全球”的思维，进一步整合全球产品设计与研发、人才、市场与渠道、营销与品牌管理等方面资源，夯实产业链竞争力与控制力，提升公司赢利能力与竞争力，从而实现“单一品牌国际化”等企业发展目标。这是众多优秀企业脱颖而出的关键。后来的企业要吸取他们的经验，充分发挥后发优势，努力成为青出于蓝而胜于蓝的后起之秀。

第十一章 品牌战略规划与执行

学习目标

知识要求 通过本章学习，掌握：

- 品牌战略规划的意义
- 品牌战略规划的四条线
- 品牌战略规划与执行最容易陷入的误区

技能要求 通过本章学习，能够：

- 长期规划品牌
- 使用品牌战略规划的标准化步骤
- 确保品牌战略规划的成功实施

学习指导

1. 本章的主要内容包括品牌战略规划的意义、品牌战略规划的四条线、品牌战略规划与执行最容易陷入的误区、规划品牌战略必须深刻洞察消费者心理、部门战略计划需适应企业战略规划、长期规划品牌、品牌战略规划的标准化步骤、确保品牌战略规划的成功实施等。

2. 学习方法：掌握最基本的理论，结合案例理解概念，并进行知识延伸，进行讨论活动等。

3. 建议学时：8 学时。

第一节 品牌战略规划

引导案例

像满足情人那样去满足顾客的要求

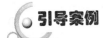

在世界品牌实验室编制的2006年度《世界品牌500强》排行榜中，克罗格公司名列第二百。这家由克罗格在1883年创办起来的企业在2007年度《财富》全球最大五百家公司排名中名列第八十。

克罗格公司的成功不仅归功于创始人克罗格，还有另外一位重要的人——约瑟夫·霍尔。

第二次世界大战结束后，约瑟夫·霍尔出任克罗格公司总裁。上任伊始，他就主持了一项重大改革措施：顾客调查活动。

霍尔对员工们阐述道："无论什么时候，都不能怠慢顾客。对公司发展什么商品、增加哪些服务、使用什么销售手段等问题最有发言权的就是顾客"。为此，克罗格公司在所有现金出纳机旁安装了顾客"投票箱"。顾客可以把自己对克罗格公司的意见和建议投入箱中，如需要哪种商品、哪种商品应如何改进、需要什么专项服务等。

在每一张"票"上都留下顾客的姓名和联系地址，一旦该顾客的建议被采纳，可以终身免费在克罗格公司的商店里享受该种服务或购买该种商品。还可以获得公司赠与的优惠折扣消费卡，购买任何商品时都享受减价优待。

"投票箱"深受顾客欢迎，提建议者络绎不绝。克罗格公司根据顾客的建议对症下药，使公司每一种新上市的商品都能一炮打响。公司的经营覆盖区域扩大到得克萨斯、明尼苏达和加利福尼亚，1952年的销售额突破10亿美元大关。

1970年，詹姆斯·赫林就任克罗格公司总裁，赫林继承了前任的管理思想，他把顾客的"投票箱"改称为"科学的市场调查法"。他对员工说："如果我们要生存得更好，就只有像满足情人那样去满足顾客的要求。"

资料来源：梁素娟，王艳明. 科特勒营销思想大全集［M］. 北京：企业管理出版社，2010.

思考题：

克罗格公司给我们的启示是什么？

一、品牌战略规划

问题1：品牌战略规划的意义是什么？

奥古特专家预言，未来消费品行业中的企业若追求市场影响力和客户忠诚度，就势必要在品牌整合中完善企业产业链的价值转换。在品牌战略与战略管理的协同中彰显企业文化，要把握目标受众充分传递自身的产品与品牌文化的关联识别。在战略上胜出的企业，最终在销售层级才有持续增量的可能；在市场层级才有品牌资产累计的可能；在企业层级才有资本形成的可能。

由此可见品牌战略规划的重要性。品牌战略规划的意义主要体现在八个方面：

（一）提升品牌的溢价与附加值

通过品牌战略塑造个性化的品牌形象，能提升顾客的可信赖感、情感、自我表达和审美的价值，能卖出产品实体以外的附加值。

（二）降低对促销、价格战的依赖

基于消费者对品牌个性、情感、审美的认同，他们对价格的敏感度会相对降低。故卓越的品牌可以减少对促销与价格战的依赖。

（三）吸引新顾客，提升顾客满意度，形成良好的口碑传播

顾客购买每件商品都要承担不喜欢的风险，如果他购买某个品牌之后觉得此品牌的商品值得信赖，大都会一直沿用并且还会推荐给周围的人，带来顾客的忠诚和口碑传播，极大地提高品牌商品的销售量，降低营销传播的成本。

（四）撕开通路阻力的利器，降低通路运作成本

顾客大都愿意购买一个可以信赖或者是周围人都很信赖的品牌，因此一个强势的品牌能够整合到最优秀的渠道资源，并能优先获得分销商与零售终端在付款方式、陈列位置、进场费、促销活动、终端生动化上的配合。

（五）差异化、个性化的品牌定位能降低成本

战略品牌的重要原则就是规划差异化、个性化的品牌识别。而高度的差异化、个性化天生就能吸引消费者的眼球，以很低的成本提升品牌和品牌资产。

（六）能以较少的广告传播费用获得消费者认同

品牌战略要求提炼的核心价值、品牌识别必须能有效地引发消费者的共鸣，有了共鸣，即使只花很少的广告传播费用也能让消费者认同、喜欢、购买品牌产品。

（七）能确保每一分营销传播费用都为品牌做加法

品牌战略要求任何一次营销活动都要尽量体现、演绎出核心价值，包括产

品研发、广告、公关、服务、终端生动化等任何能与消费者沟通的机会，使消费者在接触品牌的时候能感受到核心价值的信息。这意味着公司的每一分营销广告费用都在加深消费者大脑中对核心价值和品牌识别的记忆，以最低的费用获得了更大的价值。

（八）科学的品牌化战略与品牌架构能明显降低品牌建设成本

如果企业能够科学定位企业母品牌和各个产品品牌的功能，让母品牌和产品品牌在实现营销目标中进行合理分工，形成良性互动，便能够极大地降低新品上市的营销成本。

二、品牌战略规划的四条线

问题 2： 品牌战略规划的四条线是什么？

我国的企业普遍缺乏品牌战略规划，缺少品牌建设的一致性方向，品牌传播与推广随意性很大，直接导致品牌资产难以进行积累。所以要进行品牌战略规划。

品牌战略规划是企业以塑造强势品牌为核心的企业战略，是建立与众不同的品牌识别，为品牌建设设立目标、方向、原则和指导策略，为今后具体的品牌建设战术和行为制定“宪法”。那么该如何制定品牌战略规划呢？

（一）规划以核心价值为中心的品牌识别系统，并以品牌识别统帅一切营销传播

（1）进行全面科学的品牌调研与诊断，为品牌战略决策提供准确的信息导向。

（2）提炼高度差异化、明晰化、易感知、有包容性和能触动感染消费者内心的品牌核心价值。

（3）规划以核心价值为主的品牌识别系统，使品牌识别与企业营销传播活动的对接具有可操作性。

（4）以品牌识别统帅企业的营销传播活动。

（5）制定品牌资产提升的目标体系。

（二）优选品牌化战略与品牌架构

在单一产品的格局下，产品的营销传播活动很简单，只需围绕提升同一品牌资产进行即可。但是产品的种类增加之后，就要面临以下问题：要采用一个新品牌还是在原有品牌的基础上进行品牌延伸；如果选择了选用新品牌，该如何协调新品牌与原有品牌之间的关系；企业总品牌与各产品品牌之间又该如何协调；等等。

我国的不少企业就是因为没有科学地把握好品牌化战略与品牌架构，在发展新产品的时候，因为在这个问题上决策失误而翻了船，不仅没有成功地开拓新产品市场，而且还连累了老产品的销售。而国外的不少企业在这方面的经验值得我们认真学习。比如雀巢灵活地运用了联合品牌战略，既有效地利用了雀巢这个消费者长期信赖的总品牌获得了消费者的初步信任，又用“宝路、美禄、美极”等品牌来张扬产品个性，节省了一大笔的广告费。后来，当雀巢发现矿物质水“飘蓝”推起来很吃力，成本也居高不下时，于是就果断地砍掉“飘蓝”。如果不科学地分析消费者继续推“飘蓝”，也许几千万、上亿的费用就白白地流走了。

（三）进行理性的品牌延伸扩张，通过充分利用品牌资源获取更大利润

（1）提炼具有包容力的品牌核心价值，预埋品牌延伸的管线。

（2）抓住时机进行品牌延伸扩张。

（3）有效回避品牌延伸的风险。

（4）强化品牌的核心价值与主要联想并提升品牌资产。

（5）在品牌延伸中推广新产品。

（四）科学地管理各项品牌资产，累积丰厚的品牌资产

（1）要完整理解品牌资产的构成，透彻理解品牌资产各项指标如知名度、品质认可度、品牌联想、溢价能力、品牌忠诚度的内涵及相互之间的关系。

（2）结合企业的实际，制定品牌建设所要达到的品牌资产目标，使企业的品牌创建工作有一个明确的方向，做到有的放矢并减少不必要的浪费。

（3）在品牌宪法的原则下，围绕品牌资产目标，创造性地策划低成本提升品牌资产的营销传播策略。

（4）要不断检核品牌资产提升目标的完成情况，调整下一步的品牌资产建设目标与策略。

三、业务战略计划是品牌战略的重要部分

问题 3：为什么说业务战略计划是品牌战略的重要部分？

把企业拥有的一切资产通过剥离、出售、转让、兼并、收购等方式进行有效的运营，以实现最大的资本增值，这是企业业务战略的终极目的。通俗地说，也就是用你最具竞争力的优势，实现你和竞争对手之间的产品、服务差异化，并给你的顾客带来更大的价值。可见，从某种程度上讲，业务战略计划不但是工作程序，更是品牌战略的重要组成部分。

通常企业会在五种广义的业务层战略中进行选择：成本领先、差异化、集

中成本领先和集中差异化，以及成本领先与差异化整合的战略。公司业务战略计划的制订应是具体的、明确的和可靠的，而且要能体现出公司是否能够充分发挥出自身的竞争优势，是否能很好地满足市场需求，这些都决定着公司未来的发展。

当然，业务战略的制定与执行涉及许多方面的因素，比如产品线广度与特色、目标市场的细分方式与选择、地理涵盖范围和竞争优势等，但最终目标都一样，那就是为企业创造出更多的价值，实现企业的战略目标。正所谓“扬长避短”，一个企业不太可能会成为市场上的“全能战士”，充分发挥自身优势，弥补自身劣势，才是市场竞争中的王道，也是业务战略的精髓。

关键术语

业务战略

业务战略是指把企业拥有的一切资产通过剥离、出售、转让、兼并、收购等方式进行有效的运营，以实现最大的资本增值。

四、产品决策是实施品牌营销策略的战略工具

问题 4：为什么说产品决策是实施品牌营销策略的战略工具？

产品决策其实就是从产品定位、开发和品牌建立到包装销售的整个决策过程。在这个完整的决策链上，每个决策环节都举足轻重，不但决定着下一个环节决策的实施，更会影响到整个产品的价值实现。

当然，一个产品的开发，首先，能符合市场需求，能满足市场上的某一特定人群；其次，它的质量必须过硬，这样才能获得好的口碑，从而有利于打出品牌；再次，在品牌设计上，既要切中消费群心理，又要突出产品特色；最后，尽量降低在包装和促销上的花费，以及售后服务的投资。这些都是营销计划中的关键。明确企业能提供什么样的产品和服务去满足何种消费者的需求，以及何时推出产品能达到最佳效果是企业要解决的产品策略问题。

很显然，企业的一切生产经营活动都是围绕着产品进行的，即通过及时、有效地提供消费者所需要的产品来实现企业的发展目标。从这个意义上讲，企业成功与发展的关键在于产品满足消费者需求的程度以及产品策略的正确与否。实质上，也可以说，产品决策就是实施营销策略的战略工具。

另外，由于产品价值的实现是企业获利的基础，也是企业战略目标的根本。因此，产品决策的好坏，直接会影响到营销战略的实施。细节决定成败，注重产品决策的每一个环节，营销战略的实施才能如鱼得水。

五、品牌长期规划

问题 5：品牌要怎么长期规划？

品牌规划要基于将来的趋势，要着眼于未来，要具有前瞻性。品牌战略的决策主要是由高层做出并且向下传递，品牌战略的规划要结合现在的情况，结合企业的实力做出系统分析，根据这种情况做出品牌战略规划，为组织提供清晰、完整的发展方向，保证品牌的培育和使用效益的最大化。

在这里需要强调品牌战略与公司战略、业务战略、职能战略的有机集合。产品战略、品牌战略、职能战略之间要高度相关，它们之间要经常进行相互协调。

（一）耐心

有人问松下幸之助："你觉得松下要多少年才能够真正成为世界品牌？"松下回答："一百年。"事实证明，松下没有花那么长时间。此人又问："打造一个品牌最重要的是什么？"松下说了两个字："耐心。"

在一项对世界 100 个最著名的品牌所进行的研究中，研究者发现其中有 84 个品牌是花了超过 50 年的时间打造成功的。仅有 16 个品牌花了不到 50 年时间就成为世界品牌，而这些品牌中一种是由于产生了全新的技术变革，另外一种是连锁经营模式的发展造就了世界品牌。除此之外，其他品牌都花了 50 年以上的时间，这是需要耐心的。

（二）信誉

在 20 世纪 90 年代之前，海尔品牌在世界市场上名气并不是太响。但是，海尔掌门人张瑞敏一直孜孜不倦地追求将海尔创建为世界性名牌。为此，海尔从 1990 年开始，采取了"先难后易"的出口战略：首先把目标瞄准用户需求水平最高，也最为挑剔的欧美市场；然后居高临下地进军东南亚国家，跻身美、日等国垄断的东南亚市场。

海尔坚信，中国人一定能够创造出中国的世界名牌，在国际市场上坚持打"海尔"品牌，以产品的高质量在国际市场上树立了信誉。海尔在发展中不断对国际市场布局进行多元化的战略调整，既取得国内市场的稳步发展，又不断开拓国际市场。经过多年的国际市场布局，海尔终于获得了成功，仅 1998 年 1~10 月，海尔冰箱、冷柜、空调、洗衣机四大主导产品在国内市场保持领先的情况下，出口量比上年同期分别增长 21%、144%、183%和 134%。

多年的付出，终于有了回报。由于海尔坚持创国际名牌、树立国际信誉，因此在国际客商中建立了良好信誉，在国际市场上逐步塑造出良好的品牌形象和企业形象。1998年11月27日，著名的《金融时报》报道：亚太地区最具信用的公司里，中国海尔（Haier）排名第七，在电器、信息技术、电信行业中，海尔的信用名列第三。这前十名中，日本就占了八家，另一家是韩国企业。从此，海尔品牌在国际市场上稳稳占住了领先地位，成为最具市场竞争力的国际大品牌之一。

（三）推广

做品牌是一个长期的过程，就像合作市场一样，是一个市场渗透过程，即使别人头脑当中对你的品牌的印象很小，都要把烙印打得深深的，这就是树立品牌的形象。

树立品牌形象不是仅仅通过某个具体的赛事，通过某个具体的活动来做的，中国青岛啤酒年轻化品牌形象的树立，是通过我们的战略规划，进行长期的品牌推广。

2005年青岛啤酒成为奥运赞助商之后，他们的计划是奥运激情：2006年他们是传递激情；2008年是释放激情；2009年是演绎激情。通过“激情”是青岛啤酒的品牌主张，也就是“激情成就梦想”，把百年品牌树立的年轻化的形象，以“激情成就梦想”和奥运主题“更高、更快、更强”完全吻合起来。二者都是充满激情，争取取得成功的激情。

活动1：为一家企业做一个品牌战略规划。

阅读材料

美特斯邦威：掘金电影业

很少有人知道，“美特斯邦威”（Meters/bonwe）这个曾经一度因为是个洋名字而被误认为是舶来品的休闲服装品牌，其实名字的来历非常中国化——当年公司为它赋予的是“美丽特别斯于此，扬我国邦之威”的古典文学内涵。

现在看来，幸亏对消费者没这么解释，才让一个充满活力的年轻人品牌摸爬滚打地建立起来。但是，对于一个创立了16年的休闲时尚品牌而言，它缺乏的仍是鲜明的产品文化。比如说到“快时尚”，人们会想起Zara；提到基本款，消费者会立刻想到H&M、UNI QLO。面对这些拥有多年历史的世界休闲品牌的大举进军，尚显稚嫩的美特斯邦威又该如何营造自己的产品文化，这是这个已经上市3年的企业需要面对的问题。

今天，美特斯邦威正在试验一条“非凡路”：从《变形金刚2》中的植入广告，到电影形象相关的T恤，美特斯邦威与文化创意产业联姻，借力使力，从单纯的市场营销活动上升到生产层面，并由此扩展出了一条新的产品系列——MTEE，主打主题T恤。从电影植入广告，到获得形象授权进行后产品开发，美特斯邦威成为电影产业衍生价值链的掘金者，而主题T恤也成为美特斯邦威的一大招牌特色。

在与文化创意产业的合作上，美特斯邦威正在努力成为一名“摘果子”的好手。

资料来源：美特斯邦威：掘金电影业. 商业价值，2011.

考试链接

1. 品牌战略规划。
2. 品牌战略规划的四条线。
3. 业务战略计划是品牌战略的重要部分。
4. 产品决策是实施品牌营销策略的战略工具。
5. 品牌长期规划。

第二节　品牌战略的执行

引导案例

销售情感胜于销售鞋子

美国制鞋企业高浦勒斯公司，在20世纪80年代初期，经营上遇到很大的困难。对市场和营销素有研究的弗兰西斯受命于危难之际，担任公司的总经理，主持产品开发和市场营销。

弗兰西斯认为，在现代市场竞争日益激烈的竞争中，特别是在美国，经济已经十分发达，百姓生活富足，人们买鞋不再是为了御寒防潮。因此，必须研发富有个性、形象鲜明独特的产品，才能吸引消费者，广开销售渠道。

弗兰西斯为此要求设计人员以“销售感情胜于销售鞋子”为宗旨，充分发挥每个人的想象力，设计出多种多样、富有个性的鞋子，来刺激人们的购买欲望。

在这一崭新的营销理念下，该公司在市场上推出了“男性情感”、“女性情感”、“优雅感”、“野性感”、“沉稳感”、“轻盈感”、“年轻感”等各种主题的鞋子。弗兰西斯还为这些类型的鞋子都取上稀奇古怪的名字，如“袋鼠”、“笑”、“泪”、“爱情”、“摇摆舞”等，令人回味无穷。赋予鞋这种商品特殊的感情是企业管理的独具魅力之处。这种独具特色与个性的鞋一出现，便在不同的消费群体中引起强烈的心理呼应，给公司带来了丰厚的利润。

资料来源：谭慧，黄克琼. 商用心理学大全集［M］. 北京：中国华侨出版社，2011.

思考题：

高浦勒斯公司给我们的启示是什么？

一、品牌战略执行的概念

问题 6： 什么是品牌战略执行？

品牌战略执行是指集团管控流程制度、集团组织架构、集团人力资源与企业文化体系设计，它往往是管控模式能否真正落地的关键。

品牌战略执行的效果既反映了企业的整体素质，也反映了管理层领导的观念、素质和心态，它是连接企业品牌战略决策与目标实现之间的桥梁，其强弱程度直接制约着企业经营目标的实现，因此对品牌战略执行需要加深理解。

（一）品牌战略执行是一个系统的概念

品牌战略关系到企业的全局性和长远性问题，而战略的执行则是更具体的工作。因此。战略执行力涉及企业管理的各个层面：

（1）可执行的战略。这是提高品牌战略执行的前提和基础。

（2）有效的执行方案和品牌战略计划系统。可以将企业任务快速、高效地分配到相关部门和人员。

（3）合理的组织结构和业务流程，以保证企业各个部门和环节有效地运转及人员的合作协调。

（4）高素质的执行人才。通过选聘、任用合适的人才，建立科学的激励与约束机制，激发他们的积极性，以实现企业目标。

（5）有效的信息系统和控制系统，以便对企业战略目标的实现程度随时进行监控，发现偏差，及时矫正。

（6）品牌战略支持性的企业文化，通过执行文化强化企业的执行意识、态度和责任心。

（二）品牌战略执行力也是竞争优势

美国哈佛大学迈克尔·波特教授 2004 年在中国的首次公开演讲时曾说，竞争优势方面的出色表现，可以有两种非常不同的方式。第一种是在运行上做到很有效；第二种就是战略的定位。这个差别十分重要。但很多经理把二者在实

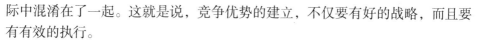

际中混淆在了一起。这就是说，竞争优势的建立，不仅要有好的战略，而且要有有效的执行。

（三）战略执行力的提升需要扎扎实实的基础管理工作

企业运营过程中，每一个细节，每一个员工都与执行力息息相关，它贯穿于企业运营的全过程，体现在一点一滴的工作之中。

企业不缺乏伟大的品牌战略，缺乏的是有效的战略执行。通常战略本身无所谓对错与优劣，关键是企业是否具备执行战略的能力。国外有研究表明，企业 95%以上的精力用于执行品牌战略，而用于研究与制定品牌战略的精力仅为 3%。

没有执行力就没有竞争力，成功 = 5%战略 + 95%执行力。战略执行失败的四大原因是：5%的员工理解企业战略；85%的管理层花费在讨论战略上的时间少于每月 1 小时；25%的经理人将企业战略与部门目标连接；60%的组织不能将预算与战略有机结合。

提高品牌战略执行力度有三个最为关键的因素：一是要将品牌战略说清楚；二是要将品牌战略落实为每层组织、每个员工的行动；三是对品牌战略进行检验与纠偏。这三个因素看似平淡，但真正能够按此相对有效运作的企业，目前在中国还不超过 20%。

二、品牌战略执行的标准化步骤

问题 7：品牌战略执行的标准化步骤有哪些？

有人称品牌为克敌制胜的“杀手锏”，我们亲眼目睹了可口可乐、肯德基等国际品牌在中国市场过关斩将、所向披靡。但是由于我国很多企业偏重于营销策划、广告创意，疏于品牌战略规划管理等原因，直接导致我国品牌的平均寿命只有 7.5 年。

我们要从五个步骤开始做好品牌战略规划：

（一）品牌体检诊断

品牌体检从调研问卷设计、质量控制到统计分析、得出结论，为品牌战略规划后边几步奠定基础。它包括品牌所在的市场环境、品牌与消费者的关系、品牌与竞争品牌的关系、品牌的资产情况、品牌的战略目标、品牌架构、品牌组织等。

比如王老吉曾经默默无闻了整整 7 年，后来经过成美公司细致的市场调查发现，消费者在饮食时特别希望能够预防上火，而目前市场上的可乐、茶饮料、矿泉水、果汁等显然不具备这一功能，于是找准了“预防上火”的品牌诉求点，使王老吉脱颖而出，迅速飙红。

（二）规划品牌愿景

品牌愿景就是告诉消费者、股东及员工：品牌未来的发展的方向是什么？品牌未来要达到什么目标？比如索尼的品牌愿景是“娱乐全人类——成为全球娱乐电子消费品的领导品牌”；海信的品牌愿景是“中国的索尼”。这些品牌愿景都清晰地传递着品牌的未来方向和目标的信息。

（三）提炼品牌核心价值

提炼品牌核心价值的原则：

（1）鲜明的个性。当今是需求多元化的社会，只有高度差异化，个性鲜明的品牌核心价值才能“万绿丛中一点红”，以低成本吸引消费者眼球。

（2）要能拨动消费者心弦。提炼品牌核心价值，一定要揣摩透消费者的价值观、审美观、喜好、渴望，等等，打动他们的内心。

（3）要有包容性，为今后品牌延伸预埋管线。如果随着企业发展，品牌需要延伸，发现原来的品牌核心价值不能包容新产品，再去伤筋动骨地改造，将会造成巨大的浪费。

（四）设置品牌机构

我国目前品牌管理的组织结构设置并不科学。许多企业品牌经理设置在市场部，等同于一般意义的广告经理，他们的作用也只是广告宣传、视觉设计等，还没有在品牌战略管理层面发挥作用。而像宝洁这样真正的品牌管理型公司，品牌经理几乎就是某个品牌的“小总经理”，他们要负责解决有关品牌的一切问题，通过交流、说服调动公司所有的资源为品牌建设服务。这种定位使他们成为品牌真正的主人。

（五）品牌传播推广

品牌传播推广要把握好四个原则：

（1）合理布局运用广告、公关赞助、新闻炒作、市场生动化、关系营销、销售促进等多种手段。

（2）根据目标消费群的触媒习惯选择合适的媒体，确定媒体沟通策略。

（3）要遵守聚焦原则，要进行合理规划与聚焦，可以在某一区域市场“集中兵力打歼灭战”。

（4）品牌传播要持久、持续。

三、品牌战略规划与执行最容易陷入的误区

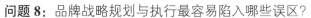

问题 8：品牌战略规划与执行最容易陷入哪些误区？

由于对品牌的本质缺乏深刻的理解，以及我国企业普遍缺乏战略成熟度，所以我国战略规划与执行最容易陷入九个误区：

（一）没有真正理解品牌战略的精髓

对维护品牌核心价值长期不变的“重要性”没有深刻认识，不明白“品牌价值的源泉来自消费者大脑中对品牌的独特联想，品牌管理的本质是在消费者大脑中留下个性化的联想”。在具体的营销传播中，没有围绕品牌管理的终极目标而展开。解决这个问题的最好办法就是培养大批专业品牌管理人才。

（二）广告公司移花接木

虽然有的广告公司知道维护品牌核心价值长期不变的重要性，但是他们围绕着同一个品牌核心价值与诉求主题拍多个影视广告片，设计新海报、吊旗等平面作品的时候，企业往往会觉得难以理解，甚至不同意。为了迎合企业以及多赚钱，广告公司只好移花接木偷换核心价值。对此，企业要有一个清醒的认识。当然，长时间不换广告，消费者会十分厌倦，品牌会给人陈旧、呆板、不时尚、档次降低的感觉，也会杀伤品牌。只有围绕核心价值更换广告，不断地给消费者视觉、听觉新鲜感，以及接收持续的信息，品牌才能茁壮成长。

（三）频繁换广告公司

这是中国企业的大通病。缺少平常心，总觉得老婆是别人的好，整天这山望着那山高，对广告策划公司辛勤的智力劳动成果不尊重，策划与创意稍不满意就换策划公司。可是换了之后的新公司未必能吃透原来广告策划公司对品牌的战略规划，核心价值也会发生频繁更换，定位不明。

（四）广告策划人的专业情结

不少非常敬业、专业情结浓郁的广告策划人往往会有些偏激，他们以标新立异的创意为荣，这点难能可贵，但是容易为了追求创新而把核心价值也给创新掉了。

（五）高估了广告传播的效果，误以为把品牌信息传播给消费者是一件轻松的事情

其实，要让消费者知晓并牢牢记住品牌核心价值等信息是十分困难的。即使是舒肤佳在中国花了近十年的时间说同样一句话“有效去除细菌”，但全中国记住了这句话的人不可能占到30%。在这个传播过度的社会里，如果我们

不能持久保持核心价值的稳定，品牌是无法在消费者心智中留下一个清晰印记的。

（六）不能识别与品牌战略定位相违背的营销传播策略

有的企业能够理解品牌管理的精髓，也认同营销传播策略要围绕品牌战略展开的重要性，但是在实践的时候却被一些从战术上看似非常对，却与品牌核心价值相违背的营销传播策略所迷惑。比如我国很多空调企业热衷于炒“空气清新”这一概念，但从长期来看这并不是消费者关注的重心。格力空调和海信空调没有受到诱惑，格力锁定在“品质与耐用”，海信坚持“变频技术先锋”，结果格力与海信的成长性与品牌溢价能力都是最好的。

所以，我们的企业应该炼就火眼金睛，把所有与品牌核心价值及个性相违背的营销传播策略都坚决地剥离出去。

（七）迫于经营业绩压力，营销传播策略杀鸡取卵

杀鸡取卵的策略是非常不明智的，比如，IBM-THINKPAD手提电脑被联想收购后就推出了5999元低价，还标上了联想的LOGO“LENOVO”。因为IBM-THINKPAD手提电脑的个性是“性能超级稳定、权威、睿智成熟的商务精英的首选”，很多商务人士都以拎着IBM-THINKPAD是一份自豪与荣耀。但是自从IBM-THINKPAD推行低价之后，那份自豪与荣耀陡然消失。高价对IBM-THINKPAD是必需的，只有高价才能彰显“权威、睿智成熟的商务精英的首选”的品牌个性。联想集团对低端市场感兴趣，不是完全可以靠LENOVO吗？这就是营销传播中杀鸡取卵的一个典型。而大众与丰田就明智多了，从来不会主动告知奥迪和雷克萨斯是自己的品牌，否则大众和丰田旗下的低端品牌会有损奥迪与雷克萨斯的高端形象。

（八）面对市场竞争压力与内外环境而错误改变品牌核心价值

品牌核心价值是品牌的主心骨，如果改变了企业就会失去自身的个性。如康佳在与长虹的价格战压力中因为改变营销策略从而损害了品牌个性。康佳的品牌个性是“高科技、人性化、时尚感、现代感”，一直以来以技术力、工业设计力、品牌传播力为基础来支撑起这一个性与高端形象，它完全可以在中高档细分市场中获得较高溢价，而长虹则可以通过总成本领先战略建立起价格优势。但是康佳战略决策者失去了定力，自乱阵脚。为了抢市场占有率，将大量普通机、中低档机、特价机放入市场，同时频频把打价格战的消息通过媒体与销售终端被消费者感知。这都在无形中破坏了康佳的高端定位形象。结果，康佳一方面在价格战中失利于长虹，另一方面因为品牌高端形象受损而失去消费者信任乃至失去了市场份额。

（九）缺少一流的品牌管理人才、科学的品牌管理组织

我国大多数企业都没有专门的品牌管理机构与人才，往往由销售总监、广告经理代替品牌管理的职务。这是十分不专业的，因为销售总监会以年度销售目标的实现为主要目标，广告经理易沉溺于具体广告创意、促销策划创新等战术上，忽视了品牌战略的贯彻。企业应该招聘专业的品牌管理人才，设立专门的品牌管理机构进行品牌管理。

活动 2： 对本市的一家企业进行调研采访，探讨他们的品牌战略规划是否科学合理。

考试链接

1. 品牌战略执行的概念。
2. 品牌战略执行的标准化步骤。
3. 品牌战略规划与执行最容易陷入的误区。

第三节　品牌战略规划的执行要点

引导案例

龙虾好吃又好洗　海尔“洗虾机”走俏合肥

安徽省每年的 5 月，是当地特产——龙虾上市的季节，龙虾是许多人喜爱的美味。每到这个季节，合肥各龙虾店、大小排档生意异常火暴。大小龙虾店就有上千家，每天要吃掉龙虾近 5 万斤。但是龙虾好吃清洗难的问题一直困扰着当地龙虾店的经营者。因为龙虾生长在泥湾里，捕捞时浑身是泥，清洗异常麻烦，一般的龙虾店一天要用 2~3 人专门手工刷洗龙虾，但常常一天洗的龙虾，几个小时就被顾客买完了，并且人工洗刷费时又费力，这样又增加了人工成本。海尔针对这一潜在的市场需求，迅速研制开发，没多久就推出了一款采用全塑一体桶、宽电压设计的可以洗龙虾的“洗虾机”，不但省时省力，洗涤效果非常好，而且价格定位也较合理，只要 800 多元，极大地满足了当地龙虾经营者的需求。过去洗 2 公斤龙虾一个人需要 10~15 分钟，现在用“洗虾机”只需 3 分钟就可以了。

在 2002 年安徽合肥举办的第一届“龙虾节”上，海尔推出的这一款“洗虾机”马上引发了抢购热潮，上百台“洗虾机”不到一天就被当地消费者抢购一空，更有许多龙虾店经营者纷纷交订金预约购买。这款海尔“洗虾机”因其巨大的市场潜力获得安徽卫视“市场前景奖”。

海尔根据消费者洗龙虾难，造出了洗虾机；海尔还曾为农民兄弟设计了洗地瓜机。正如张瑞敏所说：“中国企业不能用时间来赢市场，唯一能做的就是创新。”

资料来源：海滨. 龙虾好吃又好洗海尔“洗虾机”走俏合肥［EB/OL］. 青岛新闻网，2002.

思考题：

海尔“洗虾机”给我们的启示是什么？

一、规划品牌战略必须深刻洞察中国消费者心理

问题 9： 为什么规划品牌战略必须深刻洞察中国消费者心理？

（一）消费者爱面子的心理

面子文化是中国人情社会的潜规则，所以企业在进行品牌识别系统规划的时候，要尽可能在品牌识别中彰显尊贵和品位，满足消费者的虚荣心和尊贵感。比如在不影响美学的前提下将 Logo 做得越大越好，让别人一眼就可以看出消费者拥有的品牌。

（二）消费者的感性思维

中国人擅长直觉、感悟和感性思维，感性消费大于理性消费是中国的一大特色，因此有时候品牌气质也就决定着品牌的命运。消费者会通过包装、vi 系统、海报、dm、报纸杂志等平面广告的风格、影视广告的画面的质感等综合形成的品牌气质来判断是不是认同一个品牌。所以，如果企业在品牌识别时都用理性诉求、摆事实讲科学，很多时候并不能成功，而迎合消费者的感性思维则往往容易获得成功。

（三）对子女的非理性消费

中国消费者的面子文化和感性思维大于理性思维的特点在对待子女消费的态度上得到了最高的体现，将非理性的消费倾向发挥到了极致。“再苦也不能苦了孩子”是中国父母的口头禅。如果从父母关心子女的角度进行感情利益的诉求，更容易与目标顾客产生深层的沟通，打造中高档产品品牌的成功机会很大，更容易获得高的溢价。

（四）“80后”的消费特点

1. 追求个性化的生活方式

“80后”崇尚有自己的风格，喜欢个性化、独一无二的产品。网络成为“80后”生活中不可或缺的组成部分。QQ、MSN是日常沟通方式，网上购物日渐成为主要购物方式。

2. 品牌消费意识很浓

“80后”喜欢享受生活，容易受到奢侈消费品的吸引，品牌消费意识很浓。电脑、MP3、数码相机等电子数码类产品成为必需品，日常娱乐消费及旅游消费比重增加。他们中有相当一部分人讲究排场，互相攀比，吃要美味，穿要名牌，玩要高档。

3. 超前消费的观念崛起

“80后”超前消费观念崛起，花钱没有节制，挣多少花多少，很少考虑为将来而储蓄，敢于花明天的钱，圆今天的梦。他们的经济来源有一部分来自于自己的收入，还有一部分来自于父母。

（五）“80后”对品牌战略的影响

1. 品牌战略的发展空间更广阔

由于“80后”重视物质享受，也重视精神享受，对产品功能和情感的需求都很大。企业在做品牌战略规划的时候无论从产品本身的差异点出发还是从消费者的情感出发，都更容易找出既能打动目标顾客又能与竞争对手产生鲜明区别的核心价值。

2. 情感型和自我表达型的品牌核心价值渐成主流

由于“80后”追求个性，除了产品功能层面的基本利益，还希望能够获得一种审美体验、快乐感觉，表现出学识修养、自我个性、生活品位和社会地位。因此企业在品牌建设中要重视情感型和自我表达型的品牌核心价值。

3. 用奢侈品的概念打造中档品牌

“80后”的品牌消费意识很浓，但是支付能力有限。企业可以运用奢侈品的概念去打造一个中档品牌。比如通过产品、服务、人员、形象的组合打造中高档的品牌形象，让消费者产生一个高档价格的预期。然后再利用实际的中档价格使消费者通过预期与感知的落差提高对品牌的满意度！

4. 妙用气质识别和使用者识别

气质识别和使用者识别可以很快让消费者产生初步的品牌印象，并与品牌进行情感交流。企业对气质识别和使用者识别的合理规划更容易被“80后”追求个性、标榜“我就喜欢”的消费者所接受。

二、确保品牌战略规划的成功实施

问题 10： 如何确保品牌战略规划的成功实施？

（一）企业高层支持并参与到品牌建设中

品牌规划建设是一项自上而下体系庞大的工程，很多决策需要企业高层对品牌拍板，需要调动整个企业的资源来配合。因此企业高层决策者对品牌战略规划必须要有一个清晰的思路，通过坚定的信念来完成这一庞大的工程，而不是仅靠一个企业的市场部门去孤军奋战。

（二）全体员工的高度认可和积极配合

品牌规划建设要执行到位，需要企业上下同心才能做好。全体员工都要理解企业的品牌定位，并且自觉通过自身的岗位职责为品牌定位，在产品和服务中的落实自己的贡献。

（三）专业系统的智业服务团队的配合良好

从品牌战略到品牌营销都需要一支过硬的有高度且实战的咨询创意团队来配合企业完成使命。品牌本身就是营销的高级阶段，如果咨询组织还停留在市场营销、广告销售的层级，那将会对企业形成极大的隐患和短视效应！

三、部门战略计划需适应企业战略规划

问题 11： 为什么部门战略计划需适应企业战略规划？

在营销学中，公司战略即企业最高层面的战略是根据企业的发展目标，选择企业可以竞争的区域和产品服务类型，从而合理地配置企业经营所必需的资源，使得企业各业务相互支撑、相互协调。公司战略下的部门战略是企业内部职能部门制定的战略，职能部门更多的是作为事业部或者子公司经营活动的辅助支持工作，因此部门战略的制定也是为了更好地协调、支持经营战略，最终实现总体战略。

宝洁公司董事长兼 CEO 雷富礼认为，组织系统和架构是支撑竞争优势的工具。他扫除了宝洁原来按国家划分的领地制度，代之以各全球业务部门组成的“矩阵”。这些部门分别管理各个产品领域，例如保健、美容、织物和家居护理用品等。同时，这些部门将与某个区域市场开发机构进行合作，从而更好地发挥出各部门的潜力。

同样，在各大的部门内部，小的职能部门之间也存在着相互协调与合作。例如在营销实施时，需要由成千上万的公司内部和外部人员做出日常决策和行

动。这时，营销经理们不但要做出有关目标市场、品牌、包装、定价、促销以及销售的有关决策，还要与公司其他人员合作，以获得对其产品和方案的支持。比如与设计人员讨论产品设计，与制造人员讨论生产和存货水平，与财务部门讨论资金筹措和现金流量等，与广告代理机构合作以策划广告活动，与媒体合作以获得公众支持，等等。正是这些部门、人员间的沟通合作，各自战略计划的协调统一，造就了宝洁公司组织结构的高效性，使其市场竞争力如虎添翼。

由宝洁的案例可见，在公司战略的总体框架下，制定出合理有效地发挥各部门的战略计划是对公司战略的强力支持。公司总体战略把握着公司未来的方向，而部门战略，则可以及时有效地适应多元化的市场，时刻协助公司战略的实施。一个从总体上指导，一个从具体上实行，两者发挥各自的特点，构建出公司强大的战略体系。

公司各部门都是为实现公司的战略目标而设立的，各部门都有着自己的战略计划，通过与公司的战略规划相协调、发挥最大效用来为公司创造价值。整体由部分构成，若各部分都能相互完美地协作，就会使得整体具有单个部分不具有的功能或效应。某一产品从生产到最后的销售，都需要许多个部门的相互合作才能完成。因此，在联系日益紧密的公司内部机构中，营销系统各层次的人员必须通过共同合作，才能成功地实施营销计划和战略。

活动 3： 调研分析国外企业在战略规划执行过程中值得中国企业学习借鉴的地方。

考试链接

1. 规划品牌战略必须深刻洞察中国消费者心理。
2. 确保品牌战略规划的成功实施。
3. 部门战略计划需适应企业战略规划。

本章小结

品牌战略规划的核心包括：

1. 提炼品牌的核心价值，作为企业的灵魂，贯穿整个企业的所有经营活动
2. 规范品牌识别系统，并把品牌识别的元素执行到企业的所有营销传播活动中去

3. 建立品牌化模型，优选品牌化战略；通过整合所有的资源，实现品牌价值的提升

4. 进行理性的品牌延伸扩张，避免“品牌稀释”的现象发生，追求品牌价值最大化

5. 加强品牌管理，避免“品牌危机”事件的发生，从而累积丰厚的品牌资产

（1）要透彻理解知名度、品质认可度、品牌联想、溢价能力、品牌忠诚度的内涵及相互之间的关系。

（2）结合企业的实际，制定品牌建设要达到的品牌资产目标，使企业在品牌建设的过程中有一个明确的方向，减少不必要的浪费。

（3）策划低成本提升品牌资产的营销传播策略，并根据实际情况做相应的调整。

（4）建立“品牌预警系统”，避免“品牌危机”事件的发生，如果“品牌危机”不幸发生了，要及时统一口径，及时处理，尽量减少品牌的损失。

深入学习与考试预备知识

品牌战略规划的八个步骤

（一）品牌体检诊断

品牌体检调研的内容包括品牌所在市场环境、品牌与消费者的关系、品牌与竞争品牌的关系、品牌的资产情况以及品牌的战略目标、品牌架构、品牌组织等。

（二）规划品牌愿景

品牌愿景就是要告诉消费者、股东及员工：品牌未来的发展方向是什么？品牌未来要达到什么目标？

（三）提炼品牌核心价值

提炼品牌核心价值应遵循以下三个原则：

（1）品牌核心价值应有鲜明的个性。

（2）品牌核心价值要能拨动消费者心弦。

（3）品牌核心价值要有包容性，为今后品牌延伸预埋管线。

（四）制定品牌宪法

品牌宪法由品牌战略架构和品牌识别系统构成。

（五）设置品牌机构

对于实力雄厚、品牌较多的企业可以借鉴宝洁的经验。例如上海家化实施品牌经理制度就取得了成功。对于其他多数以品牌为核心竞争力的企业，建议成立一个由精通品牌的公司副总挂帅，市场部或公关企划部主要负责，其他部门参与的品牌管理组织，从而有效组织调动公司各部门资源，为品牌建设服务。

（六）品牌传播推广

品牌传播与推广应把握四个原则：

（1）合理布局，运用广告、公关赞助、新闻炒作、市场生动化、关系营销、销售促进等多种手段。

（2）根据目标消费群的触媒习惯选择合适的媒体，确定媒体沟通策略。

（3）品牌传播要遵守聚焦原则。

（4）品牌传播要持久、持续。

（七）坚持持之以恒

品牌核心价值一旦确定，企业的一切营销传播活动都应该以滴水穿石的定力，坚持持之以恒地维护它，这已成为国际一流品牌创建百年金字招牌的秘诀。

（八）理性品牌延伸

一个品牌发展到一定阶段推出新产品，是继续使用原有品牌还是推出新品牌。这时就应打好品牌延伸这张牌。

知识扩展

品牌战略规划与分销网络

红蜻蜓皮鞋的定位是为广大的中国工薪、白领阶层提供的最实惠又有品质的中高档皮鞋。这就决定了她所进入的主要是，分布在专卖店、大众百货商场而非精品商厦，网络的覆盖面达到最大化，密集度高、渠道扁平化（以降低渠道成本，使产品更实惠）的分销策略。

归结起来看，品牌定位战略实际上是为该品牌的分销网络战略指明了方向、原则，它是分销网络战略的指路明灯，是分销网络设计时必须遵守的原则。因此，其影响是刚性的。

既然品牌是精神的，就意味着品牌必须借助于物质手段来表现。

在品牌诸多要素中，对分销网络的影响作用也是不同的。最内在的品牌核心价值对分销网络的影响是原则性的、方向性的。品牌的社会属性、品牌文化与品牌个性对分销网络的设计有了更具体的指导意义。而品牌识别、品牌形象、品牌利益对分销网络的设计却是直接的、刚性的。

资料来源：蔡丹红. 品牌战略规划与分销网络［EB/OL］. 蔡丹红博客，2008.

答案

第一节

克罗格公司深受顾客欢迎的奥秘就在于了解顾客的意见，为顾客提供他们需要的产品。各种品牌在市场上的力量和价值各不相同。品牌的价值主张，是该如何与客户沟通的问题。它不是简单地说服顾客，而是要引起顾客共鸣。

第二节

在市场竞争的初级阶段，市场竞争成功的重要基点是产品的价格和质量，但在个性消费的新时代，物美价廉不再成为竞争优势。在未来的市场竞争中，只有那些善于思考、敢于冒险、追求创新的人，那些巧妙地掌握消费者情感心理的企业管理者，才能把握市场，主宰市场，获得最后的胜利。

在当代的感性消费时代，一个明智的企业家必须适应时代的潮流，及时调整自己的产品结构，把产品的重点放在满足消费者情感需求的软性商品价值上。同时，还要千方百计地采用各种营销策略来适应消费者的个性需求。

第三节

只有提高产品的质量及科技含量，加大产品的技术创新力度，研制生产出真正满足消费者需求的高科技产品，才能够赢得消费者的青睐，才能够在未来的全球一体化市场中立于不败之地。

创新是创业的前提，在竞争愈加激烈的今天，没有创新精神的企业不可能生存。但是创业者如果盲目地相信这句话，认为创业就是创新，只要点子足够新奇，就能包打天下，那就陷入了创新的误区。创新要在已有产品和市场的基础上进行，不可过于理想化，更不可拍脑门决定。

参考文献

［1］张世贤. 现代品牌战略［M］. 北京：经济管理出版社，2007.

［2］［美］里斯·特劳特. 定位［M］. 王恩冕等，译. 北京：中国财经出版社，2002.

［3］谭慧，黄克琼. 商用心理学大全集［M］. 北京：中国华侨出版社，2011.

［4］梁素娟. 创业的革命大全集［M］. 北京：华文出版社，2011.

［5］强宏. 总经理打理公司的 200 条成功经验［M］. 北京：中国物资出版社，2009.

［6］郎咸平. 郎咸平说公司的秘密［M］. 北京：东方出版社，2008.

［7］梁素娟，王艳明. 科特勒营销思想大全集［M］. 北京：企业管理出版社，2010.

［8］邓德隆. 2 小时品牌素养［M］. 北京：机械工业出版社，2009.

［9］宿春礼. 思路决定出路 2［M］. 陕西：陕西师范大学出版社，2009.

［10］龙明. 温州人为什么能赚钱［M］. 北京：长安出版社，2005.

［11］王朝晖，施谊. 海尔国际化经营中的人才本土化［J］. 江西行政学院学报，2003，(1)：123~124.

［12］李峰. 战略思维的科学与艺术之一：思维品质［J］. 第一财经日报，2010-12-07.

［13］王新业. 鸿星尔克的智胜思维［EB/OL］. 全球品牌网，2007.

［14］高剑锋. 宝洁战略新思维——大飘柔背后的温柔革命［EB/OL］. 中国营销传播网，2004-09-30.

［15］葛存根. 三十六计中的战略思维［EB/OL］. 财富天下网，http：//www.3158.cn/news/20081027/17/011564195_1.shtml，2008.

［16］王文筠. 公司经营中的大战略与小成本意识［EB/OL］. 天涯社区经济论坛，http：//www.tianya.cn/New/PublicForum/Content.asp? idArticle =143026&

strItem=develop，2008.

［17］许晖. 可口可乐：瞄准新市场. 业务员网，2010.

［18］肖南方. 并购风来袭——寻找家电企业并购后的最佳发展模式［EB/OL］. http：//home.hz.soufun.com/news/2007-09-24/1247254.htm，2007.

［19］马赛. 本土企业如何应对外资并购［EB/OL］. 中国经济网，http：//www.ce.cn/cysc/main/jtfzspsy/shwll/200609/21/t20060921_8664141.shtml，2006.

［20］杨兴国. 用品牌文化征服人心［EB/OL］. http：//www.zh09.com/Article/ppgl/201002/388821.html，2010.

［21］张宇. 美的电器联手开利亚洲强化全球竞争力［EB/OL］. 和讯新闻网，http：//news.hexun.com/2008-07-02/107135383.html，2008.

［22］项兵.中国动向如何运作 Kappa 品牌［EB/OL］. 哈佛商业品论网，http：//www.ebusinessreview.cn/articledetail-490.html，2008.

［23］海滨. 龙虾好吃又好洗海尔“洗虾机”走俏合肥［EB/OL］. 青岛新闻网，http：//www.qingdaonews.com/content/2002-05/27/content_709476.htm，2002.

［24］罗宇. 可口可乐不只是为了解渴［EB/OL］. 国际营销传播网，http：//www.globalmarketing.cn/Article/al/200710/3720.html，2007.

［25］蔡丹红. 品牌战略规划与分销网络［EB/OL］. http：//www.caidanhong.com/m_yanjiu1_details.aspID=43&cname=%D1%A7%CA%F5%C6%AA，2008.

［26］刘永烜. 星巴克救赎启示录：伟大公司为何重复同一个错误. 价值中国网，http：//xueyuan.cyzone.cn/guanli-yunying/194212.html ，2011.

［27］乔春洋. 品牌差异定位，麦当劳和肯德基“各显神威”. 品牌中国网，http：//expert.brandcn.com/zhuanjiapinglun/201105/282772.html ，2011.

［28］曾年. 90 后李宁——短视的品牌重塑. 中国总裁培训网，http：//www.brandcn.com/gl/ppjs/201105/282177.html.

［29］乔春洋. 广告创意的思维方法. 中国服装网，http：//www.efu.com.cn/data/2011/2011-01-12/350907.shtml ，2011.

［30］王凯. 霸王凉茶　重蹈品牌延伸覆辙. 慧聪食品工业网，http：//info.food.hc360.com/2010/06/071038289666.shtml，2010.

［31］金朝力. 卓越亚马逊深化品牌扩张战略. 北京商报，2011.

［32］深耕品牌文化. 七匹狼品牌经济战略凸显. 东方早报（上海），2010.

［33］成败喜之郎. 喜之郎品牌策略的成就与失误. 中国企业报，2003.

［34］服装品牌国际化. 在路上服装界，http：//www.cfw.com.cn/html/report/120275-1.htm?reportpos=5，2010.

［35］美特斯邦威. 掘金电影业. 商业价值，2011.